Sutter
Der menschliche Faktor oder worauf es im Berufsleben ankommt

Matthias Sutter

Der menschliche Faktor oder worauf es im Berufsleben ankommt

55 verhaltensökonomische Erkenntnisse

HANSER

Alle in diesem Buch enthaltenen Informationen wurden nach bestem Wissen zusammengestellt und mit Sorgfalt geprüft und getestet. Dennoch sind Fehler nicht ganz auszuschließen. Aus diesem Grund sind die im vorliegenden Buch enthaltenen Informationen mit keiner Verpflichtung oder Garantie irgendeiner Art verbunden. Autor und Verlag übernehmen infolgedessen keine Verantwortung und werden keine daraus folgende oder sonstige Haftung übernehmen, die auf irgendeine Weise aus der Benutzung dieser Informationen – oder Teilen davon – entsteht.

Ebensowenig übernehmen Autor und Verlag die Gewähr dafür, dass die beschriebenen Verfahren usw. frei von Schutzrechten Dritter sind. Die Wiedergabe von Gebrauchsnamen, Handelsnamen, Warenbezeichnungen usw. in diesem Werk berechtigen auch ohne besondere Kennzeichnung nicht zu der Annahme, dass solche Namen im Sinne des Warenzeichen- und Markenschutz-Gesetzgebung als frei zu betrachten wären und daher von jedermann benützt werden dürften.

Bibliografische Information der Deutschen Nationalbibliothek:

Die Deutsche Nationalbibliothek verzeichnet diese Publikation in der Deutschen Nationalbibliografie; detaillierte bibliografische Daten sind im Internet über <http://dnb.d-nb.de> abrufbar.

Dieses Werk ist urheberrechtlich geschützt. Jede Verwertung, die nicht ausdrücklich vom Urheberrechtsgesetz zugelassen ist, bedarf vorheriger Zustimmung des Verlages. Das gilt insbesondere für Vervielfältigungen, Bearbeitungen, Übersetzungen, Mikroverfilmungen und die Einspeicherung und Verarbeitung in elektronischen Systemen.

© 2023 Carl Hanser Verlag, München
www.hanser-fachbuch.de
Lektorat: Lisa Hoffmann-Bäuml
Herstellung: Carolin Benedix
Satz: Eberl & Koesel Studio, Kempten
Coverrealisation: Max Kostopoulos
Titelmotiv: © Matthias Sutter, Lisa Hoffmann-Bäuml und Max Kostopoulos, unter Verwendung von Grafiken von © gettyimages.de/enisaksoy
Druck und Bindung:
Hubert & Co. GmbH und Co. KG BuchPartner, Göttingen
Printed in Germany

Print-ISBN: 978-3-446-47864-0
E-Book-ISBN: 978-3-446-47984-5
ePub-ISBN: 978-3-446-47917-3

Vorwort zur 2. Auflage

Mit Freude – und großer Dankbarkeit für die vielen positiven Rückmeldungen zur 1. Auflage – schreibe ich dieses Vorwort zur 2. Auflage meines Buches über den menschlichen Faktor im Berufsleben. Beim Erscheinen der 1. Auflage vor einem Jahr wurde ich manchmal gefragt, ob es nicht trivial wäre, dass unser aller Berufsleben von der Zusammenarbeit mit anderen Menschen und deren Fähigkeiten und Eigenheiten abhängt. Meine Antwort – damals wie heute – lautet, dass ein gutes Verständnis menschlicher Verhaltensmuster für den Erfolg im Berufsleben sehr förderlich ist und dass es nach wie vor in vielen Unternehmen ein zu geringes Bewusstsein für die Bedeutung des menschlichen Faktors gibt. Der Erfolg der 1. Auflage und die zahlreichen Berichte in den Medien – beispielsweise das FAZ-Interview mit Johannes Pennekamp am Erscheinungstag oder die Radiosendung „Frühstück bei mir" mit Claudia Stöckl – machen mich optimistisch, dass die verhaltensökonomischen Einsichten über menschliches Verhalten zunehmend auch im Berufsleben Beachtung finden. Ich hoffe, dass auch die 2. Auflage dieses Buches einen Beitrag dazu leisten kann.

Aufgrund von Anregungen bei Vorträgen und Diskussionen über das Buch habe ich für die zweite Auflage fünf neue Kapitel hinzugefügt. Sie behandeln aktuelle Themen, auf die mich viele Zuhörer und Leser angesprochen haben. Wie können Führungskräfte Meetings produktiver machen? Verlieren wir durch die vielen Videokonferenzen im Homeoffice unsere Kreativität? Spielt es etwa für die eigene Arbeitsleistung eine Rolle, wie hoch jemand das Gehalt der Führungskraft einschätzt? Wie verändern sich Arbeitsnormen, wenn Arbeitnehmer für Selbstverständlichkeiten – wie die Anwesenheit – bezahlt werden? Zuletzt habe ich noch ein Kapitel mit der provokanten Aussage „Rauchen hilft Ihrer Karriere (aber sicher nicht der Gesundheit)" in die neue Auflage aufgenommen, weil es einmal mehr die Bedeutung des menschlichen Faktors im Berufsleben demonstriert.

Ich wünsche allen Leserinnen und Lesern viel Spaß mit dieser neuen Ausgabe und vor allem hilfreiche Einsichten für die berufliche Karriere. Viel Erfolg, alles Gute und herzlichen Dank für Ihr Interesse an den nun 55 verhaltensökonomischen Erkenntnissen, auf die es im Berufsleben ankommt!

Matthias Sutter   Innsbruck, Bonn und Köln, Juni 2023

*Dieses Buch widme ich meiner Frau Heidrun
und unseren beiden Töchtern Charlotte und Constanze.*

Wie „tickt" der Mensch?

Wie verhalten wir uns im beruflichen Umfeld? Ist beispielsweise die Körpergröße wirklich für mehr Gehalt verantwortlich? Fordern Frauen seltener Gehaltserhöhungen? Oder werfen wir alle unsere moralischen Bedenken über Bord, wenn nur genügend Geld lockt? Wie „tickt" der Mensch?

Im Berufsleben ist es entscheidend, mit anderen Menschen „zu können", mit ihnen erfolgreich zusammenzuarbeiten, sie zu verstehen und ihre typischen Verhaltensweisen zu kennen. Das gilt auf allen Hierarchieebenen und allen Stufen des Berufslebens und ist die Basis für persönlichen und unternehmerischen Erfolg.

Dieses Buch basiert auf Einsichten und Erkenntnissen der Verhaltensökonomie, einer relativ neuen Disziplin in der modernen Wirtschaftswissenschaft. Die Verhaltensökonomie nutzt empirische Methoden, um die Motive für menschliches Handeln zu ergründen und die daraus folgenden Entscheidungen besser erklären zu können. Die Verhaltensökonomie bildet den idealen methodischen Rahmen, um verschiedenste - oft überraschende - Aspekte des Berufslebens besser verstehen zu können. Das betrifft sowohl Aspekte, die für Berufseinsteiger wichtig sind - wie etwa die Frage, inwieweit es eine Rolle spielt, ob man das Vorstellungsgespräch für eine offene Stelle als erste oder als letzte Kandidatin führt – als auch Themen, die für Führungskräfte bis zur Vorstandsebene relevant sind – etwa warum soziale Fähigkeiten eine immer größere Rolle im Berufsleben spielen. Auch geht es um kontroverse Fragestellungen, etwa ob Quotenregelungen in Unternehmen berechtigt sind, ob man Gehälter veröffentlichen sollte oder ob sogenannte Whistleblower (die Missstände in Unternehmen aufdecken) Helden oder Verräter sind.

Die Verhaltensökonomie kann auf diese Fragen Antworten geben, weil „der menschliche Faktor" der primäre Untersuchungsgegenstand dieser Forschungsrichtung ist. Methodisch basieren verhaltensökonomische Studien vor allem auf ökonomischen Experimenten. In einem wirtschaftswissenschaftlichen Experiment treffen reale Menschen unter klar festgelegten Bedingungen Entscheidungen, die dann reale Konsequenzen (etwa in Form von Geld oder Prestige oder anderen immateriellen Belohnungen) haben. Wenn man die Bedingungen systematisch variiert, kann man erkennen, wovon menschliches Verhalten abhängt und wie Menschen auf unterschiedliche Bedingungen reagieren.

Viele der in diesem Buch beschriebenen Erkenntnisse basieren auf sogenannten Feldexperimenten. Das sind Studien, die im Rahmen von normalen Arbeitsprozessen durchgeführt wurden. Beispielsweise beschreibe ich in Kapitel 25 ein Feldexperiment, bei dem wir ein Call-Center gemietet und dafür ungefähr 200 Personen als Mitarbeiter eingestellt haben. Neben Feldexperimenten spielen sogenannte Laborexperimente in der Verhaltensökonomie eine große Rolle. Solche Experimente werden üblicherweise in Computerlabors durchgeführt. Meist nehmen daran Studierende teil, die in Abhängigkeit von ihren Entscheidungen bezahlt werden.

Auch wenn Feldexperimente als realitätsnäher gelten, stellen Laborexperimente eine unverzichtbare Ergänzung dar, um menschliches Verhalten quasi unter der Lupe studieren zu können. Beispielsweise beschäftigt sich Kapitel 15 mit einer meiner Studien zum Einfluss verschiedenster Quotenregelungen auf die Wettbewerbsbereitschaft von Frauen.

Sowohl in Feld- als auch Laborexperimenten geht es immer um die Frage, wie menschliches Verhalten auf (monetäre und nichtmonetäre) Anreize reagiert. Darum geht es auch im Berufsleben vom Anfang bis zum Ende. Dementsprechend spanne ich einen Bogen vom Berufseinstieg und seinen Stolperfallen, über die Bestimmungsgründe für beruflichen Erfolg bis zum Aufstieg auf den „Chefsessel".

All diese Abschnitte des Berufslebens habe ich in den vergangenen über 25 Jahren selbst durchlebt und manchmal auch durchlitten und sie stellen auch seit über 20 Jahren einen Schwerpunkt meiner verhaltensökonomischen Forschung dar. Dabei gewann ich häufig überraschende Einsichten, die meinen Erwartungen widersprachen (etwa über die Wirkung von Quotenregelungen). Genau deshalb aber liebe ich dieses Forschungsgebiet, weil ich meine Erwartungen – und manchmal auch Vorurteile – mit empirischen Daten überprüfen und gegebenenfalls revidieren kann.

Als ich mich vor über 25 Jahren erstmals auf eine Stelle als studentische Hilfskraft an der Universität Innsbruck bewarb, führte mich mein Weg zunächst in eine Buchhandlung, um mir Fachliteratur zu den Themen „Wie verfasse ich einen Lebenslauf?" und „Wie trete ich bei einem Vorstellungsgespräch möglichst überzeugend auf?" zuzulegen. Als ich vor wenigen Jahren als Direktor an ein Max-Planck-Institut mit fast 100 Mitarbeiterinnen und Mitarbeitern berufen wurde, griff ich unter anderem zu Büchern über effiziente Mitarbeiterführung und Leitfäden für Mitarbeitergespräche.

In beiden Fällen haben mir diese Ratgeber zwar geholfen, hatten aber aus meiner Sicht meist einen eingeschränkten, manchmal sogar einseitigen Blickwinkel. Was mir damals fehlte, war der Blick auf das „große Ganze". Für den Berufsanfänger wären das Einblicke in verschiedenste Aspekte und Möglichkeiten des Berufs gewesen, wie etwa die Fragen, welche Qualitäten ein Wissenschaftler mitbringen sollte oder wohin der berufliche Weg führen kann und welche Möglichkeiten er bietet. Heute wiederum interessiert mich, da ich viel mit jungen Berufsanfängern zu tun habe, neben meinen Führungsaufgaben auch sehr, welche Anforderungen der Arbeitsmarkt an junge Leute stellt und welche Faktoren beim Berufseinstieg oder Berufswechsel wichtig sind.

Es fehlte mir bei den gängigen Ratgebern zum Berufsleben so etwas wie die große Klammer, die Einsicht, welche Faktoren im Berufsleben wirklich wichtig sind, und zwar unabhängig vom Lebensalter – also für den Berufseinsteiger ebenso wie für den knapp vor dem Pensionsantritt stehenden Mitarbeiter, für den Manager auf der mittleren Ebene ebenso wie für die Vorständin, für Arbeitnehmer genauso wie Arbeitgeber – und jeweils Frauen und Männer gleichermaßen in all diesen verschiedenen Rollen. Diese große Klammer ist in meinen Augen das, was ich in diesem Buch als den „menschlichen Faktor" bezeichne, also der nur auf den ersten Blick triviale Umstand, dass es im Berufsleben immer um den Menschen geht. Menschliches Verhalten ist aber sehr komplex und manchmal erst auf den zweiten Blick zu verstehen.

Verhaltensökonomen rund um den Globus haben auf die Frage, wie der Mensch „tickt", in den vergangenen ein bis zwei Jahrzehnten eine reiche Fülle an Erkenntnissen zu Tage gefördert. Ich möchte Sie als Leserin und Leser an diesen Erkenntnissen teilhaben lassen und hoffe, dass Sie sie genauso spannend finden wie ich, manchmal überraschend, aber in jedem Fall zum Nachdenken anregend!

Bevor es losgeht, noch eine kurze „Gebrauchsanweisung" für dieses Buch: Es umfasst insgesamt 55 Kapitel. Zwar haben die Kapitel eine logische Abfolge, nämlich vom Berufseinstieg bis zum Vorstandsvorsitz, jedoch präsentiert jedes Kapitel eine zentrale Einsicht, die auch unabhängig von den anderen Kapiteln gelesen und verstanden werden kann. Viele der folgenden 55 Kapitel beginnen mit kurzen Geschichten zur Illustration des jeweiligen Themas. Diese Geschichten sind meist fiktiver Natur. Um aber fiktive Charaktere von realen Personen unterscheiden zu können, haben die fiktiven Charaktere immer nur Vornamen (Peter oder Claudia), während reale Personen und vor allem Autoren von Studien immer mit Vor- und Zunamen genannt werden (etwa Ernst Fehr von der Universität Zürich oder Muriel Niederle von der Stanford University). Die einleitenden Geschichten werden dann im Lichte aktueller Forschungsergebnisse interpretiert, um daraus empirisch fundierte Schlussfolgerungen für den Berufsalltag ziehen zu können.

Der besseren Lesbarkeit wegen habe ich nicht durchgehend beide Geschlechterbezeichnungen – etwa Manager und Managerin – verwendet. In allen Fällen sind immer beide Geschlechter gemeint, außer in den Beispielen, wo es explizit um Geschlechterunterschiede geht. Dort wird dann auch sprachlich klar zwischen Frauen und Männern unterschieden.

Und nun wünsche ich allen Leserinnen und Lesern, von jungen Berufseinsteigern über erfahrene Mitarbeiterinnen und Mitarbeiter bis hin zu Vorstandsvorsitzenden eine gewinnbringende Lektüre.

Matthias Sutter　　　　　Bonn und Innsbruck, Februar 2022

Inhalt

Abschnitt I
Vom Berufseinstieg und seinen Stolperfallen   1

1. Von der Bewerbung zum Vorstellungsgespräch – ein Weg mit unerwarteten Hindernissen 3
2. Der Vorstellungstermin – Frauen haben es schwerer 7
3. Lieber „Sutter" als „Anfang"? Warum es günstig sein kann, im Alphabet hinten zu stehen 11
4. Unternehmen machen systematische Fehler beim Einstellungsprozess – aber sind Maschinen besser? 15
5. Warum viele Firmen offene Stellen durch Empfehlungen bestehender Mitarbeiterinnen und Mitarbeiter besetzen 19

Abschnitt II
Berufswechsel und Wiedereinstieg 23

6. Treue – ein Wert mit Gültigkeit 25
7. Durchhaltevermögen in einem anstrengenden Beruf 29

8. Arbeitssuche und Geduld 33
9. Einen neuen Job finden – Nudging in der Arbeitsvermittlung 37

Abschnitt III
Personalauswahl und Unternehmenserfolg ... 41

10. Start-ups und Personalauswahl 43
11. Mit Geduld zum Unternehmenserfolg 47
12. Personalauswahl und Kundenvertrauen 51
13. Homeoffice – zwischen Licht und Schatten 55
14. Vermindert Homeoffice die Kreativität aufgrund von Videokonferenzen? 61

Abschnitt IV
Wettbewerbsbereitschaft 65

15. Ein Argument für Quotenregelungen 67
16. Wettbewerbsbereitschaft, Ausbildung und Berufswahl 71
17. Zentrale Rolle der Familie 75
18. Die kulturelle Prägung und Wettbewerbsbereitschaft 79

Abschnitt V
Kooperation, Teamwork und Produktivität 83

19. Gemeinsam ist der Fang höher 85
20. Der „Mitbestimmungsbonus" 91
21. Mit gutem Beispiel vorangehen 95
22. Führung durch Beispiel-Geben 99

Abschnitt VI
Fairness und Vertrauen 103

23. Vertrauen als zentraler Produktionsfaktor 105
24. Vertrauen ist gut, Kontrolle ist besser? Neue Einsichten zu einem alten Problem 109
25. Produktivität von Arbeitnehmern und Fairness von Arbeitgebern 113
26. Fairness und die Zahlungsmoral 117

Abschnitt VII
Produktivität 121

27. Auf den Blickwinkel kommt es an: Wie man die Produktivität in Unternehmen steigern, aber auch das Gegenteil bewirken kann 123
28. Ein Teambonus für die Backstube 127
29. Wie man in den Wald hineinruft 131
30. Mission, Motivation und Produktivität 135

Abschnitt VIII
Gehalt 141

31. Fragen Frauen nicht nach höheren Gehältern? ... 143
32. Je größer, desto mehr Gehalt? 147
33. Gehaltsvergleiche spornen an, aber nicht immer 151
34. Die erwünschten und unerwünschten (Neben)Wirkungen von Gehaltstransparenz 155

Abschnitt IX
Bonuszahlungen 159

35. Gut gemeint, aber nicht immer gut getroffen 161
36. Wenn der Bonus für Lehrlinge zum Malus für ihren Einsatz wird 165

37. Die Grenzen des Homo Oeconomicus 171
38. Der Einfluss auf die Risikobereitschaft 177
39. Die dunkle Seite – relative Entlohnung und Sabotage 181

Abschnitt X
Moral in Unternehmen und auf Märkten 185

40. Von Märkten, Mäusen und Moral 187
41. Unmoralisches Verhalten: eine Frage von Kosten und Nutzen? 191
42. Wenn die Moral auf die schiefe Bahn gerät – warum unmoralisches Verhalten schwer zu erkennen sein kann 195
43. Unternehmensskandale, Whistleblowing und der menschliche Faktor 201
44. Firmenkultur: Sozialisation mit Konsequenzen .. 207

Abschnitt XI
Entscheidungen treffen 211

45. Bessere Entscheidungen bei besserer Bezahlung? 213
46. In der Hitze des Augenblicks 219
47. Mit den richtigen Anreizen Entscheidungen lenken 223

Abschnitt XII
Leadership 227

48. Charisma: Das besondere Etwas? 229
49. Wie Führungskräfte die Meetingkultur und damit die Arbeitszufriedenheit positiv beeinflussen können 233
50. Der Wert sozialer Fähigkeiten 237

51. Menschen managen 241
52. Rauchen hilft der Karriere (aber sicher nicht der Gesundheit) 245

Abschnitt XIII
CEO oder „Am Gipfel" 249
53. Was CEOs eigentlich tun 251
54. Was CEOs von anderen Managern unterscheidet 255
55. Weibliche CEOs, Gehaltsverteilung und Produktivität 259

Kompakte Zusammenfassung aller Erkenntnisse – zum Nachschlagen und für Schnellleser 263

Quellenverzeichnis 277

Index 283

Danksagung 287

Der Autor 289

Abschnitt I
Vom Berufseinstieg und seinen Stolperfallen

1

Von der Bewerbung zum Vorstellungsgespräch – ein Weg mit unerwarteten Hindernissen

Die erste Hürde auf dem Weg zu einem neuen Job besteht in der Einladung zu einem Vorstellungsgespräch. Dabei können sich der Name oder die Attraktivität des Bewerbungsfotos als nachteilig erweisen.

In den deutschsprachigen Ländern Deutschland, Österreich und Schweiz gibt es eine immer wiederkehrende Diskussion, wie man Bewerbungsverfahren auf dem Arbeitsmarkt fairer machen könnte. Dabei wird schnell mit sehr hehren Worten gefordert, dass jede Bewerberin und jeder Bewerber die gleichen Chancen haben sollte, eine offene Stelle zu bekommen. Wörtlich genommen ist diese Forderung Unsinn. Unternehmen – seien es öffentliche oder private – haben in erster Linie Interesse daran, aus der Menge an Bewerbungen die beste für das Unternehmen auszuwählen. Dass dabei die Ausbildung, bisherige Berufserfahrung und sogenannte Soft Skills – wie Team- und Kommunikationsfähigkeiten oder Führungsqualitäten – eine große Rolle spielen, ist selbstverständlich. Da aber nicht jede Bewerberin und jeder Bewerber im Hinblick auf diese Fähigkeiten gleich sind, ist es gar nicht möglich und auch nicht sinnvoll, dass alle Bewerberinnen und Bewerber gleiche Chancen haben, sich in einem Bewerbungsverfahren durchzusetzen. Wenn das nämlich so wäre, könnte man gleich mithilfe eines großen Würfels entscheiden, welcher Arbeitnehmer in welchem Unternehmen in welcher Position zu arbeiten hat. Selbst in kommunistischen Planwirtschaften war die Zuteilung von Arbeitskräften auf Unternehmen effizienter organisiert als in einer wörtlich genommenen Vorstellungswelt von gleichen Chancen für alle.

Wenn die öffentliche Diskussion über Fairness in Bewerbungsverfahren trotzdem immer wieder entflammt, dann liegt das daran, dass es einige vermeintlich unbedeutende Aspekte im Rahmen von Bewerbungen gibt, die einen starken Einfluss auf die individuellen Erfolgschancen haben, obwohl sie das bei nüchterner Betrachtung nicht sollten.

Hierzulande ist es beispielsweise gängig, dass der Lebenslauf ein Foto einer Bewerberin bzw. eines Bewerbers enthält. Das ist nicht überall so. In den USA oder Großbritannien ist es sehr unüblich, bei Bewerbungen ein Foto beizulegen. Warum sollte ein Foto auch eine Rolle spielen?

Um dieser Frage nachzugehen, führten verschiedene Forschungsteams Feldstudien durch, in denen praktisch identische Lebensläufe fiktiver Personen erstellt und diese Lebensläufe dann zusammen mit einem Anschreiben an reale Firmen geschickt wurden, die offene Stellen in öffentlichen Ausschreibungsportalen eingestellt hatten. In Ländern, in denen es üblich ist, einer Bewerbung ein Foto beizulegen, wurden zunächst also identische Lebensläufe kreiert. In der Hälfte der Fälle wurde das Bild einer Person beigefügt, die als „attraktiv" eingestuft wurde, und in der anderen Hälfte das Bild einer weniger attraktiven Person. Zur Beurteilung der Attraktivität wurden die Fotos üblicherweise mehreren Testpersonen vorgelegt, die die Person auf dem Foto als „unattraktiv", „durchschnittlich" oder „attraktiv" beurteilen sollten. Für die Feldstudien wurden Bilder ausgewählt, bei denen die Testpersonen einstimmig eine der drei Kategorien gewählt hatten. Damit konnte man vergleichen, ob Fotos unterschiedlicher Attraktivität bei sonst gleichen Lebensläufen einen Einfluss darauf haben, wie häufig ein Unternehmen auf eine bestimmte Bewerbung reagiert und den Bewerber bzw. die Bewerberin zu einem Vorstellungsgespräch einlädt. Wenn nur die im Lebenslauf angeführten Qualifikationen eine Rolle spielen würden, sollte das Foto keinen Einfluss haben.

Tatsächlich aber scheint ein attraktives Foto einen Vorteil darzustellen, weil es im Gegensatz zu unattraktiven oder durchschnittlichen Fotos zu häufigeren Einladungen zu Vorstellungsgesprächen führt. Bewerberinnen und Bewerber mit attraktiveren Fotos werden häufiger eingeladen als jene mit durchschnittlichen oder unattraktiven Gesichtern.

Diese Befunde zur Bedeutung des Bewerbungsfotos sind der Grund, warum in Deutschland diskutiert wird, ob Fotos nicht aus Lebensläufen verbannt werden sollten, um bei gleicher Qualifikation Menschen mit unterschiedlichem Aussehen die gleichen Chancen für eine Einladung zu einem Vorstellungsgespräch zu geben.

Wenn die Beilage eines Fotos (wie in vielen anderen Ländern) abgeschafft würde, bliebe noch der Namen, der ebenfalls einen großen Einfluss hat. Doris Weichselbaumer von der Universität Linz versandte fast 1500 Bewerbungen als Reaktion auf Stellenanzeigen von deutschen Unternehmen. Einmal verwendete sie einen deutschen Namen für die Bewerberin (Sandra Bauer) und einmal einen türkischen (Meryem Öztürk). Beide Versionen hatten dasselbe Foto und denselben Lebenslauf. Die fiktive Frau Bauer wurde in 19 % der Bewerbungen zu einem Gespräch eingeladen, die fiktive Frau Öztürk aber nur in 14 % der Fälle. Wenn in einer dritten Variante die fiktive Frau Öztürk auf dem Foto ein muslimisches

Kopftuch trug, sank die Wahrscheinlichkeit für eine Einladung gar auf 4 %. Religiös motivierte Symbole können also starke Nebenwirkungen haben. Ethnische Minderheiten haben mit ähnlichen Problemen zu kämpfen. Julie Chytilova von der Universität Prag konnte in Studien in Deutschland und der Tschechischen Republik zeigen, dass die Bewerbungsunterlagen von Bewerbern mit Namen von ethnischen Minderheiten signifikant weniger oft vollständig angeschaut wurden als die Unterlagen von Bewerbern mit Namen der ethnischen Mehrheit. Als unmittelbare Konsequenz davon erhielten Mitglieder ethnischer Minderheiten um die Hälfte weniger Einladungen zu einem Vorstellungsgespräch.

Die bisherigen Ergebnisse unterstützen also die Argumente der Befürworter von anonymisierten Bewerbungen, bei denen auf Fotos und sogar den Namen verzichtet wird. Bei gleicher Qualifikation könnten die Verfahren dadurch fairer werden. Dabei wird aber gerne übersehen, dass die Einladung zu einem Vorstellungsgespräch nur die erste Hürde auf dem Weg zu einem Jobangebot ist. Beim Vorstellungsgespräch lassen sich nämlich Namen, Aussehen und Geschlecht im Regelfall nicht mehr verheimlichen. Die nächste große Hürde stellt also das Vorstellungsgespräch selbst dar.

Wir neigen dazu, uns Ähnliches als positiver einzuschätzen als uns Unähnliches. Was wir als attraktiv einschätzen, beurteilen wir positiver als Unattraktives. Darum reduzieren fremd klingende Namen oder als wenig attraktiv empfundene Bewerbungsbilder die Wahrscheinlichkeit, zu einem Vorstellungsgespräch eingeladen zu werden.

2

Der Vorstellungstermin – Frauen haben es schwerer

Die Gleichstellung von Frauen und Männern auf den Arbeitsmärkten ist noch lange nicht perfekt. Das fängt schon bei den Vorstellungsgesprächen an, bei denen Frauen oft Nachteile haben. Ein Blick hinter den Vorhang im Kulturbetrieb und auf akademische Hierarchien.

Die Violinistin betritt die Bühne und schreitet zur Mitte hin. Der Boden ist mit einem dicken Teppich ausgelegt, sodass ihre Absätze beim Gehen kein Geräusch verursachen. Auf der Bühne ist niemand außer der Violinistin selbst. Der Vorhang zum Zuschauerraum ist zugezogen. Über Lautsprecher kommt die Ansage, mit dem Spiel zu beginnen. Die Frau hat sich für ein Stück von Johann Sebastian Bach entschieden. Konzentriert setzt sie den Bogen an und beginnt. Die Melodie klingt himmlisch. Aber wer hört überhaupt zu?

Hinter dem Vorhang – im Zuschauerraum – sitzen fünf Personen, die aufmerksam auf jeden Ton achten. Sie wissen nicht, wer im Moment hinter dem Vorhang für die offene Stelle einer Violinistin in ihrem Orchester vorspielt, ob es sich bei der Person um einen Mann oder eine Frau handelt, ob die Person jung oder alt, ob ihre Hautfarbe weiß oder farbig ist. Da der dicke Teppich auf dem Bühnenboden die

Schrittgeräusche schluckt, können sie auch nicht am Klang der Schritte versuchen zu erahnen, ob gerade ein Mann oder eine Frau vorspielt. Die fünf Personen sollen einfach die bestqualifizierte Person – ob männlich oder weiblich – für die freie Stelle finden.

Diese Art der Bewerbung für eine offene Stelle ist heutzutage bei vielen Orchestern auf der ganzen Welt verbreitet. Um Chancengleichheit für Männer und Frauen, Junge und (relativ) Ältere, Weiße oder Farbige herzustellen, findet das Vorspielen „blind" statt, wie man sagt. Das bedeutet, die Auswahlkommission entscheidet allein aufgrund des Gehörten, wer die offene Stelle bekommen soll. Erhöht das die Chancen von Frauen, eine Stelle zu bekommen?

Erst in den letzten Jahrzehnten hat der Anteil an Frauen in führenden Orchestern – wie den Wiener oder Berliner Philharmonikern oder den New York Philharmonic – kontinuierlich zugenommen. Anhand von Daten über die Besetzungen offener Stellen bei den besten US-amerikanischen Orchestern lässt sich belegen, dass ein „blindes" Vorspielen substanziell dazu beigetragen hat, dass mehr und mehr Frauen eingestellt wurden. Im Vergleich zu Einstellungsverfahren ohne „blindes" Vorspielen erhöht die Anonymität beim „blinden" Vorspielen die Wahrscheinlichkeit, dass Frauen in einem mehrstufigen Auswahlverfahren die nächste Runde erreichen, um ca. 50 %. In der letzten Ausscheidungsrunde setzen sich Frauen bei „blindem" Vorspielen sogar fast doppelt so häufig durch wie ohne „blindes" Vorspielen. Mit anderen Worten, ein „blindes" Vorspielen vermeidet Diskriminierung aufgrund des Geschlechts.

Im Normalfall sind Vorstellungsverfahren aber nicht „blind". Ganz im Gegenteil, üblicherweise stellt sich eine Stellenbewerberin bzw. ein Stellenbewerber persönlich einem Auswahlgremium oder einer einzelnen Person vor. Während man Bewerbungsunterlagen ohne Fotos – und sogar ohne Namen und Geschlecht (wenn die zentrale Verwaltung die einlangenden Bewerbungen anonymisiert) – verschicken kann, offenbart ein persönliches Vorstellungsgespräch unvermeidlich persönliche Attribute wie das Geschlecht, das Alter, die Größe oder das Aussehen. Selbstverständlich ist bei der Besetzung offener Stellen der persönliche Eindruck eines Bewerbers bzw. einer Bewerberin – neben allen fachlichen Qualifikationen – bedeutsam. Informell wird gerne darauf hingewiesen, dass bei einem Einstellungsverfahren eben „die Chemie" zwischen allen Beteiligten stimmen muss. Allerdings ist es empirisch belegbar, dass das Geschlecht eines Bewerbers für die Chemie von nicht zu unterschätzender Bedeutung ist. In Industrien mit steilen Hierarchien stoßen Frauen immer wieder an unsichtbare Hurden, die im Englischen als „glass ceiling" bezeichnet werden. Damit ist der Umstand gemeint, dass die Wege in die höchsten Ämter häufig trotz bester Referenzen und Qualifikationen für Frauen versperrt bleiben. Und das kann – vielleicht etwas überraschend – auch an der Geschlechterzusammensetzung des Auswahlgremiums liegen, wie neue Arbeiten über Beförderungen an Universitäten in Italien und Spanien nahelegen.

In beiden Ländern müssen sich Bewerberinnen und Bewerber für Professorenstellen staatlich organisierten Auswahlverfahren stellen, bei denen sich die Kandidaten vor einer Kommission aus Wissenschaftlern des betreffenden Fachgebiets präsentieren. Auf der Basis von über 100 000 Bewerbungsverfahren mit über 8000 Kommissionsmitgliedern konnten Manuel Bagues von der University of Warwick und Kollegen überprüfen, ob es für die Erfolgschancen von Frauen bedeutsam ist, wie viele Frauen in einer Kommission sitzen. Aus dem Bauch heraus könnte man vermuten, dass ein höherer Frauenanteil in der Kommission einen Vorteil für weibliche Kandidaten darstellen würde. Die Daten aus

Italien und Spanien liefern keinen Beleg für diese Vermutung. Im Gegenteil, mehr Frauen in der Kommission verringern sogar die Erfolgschancen von weiblichen Kandidaten, wenn auch in geringem Umfang.

Die Erklärung für die Verringerung liegt darin, dass weibliche Kommissionsmitglieder zwar weibliche Kandidaten im Schnitt besser beurteilen als männliche Kommissionsmitglieder, dass die männlichen Kommissionsmitglieder weibliche Kandidaten aber deutlich schlechter bewerten, sobald Frauen der Kommission angehören. Dieses Ergebnis wirkt so, als ob Männer in Auswahlgremien härter gegenüber weiblichen Kandidaten werden, gerade weil schon andere Frauen im Auswahlgremium sitzen, die es offenbar „nach ganz oben" geschafft haben. Wenn derzeit – nicht nur im akademischen Bereich – verpflichtende Quoten für die Präsenz von Frauen in wichtigen Entscheidungsgremien (wie Auswahlkommissionen) festgelegt werden, dann kann das also ungewollte Auswirkungen auf weibliche Kandidaten haben, die auf der Suche nach einer Stelle sind.

Bei Entscheidungen spielt der Status quo (und dessen Verteidigung) oft eine große Rolle. Ist der Frauenanteil in verantwortlichen Positionen bereits relativ hoch, werden Frauen von Männern bei Vorstellungsgesprächen negativer eingeschätzt. Mehr Frauen in Personalauswahlgremien sind daher oft ein Nachteil für weibliche Bewerberinnen.

3

Lieber „Sutter" als „Anfang"? Warum es günstig sein kann, im Alphabet hinten zu stehen

Die Einladung zu einem Vorstellungsgespräch ist der erste Schritt zum Erfolg. Dann aber können Kleinigkeiten eine Rolle spielen – zum Beispiel der Nachname.

Seit über 50 Jahren lebe ich mit meinem Nachnamen Sutter. Er ist Teil meiner Identität und er gefällt mir. Zugegeben, als Schulkind war ich nicht immer begeistert, dass mein Nachname mit „S" beginnt. Klassenlisten sind ja meist alphabetisch geordnet und dadurch war ich immer weit hinten (meist Dritt- oder Viertletzter). So habe ich meine Schularbeiten- bzw. Klassenarbeitsnoten immer sehr spät erfahren, was die Spannung im Gegensatz zu meinen Mitschülerinnen und Mitschülern, die deutlich vor mir im Alphabet waren, oft unangenehm in die Länge zog. Später erlebte ich auch alphabetische Warteschlangen an der Universität oder beim Militärdienst. Bis ins Erwachsenenalter hinein hielt ich daher meinen Nachnamen eher für einen Nachteil als einen Vorteil. Das wurde noch dadurch untermauert, dass es in meinem Forschungsbereich häufig zu einer alphabetischen Anordnung von Autorennamen kommt. Da verschwindet „Sutter" dann häufig am Ende der Liste, während (zwei meiner geschätzten) Koautoren wie „Angerer" oder „Czermak" weit vorne stehen.

3 Lieber „Sutter" als „Anfang"?

In einem Punkt aber stellte sich im Laufe der Jahre heraus, dass mein Nachname auch Vorteile hat, und zwar bei Vorstellungsgesprächen. In den meisten Bewerbungsverfahren, an denen ich teilnahm – etwa für Professorenstellen an diversen Universitäten –, wurde die Reihenfolge der Kandidaten und Kandidatinnen von den Berufungskommissionen alphabetisch festgelegt. In Ermangelung einer anderen klaren Systematik ist das für viele Verfahren – auch außerhalb des akademischen Bereichs – ein gängiges Verfahren. Wie sich zeigte, war es für meine Chancen hilfreich, relativ weit hinten oder gar als letzter vorzutragen. Jedenfalls konnte ich mich in meiner bisherigen Karriere nicht über mangelnde Angebote beklagen. Natürlich bilde ich mir ein, dass meine Erfolge bei Bewerbungsverfahren auch mit meinen akademischen Leistungen zu tun haben, aber mein Nachname hat aller Voraussicht nach auch ein klein wenig dazu beigetragen. Dafür gibt es wissenschaftliche Belege. Weil ich selbst ein Fan klassischer Musik bin, illustriere ich das am liebsten am Beispiel eines Musikwettbewerbs, nämlich des Königin-Elizabeth-Klavierwettbewerbs, der in Belgien ausgetragen wird und zu den renommiertesten Wettbewerben zählt. Die Liste der bisherigen Sieger enthält so bekannte Klaviervirtuosen wie Vladimir Ashkenazy oder Valery Afanassiev.

Der Wettbewerb umfasst mehrere Stufen. In der letzten – und entscheidenden – Stufe konkurrieren zwölf Pianistinnen und Pianisten um den Sieg. Der Sieger bekommt nicht nur ein Preisgeld, sondern auch eine feste Zusage für Konzertauftritte, die für die weitere Karriere ein prestigeträchtiges Sprungbrett sind. Die zwölf Teilnehmer der Finalrunde treten an sechs verschiedenen Abenden auf, an denen jeweils zwei von ihnen ihre Darbietungen präsentieren. Die Jury – vergleichbar mit einer Berufungskommission an Universitäten oder einem Auswahlgremium für offene Stellen in Unternehmen – besteht aus Experten des Fachs. Jedes Jurymitglied beurteilt jeden Finalisten separat und aus den einzelnen Wertungen wird dann ein Sieger ermittelt. Die Auftrittsreihenfolge der Finalisten wird zufällig bestimmt und zwar so, dass ein bestimmter Buchstabe gezogen wird und dann von diesem Buchstaben ausgehend alphabetisch vorgegangen wird. Wenn etwa mit „M" begonnen wird, kommen zuerst alle Finalisten von M bis Z und danach noch jene von A bis L.

Wer es ins Finale dieses Musikwettbewerbs geschafft hat, zählt schon zu den besten Musikern seines Jahrgangs. Da außerdem die Reihenfolge des Auftretens zufällig festgelegt wird und nicht zu erwarten ist, dass der Nachname eines Interpreten mit seinem Können systematisch zusammenhängt, sollte die Auftrittsreihenfolge eigentlich keinen Einfluss auf das Ergebnis des Wettbewerbs haben. Das ist aber nicht der Fall. Von den zwei Finalisten, die am selben Tag auftreten, wird der später auftretende Finalist im Schnitt um einen Platz besser gereiht. Es ist also ein eindeutiger Vorteil, innerhalb eines Tages später aufzutreten bzw. in einem Vorstellungsgespräch später dranzukommen. Wenn sich das Auswahlverfahren über mehrere Tage erstreckt – wie im Fall des Klavierwettbewerbs –, dann ist der erste Tag der schlechteste für einen Auftritt. Beim Klavierwettbewerb werden die beiden Finalisten des ersten Tages im Schnitt drei Ränge schlechter gereiht als die Finalisten der folgenden Tage. Eine Bestätigung dieser Ergebnisse habe ich in eigenen Forschungen zum Ferruccio-Busoni-Wettbewerb in Bozen gefunden. Dort zeigte sich, dass in einem dreistufigen Finale die Wahrscheinlichkeit, eine Runde weiterzukommen, immer am höchsten war, wenn man am letzten Tag der jeweiligen Stufe auftrat.

Obwohl also eine zufällige – häufig alphabetische – Reihung der Kandidaten für eine offene Stelle oder einen Sieger in einem Wettbewerb an sich keine Rolle für das Ergebnis des Wettbewerbs spielen sollte, ist es günstiger, spät aufzutreten.

3 Lieber „Sutter" als „Anfang"?

Da viele Verfahren rein alphabetisch organisiert werden, ist ein Nachname weiter hinten im Alphabet ein Vorteil, weil es eine Tendenz von Gutachtern oder Kommissionsmitgliedern gibt, bei den ersten Präsentationen nicht die Bestnoten zu vergeben. Es könnte ja immer noch eine bessere Person kommen. Je weniger dann noch kommen, umso eher sind Prüfer gewillt, bei sehr guten Leistungen auch Höchstnoten zu vergeben.

Neben guter Leistung braucht es also – wie immer – ein Quäntchen Glück, um erfolgreich zu sein. Manchmal besteht das Glück einfach in einem Nachnamen, der weit hinten im Alphabet liegt.

Bei Bewerbungsprozessen müssen Mitglieder von Auswahlgremien Vergleiche zwischen verschiedenen Kandidatinnen und Kandidaten vornehmen. Dabei spielt die Reihenfolge der Vorstellungen eine Rolle, weil frühere Kandidaten weniger wahrscheinlich beste Bewertungen bekommen als spätere Kandidaten, wenn danach niemand mehr kommt. Darum ist es bei Vorstellungsgesprächen günstiger, am Ende dranzukommen.

4

Unternehmen machen systematische Fehler beim Einstellungsprozess – aber sind Maschinen besser?

Menschliches Entscheidungsverhalten unterliegt systematischen Verzerrungen. Das trifft auch für die Einstellung neuer Mitarbeiter zu, wie die vorigen Kapitel zeigten. Können maschinelle Algorithmen Fehler bei der Personalauswahl verringern? Oder zahlt es sich für Unternehmen aus, wenn die Leiter der Personalabteilung Entscheidungsspielräume haben?

Susanne brütet über einem Stapel an Bewerbungen für eine offene Stelle in ihrem Unternehmen. Es soll jemand für die Dateneingabe und Aufbereitung einfacher Statistiken für die Geschäftsführung eingestellt werden. Nichts wirklich Anspruchsvolles, aber doch wichtig, weil die Daten ja schließlich stimmen, also sorgfältig erfasst und ausgewertet werden müssen. Der Stapel umfasst ca. 30 Bewerbungen. Als Leiterin der Human Resources (HR)-Abteilung des Unternehmens ist Susanne dafür verantwortlich, wer zu einem Vorstellungsgespräch eingeladen und wem danach ein Jobangebot gemacht werden soll. Susanne hat diese Aufgabe vor etwa 20 Jahren übernommen und seither sehr viel Erfahrung im Beurteilen von Bewerbungsschreiben und Lebensläufen gesammelt. Seit Kurzem ist die Unternehmensleitung eine Kooperation mit einem Personalberatungsunternehmen eingegangen. Dieses

Unternehmen bewertet eingehende Bewerbungen anhand eines maschinell erstellten Algorithmus und gibt dann Empfehlungen über die Qualität der Bewerbungen ab, indem eine Bewerbung als grün (hohes Potenzial), gelb (mittleres Potenzial) oder rot (geringes Potenzial) eingestuft wird. Die Unternehmensleitung verspricht sich davon eine Verbesserung des Rekrutierungsprozesses, insbesondere im Hinblick auf eine längere Verweildauer von neu eingestellten Mitarbeiterinnen und Mitarbeitern. Allerdings ist Susanne als HR-Chefin nicht an die Empfehlungen des Computeralgorithmus gebunden, sondern völlig frei in ihren Einstellungsentscheidungen. Sie soll die Empfehlungen aber als zusätzliche Information berücksichtigen. Das führt immer wieder dazu, dass sie jemanden, der als „grün" empfohlen wird, als gar nicht so gut einstuft, und umgekehrt einen „gelben" Kandidaten als sehr geeignet erachtet. Im Zweifelsfall vertraut Susanne auf ihre Erfahrung und den persönlichen Eindruck im Vorstellungsgespräch. Als jemand mit einer gesunden Portion an Selbstreflexionsfähigkeit würde es sie allerdings wirklich interessieren, ob Algorithmen weniger Verzerrungen im Einstellungsprozess verursachen könnten und ein Unternehmen vom Einsatz solcher Algorithmen profitieren würde.

Mitch Hoffmann von der Universität in Toronto ist dieser Frage mithilfe von Daten von 445 HR-Managern nachgegangen, die in Summe über 90 000 Stellenbesetzungen in 15 nordamerikanischen Firmen vornahmen. Diese (realen) Firmen unterstützten ihre jeweiligen HR-Abteilungen durch ein Testverfahren eines Personalberatungsunternehmens, das wie im obigen – fiktiven – Beispiel Bewerbungen in Grün, Gelb und Rot einteilt. Im Rahmen des Tests werden Bewerberinnen und Bewerber in einem ausführlichen Fragebogen über ihre technischen Fähigkeiten, ihre Computerkenntnisse, ihre Persönlichkeit und ihre kognitiven Fähigkeiten befragt und sie müssen verschiedene Berufsszenarien durchspielen und bewerten. Daraus ermittelt dann das Personalberatungsunternehmen die Kategorien Grün, Gelb und Rot. Der Algorithmus für die Bewertung basiert auf Tests aus der Vergangenheit und dem Abschneiden früherer Bewerberinnen in ihrem späteren Beruf, etwa im Hinblick auf ihre Produktivität oder Verweildauer in einem Unternehmen. Das Personalberatungsunternehmen hat sich auf Jobs im unteren Segment des Arbeitsmarkts spezialisiert, also etwa auf Dateneingabetätigkeiten, Mitarbeit in Call-Centern oder einfache Datenauswertungstätigkeiten. Im Laufe der letzten Jahre wurden im Schnitt 48 % aller Bewerbungen als grün, 32 % als gelb und 20 % als rot eingestuft. In den 15 Unternehmen waren die HR-Manager angehalten, auf die farblich abgestuften Bewertungen zu achten, die Manager hatten aber freie Wahl, wen sie letztlich einstellen wollten.

Mitch Hoffmann und Kollegen gingen jetzt der Frage nach, ob es einen Einfluss hat, wenn ein Manager jemanden mit einer „gelben" Bewertung einstellt, obwohl jemand mit einer „grünen" Bewertung verfügbar wäre. Der Effekt kann in beide Richtungen gehen. Ein größerer Entscheidungsspielraum ermöglicht, dass Manager aufgrund ihrer eigenen Erfahrung besser als ein Computeralgorithmus abschätzen können, ob jemand gut in das Unternehmen und jeweilige Arbeitsteam passt oder nicht. Gleichzeitig aber kann ein größerer Entscheidungsspielraum dazu führen, dass die Manager nach ihrem „persönlichen Geschmack" entscheiden statt nach statistisch berechneten Wahrscheinlichkeiten, welche Bewerbung erfolgversprechender sei.

Die Ergebnisse von Hoffmann und Kollegen sind ernüchternd für die Qualität menschlichen Entscheidungsvermögens bei Einstellungsentscheidungen. Wenn HR-Manager häufiger eine (im Farbcode) schlechter bewertete Person einer besser bewerteten (und verfügbaren) Person vorziehen, dann bleiben diese neu eingestellten Personen weniger lang im

Unternehmen, als wenn die HR-Manager der Farbempfehlung folgen. Diese entgegen der Farbempfehlung eingestellten Mitarbeiterinnen und Mitarbeiter sind aber nicht etwa produktiver – was ein legitimer Grund für das Abweichen von der Empfehlung des Algorithmus wäre –, sondern im Schnitt sogar weniger produktiv. Zu viel Entscheidungsspielraum für HR-Manager kann – zumindest in diesem Segment des Arbeitsmarkts – für ein Unternehmen nachteilig hinsichtlich der Qualität und Verweildauer neuer Mitarbeiterinnen und Mitarbeiter sein. Menschliches Entscheidungsverhalten kann also erfolgreich maschinell unterstützt werden. Dies gilt sogar, wenn die HR-Manager den computerisierten Empfehlungen nicht immer folgen. Im Vergleich zu Unternehmen, die im Einstellungsprozess keine maschinellen Empfehlungen bekamen, erhöhte sich die durchschnittliche Verweildauer von neuen Mitarbeitern in jenen Unternehmen, wo die HR-Manager zwar Farbempfehlungen bekamen, ihnen aber nicht regelmäßig folgten. Bereits das Vorliegen der maschinellen Empfehlungen änderte offenbar die Einstellungsentscheidungen in positiver Richtung.

Menschliches Entscheidungsverhalten unterliegt Fehlern und Verzerrungen. Computeralgorithmen können bei der Flut von Bewerbungen hilfreich sein, die besten Bewerbungen zu identifizieren. Eine Berücksichtigung von maschinellen Empfehlungen kann zu einer Verbesserung der Personalauswahl und zu längeren Verweildauern neuer Mitarbeiter und Mitarbeiterinnen führen.

5

Warum viele Firmen offene Stellen durch Empfehlungen bestehender Mitarbeiterinnen und Mitarbeiter besetzen

Es wird oft als „Freunderlwirtschaft" kritisiert, hat aber handfeste ökonomische Vorteile für Firmen, wenn sie offene Stellen mit Personen besetzen, die von bestehenden Mitarbeiterinnen und Mitarbeitern empfohlen werden. Manche Firmen zahlen den Empfehlenden dafür sogar einen Bonus. Was steckt dahinter?

Als Miriam am Morgen in den Umkleideraum für das Personal kommt, fällt ihr Blick auf einen neuen Aushang. Darauf wird in großen Buchstaben jedem Mitarbeiter ein Bonus von 100 Euro versprochen, wenn eine frei werdende Stelle durch eine Empfehlung der aktuellen Mitarbeiterinnen wiederbesetzt werden kann. Im erklärenden Text heißt es dann, dass der Bonus bezahlt werde, wenn sowohl die empfehlende als auch die neu eingestellte Person mindestens fünf Monate im Unternehmen bleiben. Nach dem Lesen des Aushangs geht Miriam an die Kasse des Supermarkts und fängt mit ihrer täglichen Arbeit an. Die ersten Kunden betreten das Geschäft, während Miriam sich an der Kasse anmeldet, die Münzrollen öffnet und nochmals das Papiergeld überprüft. Ein langer Tag steht ihr bevor, aber am Abend, so denkt sie sich, wird sie ihre derzeit arbeitslose Freundin Petra anrufen und ihr davon erzählen, dass es im Supermarkt eine Stelle zu besetzen gibt. Wenn Petra Interesse hat, wird Miriam am nächsten Tag der Filialleiterin eine Empfehlung für Petra abgeben. Wenn alles klappt, könnte beiden geholfen werden: Petra mit einer neuen Stelle und Miriam mit einer Bonuszahlung und einer netten neuen Arbeitskollegin. Warum die Supermarktkette plötzlich einen Bonus für Empfehlungen bezahlt, darüber denkt Miriam nicht weiter nach. Die Kette wird schon ihre Gründe haben, vermutet sie.

In der Tat ist es für praktisch alle Firmen eine große Herausforderung, offene Stellen zu besetzen. Ein solcher Prozess einer Neubesetzung erfordert viel Zeit und ist deshalb für ein Unternehmen sehr kostspielig. Das Ausschreiben der Stelle, die Sichtung von Bewerbungen, die Einstellungsinterviews, die Vertragsgestaltung, das Anlernen eines neuen Mitarbeiters und die Integration in die Belegschaft sind nur einige Stufen im Rahmen einer Stellenbesetzung. Alle davon rauben dem vorhandenen Personal Zeit und verursachen Kosten für die Firma. Aus diesem Grund versuchen Firmen, im Rahmen neuer Stellenbesetzungen die Kosten gering und die Passgenauigkeit neuer Mitarbeiter möglichst hoch zu halten.

In manchen Firmen werden deshalb Computeralgorithmen bei der Personalauswahl als Hilfsmittel herangezogen (wie in Kapitel 4 beschrieben). Ein anderer Weg bei der Personalrekrutierung besteht darin, aktuelle Mitarbeiter um Empfehlungen zu bitten, wer denn für offene Stellen infrage käme.

Die möglichen Vorteile eines solchen Vorgehens sind vielfältig. Aktuelle Mitarbeiter im Umfeld einer offenen Stelle wissen sehr gut, welche Anforderungen an die neue Stelle gestellt werden, und können darum sehr gut abschätzen, wer dafür besonders geeignet sein könnte. Außerdem ist zu erwarten, dass aktuelle Mitarbeiter nur solche Personen empfehlen werden, mit denen sie persönlich gut auskommen, was für das Arbeitsklima in einer Firma ebenfalls ein wichtiger Aspekt ist.

Empirische Studien zeigen, dass Personen, die eine offene Stelle durch eine Empfehlung eines aktuellen Mitarbeiters bekommen, schneller eingestellt werden, tendenziell besser qualifiziert sind und länger im Unternehmen bleiben als nichtempfohlene Personen. Die Evidenz basiert beispielsweise auf Erhebungen mit Fernfahrern, Mitarbeitern in Call-Centern oder in High-Tech-Firmen. Jedoch ist in diesen Branchen der Anteil von Mitarbeitern, die aufgrund von Empfehlungen aktueller Mitarbeiter eingestellt werden, relativ klein, sodass es auf den ersten Blick unklar bleibt, ob Empfehlungen für Firmen spürbar positive Auswirkungen haben. Schließlich kosten Empfehlungen auch Geld, weil viele Firmen den Empfehlenden einen Bonus bezahlen, wenn es zu einer Einstellung kommt und die neu eingestellte Person zumindest eine bestimmte Frist – von meist einigen Monaten – im Unternehmen bleibt.

Aus diesem Grund haben Matthias Heinz von der Universität zu Köln und Kollegen aus Frankfurt, Konstanz und Toronto einen umfassenderen Blick auf Firmenprogramme für Empfehlungen geworfen. Sie analysierten dabei eine baltische Supermarktkette, bei der jedes Jahr fast 80 % aller Mitarbeiter ihre Stelle kündigten. Das bedeutete, dass die Kette permanent neue Einstellungen vornehmen musste, was zeit- und kostspielig war. Darum führte die Firma in ihren 238 Filialen mit über 5000 Mitarbeitern ein Empfehlungsprogramm ein. Wenn die Empfehlung eines Mitarbeiters zu einer neuen Einstellung führte und die neue Person mindestens fünf Monate im Unternehmen blieb, dann bekam die empfehlende Person je nach Standort einen Bonus von 50, 90 oder 120 Euro.

Ein höherer Bonus führte zwar zu mehr Empfehlungen, dennoch blieb der Anteil an neuen Mitarbeitern, die aufgrund von Empfehlungen ins Unternehmen eintraten, unter 5 %. Empfehlungen machten also nur einen sehr kleinen Teil der neuen Arbeitskräfte aus.

Trotzdem hatte das Programm einen großen Effekt, wenn auch einen unerwarteten. Die empfohlenen Personen blieben wie in den vorigen Studien länger im Unternehmen und hatten weniger Krankenstandstage, aber der wichtigste Effekt des Empfehlungsprogramms war ein anderer. Die aktuellen Mitarbeiter, die Empfehlungen machen konnten, blieben nach der Einführung des Programms länger im Unternehmen und hatten eine 15 % geringere Kündigungswahrscheinlichkeit (im Vergleich mit einer Kontrollgruppe von Filialen, bei denen kein Empfehlungsprogramm eingeführt wurde). Diese Mitarbeiter fühlten sich durch die Einführung des Programms stärker ernst genommen und schätzten die mögliche Mitsprache bei der Einstellung neuer Mitarbeiter. Das führte zu längeren Verweilzeiten im Unternehmen und zu einer höheren Arbeitsplatzzufriedenheit.

Dieser bisher unbeachtete „Nebeneffekt" von Empfehlungsprogrammen zahlt sich für Unternehmen aus und stellt eine „Win-win"-Situation für Arbeitgeber und Arbeitnehmer dar.

Die Besetzung freier Stellen in einem Unternehmen ist kostspielig. Viele Unternehmen bitten deshalb aktuelle Mitarbeiter um Empfehlungen, wer für eine offene Stelle geeignet und eine gute Ergänzung für ein Team sein könnte. Diese Einbindung der aktuellen Mitarbeiter durch Mitarbeiterempfehlungsprogramme erhöht deren Arbeitszufriedenheit und ihre Verweildauer im Unternehmen.

Abschnitt II
Berufswechsel und Wiedereinstieg

6

Treue – ein Wert mit Gültigkeit

Die durchschnittliche Verweildauer von Arbeitnehmern bei ein und demselben Unternehmen wird immer kürzer. Das heißt, dass immer mehr Menschen immer häufiger ihren Arbeitsplatz wechseln. Dabei schätzen Arbeitgeber Firmentreue, wenn sie die Lebensläufe von Stellenbewerbern beurteilen. Warum und wie wirkt sich das für Menschen auf Arbeitssuche aus?

Mobilität auf dem Arbeitsmarkt wird häufig als positiv wahrgenommen. Als dynamisch gilt, wer die Möglichkeiten des Arbeitsmarkts zu nutzen weiß und Erfahrungen in vielen Betrieben sammelt. Dagegen scheint Firmentreue – oftmals über Jahrzehnte hinweg – eine altmodische Einstellung zu sein, die dem modernen Arbeitsmarkt nicht mehr gerecht wird. Tatsächlich ist es für die Bereicherung des eigenen Erfahrungsschatzes nicht schlecht, wenn man auch einmal andere Arbeitsabläufe kennenlernt, andere Organisationsformen, andere Vorgesetzte und Mitarbeiter oder einfach eine andere Tätigkeit in einem anderen Unternehmen.

Aus Unternehmenssicht ist aber eine hohe Fluktuation von Arbeitnehmerinnen und Arbeitnehmern mit hohen Kosten verbunden. Neue Mitarbeiter müssen angelernt werden, sich in die bestehenden Strukturen nach Möglichkeit ohne Konflikte eingliedern und die Arbeitsabläufe verinnerlichen und damit zum Erfolg der jeweiligen Abteilung beitragen. Das kostet Zeit und damit Geld. Wenn es also darum geht, jemanden neu einzustellen, dann ist es für ein Unternehmen wichtig, ob sich jemand schnell in seine neue Arbeitsumgebung eingliedern und die Werte des Unternehmens übernehmen kann. Dabei spielen neben der formalen Ausbildung eines Stellenbewerbers „weiche" Faktoren wie Zuverlässigkeit, Vertrauenswürdigkeit, Teamfähigkeit, Loyalität und Ausdauer eine bedeutende Rolle. Diese weichen Faktoren sind aber bei der Einstellung eines neuen Mitarbeiters nur schwer mess- und überprüfbar.

Eine Studie aus der Schweiz zeigt nun, welche Information aus dem Lebenslauf eines Stellenbewerbers für Personalchefs entscheidend ist, um diese weichen Faktoren einzuschätzen. Es ist die Häufigkeit, mit der ansonsten vollkommen vergleichbare Bewerber in ihrem bisherigen Berufsleben den Arbeitgeber gewechselt haben. Zu viele Wechsel des Arbeitgebers hinterlassen einen schlechten Eindruck und verringern die Chancen von Bewerbern, überhaupt zu einem Vorstellungsgespräch eingeladen zu werden.

Unter der Leitung von Roberto Weber von der Universität Zürich haben die Schweizer Forscher eine Feldstudie durchgeführt, bei der als Reaktion auf über 800 offene Stellenausschreibungen in der deutschsprachigen Schweiz jeweils zwei Bewerbungen eingesandt wurden. Für diese Bewerbungen kreierten sie fiktive Bewerber, die alle 26 Jahre alt waren, acht Jahre Berufserfahrung nach dem Abschluss einer kaufmännischen Schulausbildung mit sehr guten Noten hatten, mehrere (und dieselben) Fremdsprachen beherrschten, ähnliche Namen und kein ungewöhnliches Aussehen hatten. Für jede offene Stelle schickten die Forscher zwei Bewerbungen, die sich lediglich in der Anzahl der Arbeitgeber im bisherigen Berufsleben unterschieden. Im einen Fall hatte der Bewerber bzw. die Bewerberin die gesamten acht Jahre nach dem Schulabschluss beim selben Unternehmen gearbeitet, während im anderen Fall die betreffende Person im Schnitt alle zwei Jahre den Arbeitgeber gewechselt und somit in Summe vier Arbeitgeber in ihrem Lebenslauf stehen hatte. Die vier Arbeitgeber und die Tätigkeiten in den vier Firmen waren exakt vergleichbar mit dem Fall des Bewerbers mit nur einem Arbeitgeber.

In einem ersten Schritt untersuchte Roberto Weber mit seinem Team die Frage, wie häufig die beiden verschiedenen Bewerber zu einem Vorstellungsgespräch eingeladen wurden. Bereits hier zeigten sich starke Unterschiede. Der Bewerber mit nur einem Arbeitgeber wurde im Schnitt ca. 40 % häufiger eingeladen als der Bewerber mit den vier Arbeitgebern im Lebenslauf. In einem zweiten Schritt versuchten die Studienautoren zu ergründen, worauf diese unterschiedlichen Erfolgsquoten bei den Bewerbungen zurückzuführen sind. Dazu interviewten sie 83 Personalverantwortliche in Schweizer Firmen, legten ihnen jeweils zwei verschiedene Lebensläufe vor, die entweder einen oder vier Arbeitgeber anführten, und ließen die Personaler dann die jeweiligen Bewerber bewerten. Wie nicht anders zu erwarten, schnitten die Bewerber hinsichtlich der Kategorien „Fähigkeiten" und „Ausbildung" gleich gut ab – schließlich waren die Lebensläufe absichtlich so konstruiert, dass die beiden Bewerber diesbezüglich vollkommen vergleichbar waren. Allerdings zeigten sich stark unterschiedliche Einschätzungen vor allem bei den Faktoren „Teamfähigkeit", „Ausdauer" und „Zuverlässigkeit". Bewerber mit nur einem Arbeitgeber seit ihrem Berufseinstieg vor acht Jahren wurden im Hinblick auf diese Faktoren systematisch besser beurteilt. Ihnen wurde eher zugetraut, dass sie in Teams effizient zusammenarbeiten können, dass sie geduldig und ausdauernd auf Ziele hinarbeiten können, auch wenn diese einen langen Atem erfordern, und dass sie in der Erfüllung ihrer Aufgaben zuverlässig sind.

Diese Eigenschaften sind für potenzielle Arbeitgeber offensichtlich wichtig. Da diese aber nicht direkt messbar sind und sich erst in der täglichen Zusammenarbeit zeigen, interpretieren Arbeitgeber die Information über die Anzahl der Arbeitsplatzwechsel als Hinweis darauf, wie gut ein Bewerber für eine offene Stelle bei diesen weichen Faktoren abschneidet.

Die Fähigkeit, länger bei einem Unternehmen zu bleiben, mag manchem also zwar als altmodisch erscheinen, sie verschafft einem beim Wettbewerb um eine neue Stelle aber einen Vorteil, der den Unterschied zwischen einem Jobangebot und einer Absage ausmachen kann.

Firmentreue signalisiert Loyalität. Ein häufiges Wechseln des Arbeitsplatzes hingegen wird von Personalmanagern mit weniger loyalem Verhalten und geringerer Ausdauer assoziiert. Darum sinken im Falle eines Arbeitsplatzwechsels die Chancen auf eine neue Stelle, wenn jemand in der Vergangenheit in sehr vielen verschiedenen Unternehmen gearbeitet hat.

7

Durchhaltevermögen in einem anstrengenden Beruf

Obwohl die Häufigkeit, mit der Arbeitgeber gewechselt werden, in den letzten Jahrzehnten zugenommen hat, sind allzu viele schnelle Wechsel problematisch. Woran erkennt man aber, ob jemand länger in einem anstrengenden Umfeld durchhält? Ein Blick in die Welt der Fernfahrer.

Der Beruf des Fernfahrers mag für manche Menschen – vor allem Männer – attraktiv erscheinen, weil man dabei in die verschiedensten Ecken des Kontinents kommen kann. Als ich vor einigen Jahren vom Europäischen Hochschulinstitut in Florenz an die Universität zu Köln wechselte und meine Möbel mit einer Spedition von Florenz nach Köln liefern ließ, berichtete mir der Lkw-Fahrer ganz begeistert, dass er durch seinen Beruf schon von Südportugal bis Nordnorwegen gekommen war und dass er es großartig finde, die entferntesten Gegenden Europas sehen zu können. Abgesehen von diesem Aspekt ist dieser Beruf aber auch sehr anstrengend, gekennzeichnet von hartem Wettbewerb, sehr engen Lieferterminen, knappen Ruhezeiten und wenig attraktiven (und familienunfreundlichen) Wochenenden auf Autobahnraststätten mit Übernachtung in der Fahrerkoje. Nicht zufällig berichtete mir der Fahrer der Spedition, dass er schon lange mit anhaltenden Bandscheibenproblemen zu kämpfen hätte. Trotzdem war er schon seit 30 Jahren im Geschäft. Was zeichnete ihn gegenüber jenen Kollegen aus, die viel schneller das Handtuch warfen?

Lorenz Götte von der Universität Bonn ging mit amerikanischen Kollegen dieser Frage systematischer nach. Dazu hatten die Autoren die Gelegenheit, eine Studie mit 1066 Fernfahrern als Versuchspersonen zu machen. Diese waren Trainees einer großen amerikanischen Spedition. Das heißt, diese Trainees wurden durch erfahrene Fahrer und durch Schulungen in ihre Aufgaben eingeführt und übernahmen bereits während der Ausbildung Aufträge für die Firma. Die Firma kam für die Ausbildungskosten in Höhe von circa 5000 bis 10 000 Dollar pro Trainee auf. Sollte ein Trainee die Firma jedoch vor Ablauf von zwölf Monaten verlassen, sah der Ausbildungsvertrag die Rückzahlung der gesamten Ausbildungskosten durch den Trainee vor.

Lorenz Götte und seine Kollegen führten während zweier Ausbildungswochen ökonomische Entscheidungsexperimente mit den 1066 Trainees durch. Bei diesen Experimenten konnten die Trainees immer zwischen zwei Optionen wählen. In der einen Option bekamen sie jeweils einen Betrag zwischen 45 und 75 Dollar sofort. In der anderen Option konnten sie 80 Dollar erhalten, allerdings erst später, nämlich entweder am nächsten Tag, in vier Tagen oder in vier Wochen. Anhand ihrer Entscheidungen zwischen einem kleineren, aber sofortigen Gewinn und einem größeren, aber späteren Gewinn wurden die Trainees eingestuft als mehr oder weniger geduldig (im Rahmen von finanziellen Entscheidungen).

Die Speditionsfirma stellte für die Studie die Personaldaten für jeden beteiligten Fernfahrer zur Verfügung und Götte und seine Kollegen konnten dann die experimentellen Entscheidungen – als Maß für Geduld – mit den Personaldaten in Verbindung bringen. Der Anreiz für die Firma zur Teilnahme an der Studie bestand darin, mehr über die Faktoren zu erfahren, die einen Einfluss auf die Verweildauer eines Trainees im Unternehmen haben – sowohl während der Ausbildungszeit als auch danach. Eine längere Verweildauer ist für die Firma mit größeren Profiten verbunden, weil die anfänglichen Ausbildungskosten erst durch einen längeren Verbleib eines Trainees zu Gewinnen führen. Aus den Personaldaten konnten die Studienautoren erfahren, ob ein Fahrer die Ausbildung abschloss beziehungsweise ob und wann er sie vorzeitig abbrach. Im Falle des Abschlusses der Ausbildung wurde bekannt gegeben, ob jemand von der Firma übernommen wurde oder nicht. Während die Firma fertig ausgebildete Fahrer üblicherweise übernahm, wurden Fahrer mit disziplinären Problemen nicht übernommen. Für jene Fahrer, die in ein Beschäftigungsverhältnis übernommen wurden, erfuhren die Studienautoren auch, wie lange der Fahrer in der Firma blieb bzw. ob er bei der Beendigung der Studie noch in der Firma arbeitete.

Trainees, die in dem ökonomischen Experiment als geduldiger eingestuft wurden, indem sie häufiger den größeren, aber späteren Betrag wählten, brachen mit geringerer Wahrscheinlichkeit ihre Ausbildung ab und wurden mit höherer Wahrscheinlichkeit nach der Traineephase in ein Beschäftigungsverhältnis übernommen. Darüber hinaus verblieben Fahrer mit stärker zukunftsorientierten Entscheidungen (die also häufiger die 80 Dollar in der Zukunft wählten) länger in dem betreffenden Unternehmen nach der Übernahme in eine unbefristete Stelle.

Insgesamt blieb weniger als die Hälfte der Fahrer ein Jahr oder länger, was die ausreichende Frist war, um die Ausbildungskosten nicht mehr zurückzahlen zu müssen. Die Fahrer, die diese Frist im Unternehmen erreichten, waren im Schnitt deutlich geduldiger in ihren Experimententscheidungen als jene, die den Vertrag vorzeitig kündigten und deshalb die vollen Ausbildungskosten zu erstatten hatten. Für Fernfahrer mit den „geduldigeren" Experimententscheidungen zahlte sich das längere Durchhalten im Beruf finanziell aus, da sie die Ausbildungskosten nicht mehr zurückzahlen mussten. Die ungeduldigeren Fernfahrer mussten nicht nur die Ausbildungskosen zurückzahlen, sondern hatten auch schlechtere Karten auf ihrem weiteren Berufsweg. Denn Ungeduld ist eine schlechte Voraussetzung, um schnell wieder eine neue Stelle zu finden, wie das nächste Kapitel zeigt.

Der berufliche Alltag ist häufig anstrengend und bringt oft neue Herausforderungen mit sich. Bestimmte persönliche Eigenschaften helfen einem, in solchen Situationen nicht schnell aufzugeben, sondern durchzuhalten und Herausforderungen zu meistern. Insbesondere Geduld und Zukunftsorientierung sind solche wertvollen Eigenschaften.

# 8

Arbeitssuche und Geduld

Lange Unterbrechungen in der Erwerbstätigkeit machen einen Wiedereinstieg in den Arbeitsmarkt unwahrscheinlicher. Es ist also wichtig, nach dem Verlust einer Stelle schnell wieder einen Arbeitsplatz zu finden. Ist dabei Geduld hilfreich oder eher hinderlich?

Sich beim Arbeitsamt in die Schlange der Arbeitslosen einzureihen und nach einer neuen Arbeitsstelle zu suchen, ist ein unangenehmes, prägendes Erlebnis. Zu Beginn meiner akademischen Karriere hatten die Sparpakete der österreichischen Bundesregierung in den 1990er-Jahren dazu geführt, dass alle offenen Stellen im universitären Bereich gesperrt wurden und ich zweimal beim Arbeitsamt vorstellig werden musste, zum Glück nur für kurze Zeit. Tatsächlich zeigen Arbeitsmarktstatistiken, dass Menschen mit höherer Ausbildung schneller wieder eine Arbeitsstelle finden, was längere Unterbrechungen der Berufstätigkeit seltener macht. Erstaunlicherweise ist ein höheres Gehalt vor der Arbeitslosigkeit auch hilfreich bei der Stellensuche. Es zeigt nämlich, dass eine arbeitssuchende Person zuletzt in einer verantwortungsvollen, meist sogar höheren Position beschäftigt war, also Erfahrung und Kompetenz hat. Und diese Eigenschaften sind für den Arbeitsmarkt attraktiv.

8 Arbeitssuche und Geduld

Es gibt aber auch persönliche Qualitäten, die beim Übergang von der Arbeitslosigkeit zurück ins Arbeitsleben bedeutsam sind. Eine davon ist Geduld bzw. die Fähigkeit, auf ein Ziel hinzuarbeiten und dabei anfallende Mühen durchzustehen. Lange Zeit war aber in der Arbeitsmarktforschung nicht klar, ob geduldige oder eher ungeduldige Menschen schneller wieder in den Arbeitsmarkt hineinkommen und eine neue Stelle finden.

Auf lange Sicht wird ein geduldiger Mensch bei der Stellensuche letztendlich zum Ziel gelangen, da Geduld hilft, Mühen auch dann auf sich zu nehmen, wenn zunächst kein Erfolg damit verbunden ist. Wer ungeduldig ist, neigt schneller dazu, die Anstrengungen einzustellen, da diese nicht als Investition in die Zukunft verstanden werden, sondern als kurzfristig fehlgeschlagene Bemühungen, deren Aufwand nicht von Nutzen war. Wenn ungeduldige Menschen weniger Zeit und Energie in die Arbeitsplatzsuche investieren, dann bekommen sie meistens auch weniger attraktive Angebote. Diese Sichtweise würde bedeuten, dass geduldige Menschen schneller einen Arbeitsplatz finden.

Demgegenüber wurde allerdings auch argumentiert, dass Ungeduld schneller zum relativen Erfolg führen könnte, weil ungeduldigere Menschen bei der Stellensuche auch schlechtere Bedingungen, vor allem geringere Gehälter, akzeptieren, um eine längere Arbeitssuche zu vermeiden. Dann würden sie schneller wieder eine Stelle finden als geduldige Menschen, die unter Umständen länger nach einer besser bezahlten und attraktiveren Stelle suchen. Entsprechend dieser Logik würden dann ungeduldige Menschen zwar schlechter bezahlte Stellen annehmen, dafür aber früher als geduldigere Menschen wieder eine Arbeit haben.

Welche dieser Sichtweisen entspricht eher der Realität? Stefano DellaVigna von der University of California in Berkeley und Daniele Paserman von der Hebrew University Jerusalem untersuchten den Zusammenhang zwischen der Dauer der Arbeitslosigkeit und der Geduld eines Arbeitslosen. Das Ausmaß an Geduld stuften sie anhand von Informationen aus Fragebögen ein. Ein erster Indikator für Geduld war, ob jemand Raucher ist. Eine solche Person wurde als tendenziell ungeduldiger als ein Nichtraucher eingeschätzt. Es gibt zahlreiche Belege für eine größere Ungeduld von Rauchern beim Abwägen von Gegenwart und Zukunft. Zudem erfassten DellaVigna und Paserman Daten über die Höhe der Ersparnisse einer Person. Ersparnisse zu haben – und keine Schulden –, wurde als weiterer Indikator für Geduld herangezogen. Sparen schränkt den unmittelbaren Konsum ein, ermöglicht aber in der Zukunft mehr Konsum. Darum deutet das Vorliegen von Ersparnissen auf ein höheres Maß an Geduld hin. Neben den Informationen über das Rauchen oder das Vorliegen von Ersparnissen verwendeten die Autoren eine Reihe weiterer Indikatoren – etwa den Abschluss einer Lebensversicherung oder auch die Einschätzung des Interviewers während der Befragung der arbeitslosen Personen. Alle diese Indikatoren hängen eng miteinander zusammen und wurden von DellaVigna und Paserman zu einem Maß für den Grad an Geduld einer einzelnen Person zusammengefasst. Dieses Maß wurde dann mit den Arbeitsmarktdaten über die betreffende Person in Beziehung gesetzt.

Die Studienergebnisse zeigen eindeutig, dass ungeduldigere Menschen weniger schnell einen neuen Arbeitsplatz finden. Das liegt vor allem daran, dass ihre Investitionen in die Arbeitsplatzsuche geringer sind, sodass sie nicht einmal schlechter bezahlte Angebote bekommen. Häufig wenden sie sogar nur sehr wenige Stunden pro Woche für die Arbeitssuche auf – und das trotz Arbeitslosigkeit. Diese geringe Anzahl an Stunden könnte etwa dadurch erklärt werden, dass ungeduldigere Menschen sich bei der Arbeitsplatzsuche schneller entmutigen lassen, weil es ihnen schwerer fällt, negative Rückmeldungen auf Bewerbungen wegzustecken und sich dem Risiko einer weiteren Absage auszusetzen. Sie könnten sich auch einfach weniger leicht aufraffen, aktiv nach einer Stelle zu suchen. Damit eröffnet sich aber ein Teufelskreis. Menschen mit weniger Geduld halten häufig weniger lang in einem Beruf und an einer bestimmten Arbeitsstelle durch, finden aber im Fall von Arbeitslosigkeit weniger schnell wieder einen neuen Arbeitsplatz. Das kann zu Langzeitarbeitslosigkeit und damit zu einem Herausfallen aus dem normalen Arbeitsmarkt führen. Es ist deshalb wichtig, im Suchprozess geduldig zu bleiben und Ausdauer bei den Bewerbungen zu zeigen. Dazu kann die Beratung beim Arbeitsamt Erstaunliches beitragen, wie das nächste Kapitel zeigt.

Bei der Suche nach einer neuen Arbeitsstelle muss man viel Zeit investieren und auch Rückschläge durch Absagen verkraften. Ungeduldigere Menschen tun sich dabei schwerer und finden deshalb weniger schnell als geduldigere, zukunftsorientiertere Menschen eine neue Arbeitsstelle.

9

Einen neuen Job finden – Nudging in der Arbeitsvermittlung

Einen neuen Job zu finden, ist nicht einfach. Verhaltensökonomen beraten staatliche Einrichtungen wie etwa Arbeitsämter, damit arbeitslose Menschen wieder schneller einen Job finden. Wie funktioniert das?

David Cameron, britischer Ex-Premierminister, wird in die Geschichtsbücher vermutlich wegen des Brexit-Referendums eingehen. Dabei war seine politische Agenda sehr viel reichhaltiger, aber nur wenige Initiativen werden der Nachwelt im Gedächtnis bleiben. Eines seiner weniger beachteten Projekte bestand darin, dass er in seinem Kabinett eine sogenannte Nudging-Unit installierte. Das war eine Gruppe von Ökonomen und Psychologen, die als „Behavioral Insights Team" bezeichnet wurden und die sich damit beschäftigten, wie staatliche Politik ohne Änderungen von Gesetzen effizienter, ressourcenschonender und bürgerfreundlicher gemacht werden kann. „Nudging" sollte helfen, genau diese Ziele zu erreichen. Das Wort kommt vom englischen Verb „to nudge", das so viel wie „schubsen" oder „anstupsen" bedeutet. Nudging will also den Menschen einen Schubs in die richtige Richtung geben, um damit ihr Verhalten zu verändern.

Die spektakulärsten Erfolge erzielte die Nudging-Unit im Bereich der Steuerverwaltung, wo durch einfache Appelle – wie etwa den Hinweis, dass neun von zehn Bürgern ihre Steuerschulden pünktlich bezahlen – die Steuermoral der Bürgerinnen und Bürger mit geringen Kosten sehr stark verbessert und das Schatzamt dadurch locker zweistellige Millionenbeträge einnehmen konnte. Neben der Steuerverwaltung hat sich die Nudging-Unit aber auch um die Vermittlung von Arbeitslosen gekümmert.

Als Folge davon veränderte der britische Arbeitsmarktservice in mehreren Bezirken die Beratung von Arbeitslosen radikal. Im Gegensatz zu den herkömmlichen Vermittlungsverfahren mit Schulungen und Beratungen über offene Jobs wurde mit den Arbeitslosen vor allem ein detaillierter Tagesablauf entworfen. Beispielsweise 7:30 h: Aufstehen. 8:00 h: Frühstücken und Zeitungsannoncen offener Stellen lesen. 9.00 h: Die fünf interessantesten Anzeigen genauer studieren und im Internet über die Firmen recherchieren. 10:30 h: Anschreiben an die drei attraktivsten Firmen verfassen. 12:00 h: Mittagspause. 14:00 h: Lebenslauf überarbeiten als Beilage zu den Anschreiben. 15:30 h Bewerbungsmappe mit allen notwendigen Unterlagen für die drei interessantesten Stellenangebote zusammenstellen usw.

Hinter dieser Art der Beratung steht ein psychologisches Konzept, das „implementation intentions" heißt. Dabei geht es darum, dass man zur Verwirklichung seiner Absichten – hier einen neuen Job zu finden – konkrete Arbeitsschritte festlegen muss, um Schritt für Schritt dem gewünschten Ziel näherzukommen. Dieses Konzept führte dazu, dass arbeitslose Menschen mehr Zeit in die Arbeitssuche investieren – etwas, was überraschenderweise viele Arbeitslose in zu geringem Umfang tun, obwohl sie doch eigentlich Zeit haben sollten. Der Nudge bei implementation intentions besteht darin, dass die betreffenden Personen in kleinen und überschaubaren Schritten in die richtige Richtung geschubst werden und ihnen klar gemacht wird, welche Schritte jeweils als Nächstes zu setzen sind. Das Programm führte dazu, dass die so beratenen Personen mit höherer Wahrscheinlichkeit und schneller einen neuen Arbeitsplatz fanden als Arbeitsuchende mit herkömmlicher Beratung.

Eine Arbeitsmarktstudie aus Südafrika bestätigte, dass das Anfertigen von Plänen dabei hilft, eine neue Arbeitsstelle zu finden. Ein Plan führte dazu, dass Arbeitsuchende mehr Bewerbungen abschicken und ihre Bewerbungen über mehrere Branchen streuen, als es ohne konkrete Pläne für die Arbeitsuche der Fall war. Letzteres erklärt vor allem, warum solche Personen mehr Einladungen zu Jobinterviews erhalten, mehr Jobangebote bekommen und fünf bis zwölf Wochen nach der Intervention der Planerstellung mit höherer Wahrscheinlichkeit (von fast 30 %) eine neue Arbeitsstelle haben.

Das Planen des Tagesablaufs zur gezielten und professionellen Bewerbung ist ein möglicher Weg, um Einladungen zu Vorstellungsgesprächen zu erhalten. Eine andere Möglichkeit besteht in dem Besuch von Jobmessen und dem Führen von Vorstellungsgesprächen bei diesen Messen. Obwohl die Arbeitsämter normalerweise Arbeitsuchende auf solche Jobmessen aufmerksam machen und ihnen auch Vorstellungstermine vermitteln, werden solche Angebote häufig nicht wahrgenommen. Wie also kann man Menschen dazu bewegen, dorthin zu gehen und die Möglichkeit am Schopf zu packen? Auch dazu wurde in England eine Feldstudie durchgeführt. Dabei wurden Arbeitsuchende mittels SMS an eine Jobmesse in ihrer Nähe erinnert. Jedoch erhielten nicht alle Empfänger dieselbe Nachricht. In der Standardnachricht (Variante 1) wurden dem Empfänger Ort und Zeitpunkt der Messe und ein Interviewtermin mit einem bestimmten Unternehmen mitgeteilt. Alternativ zur Standardnachricht gab es eine personalisierte Variante, in der entweder der Empfänger persönlich adressiert (Variante 2) oder die Nachricht mit dem Namen des Sachbearbeiters unterzeichnet (Variante 3) wurde. Die Varianten 2 und 3 erhöhten die Wahrscheinlichkeit, dass der Arbeitsuchende zum Interview erschien, von etwa 10 % auf knapp unter 20 %. Die beste Wirkung hatte aber eine vierte Variante der SMS-Nachricht. In dieser Variante wies der Sachbearbeiter ausdrücklich darauf hin, dass er sich angestrengt habe, einen Vorstellungstermin für den Empfänger auszumachen, und dass er viel Erfolg bei dem Gespräch und eine kurze Rückmeldung danach wünsche. In dieser Variante stieg die Wahrscheinlichkeit für die Wahrnehmung des Vorstellungsgesprächs auf fast 30 %, was eine Verdreifachung gegenüber der – normalerweise eingesetzten – Standardvariante bedeutet.

Woher kam diese Verbesserung? Die erfolgreichste Variante appelliert an die Reziprozität des Empfängers. Reziprozität bedeutet in einfachen Worten: „Wie du mir, so ich dir." Wenn sich der Sachbearbeiter sehr um einen Vorstellungstermin für den Arbeitslosen bemüht hat, dann beinhaltet das eine moralische Verpflichtung, dass der Arbeitslose auf die Bemühungen des Sachbearbeiters reagiert – und zum Vorstellungsgespräch geht.

Die üblichen Ansätze für die Vermittlung von Arbeitsplätzen an arbeitslose Personen setzen vor allem auf die Schulung von spezifischen beruflichen Fähigkeiten. Verhaltensökonomisch motivierte, alternative Ansätze basieren auf der Einsicht, dass ein strukturierter Tagesablauf und Reziprozität zwischen Betreuer und Arbeitsuchendem beim Finden eines Arbeitsplatzes vorteilhaft sind.

Abschnitt III
Personalauswahl und Unternehmenserfolg

10

Start-ups und Personalauswahl

Moderne Organisationen haben in der Regel eine in vielerlei Hinsicht diverse Belegschaft. Jüngere und ältere Mitarbeitende, altgediente und neu eingestellte Personen, Menschen mit verschiedenen Sprachen, Ethnien und Geschlechtern. Diversität ist in. Daten österreichischer Firmen zeigen, dass sie sich auszahlt, wenn man beispielsweise das Verhältnis von Männern und Frauen in Start-up-Unternehmen betrachtet.

Mein Vater arbeitete in seiner Jugend in einer kleinen Vorarlberger Firma. Damals kamen alle seine Arbeitskollegen aus der unmittelbaren Umgebung, sprachen denselben Dialekt und waren zum größten Teil Männer, weil die Frauenerwerbsquote damals noch deutlich geringer als jene von Männern war. In den Jahren nach dem Zweiten Weltkrieg war im deutschsprachigen Raum das Wort Diversität noch unbekannt. Niemand hätte etwas mit der heute weit verbreiteten Vorstellung anfangen können, dass es für Firmen profitabel sein könnte, Mitarbeiterinnen und Mitarbeiter mit unterschiedlichem Hintergrund im Hinblick auf Herkunft, Sprache, Ethnie oder Geschlecht zu haben. Große Diversität war damals auch aufgrund der deutlich geringeren Mobilität von

Arbeitnehmern kein Thema, weshalb die Bedeutung von Diversität gar nicht ernsthaft in Erwägung gezogen hätte werden können.

Heute ist das anders. Im Wissenschaftsbereich – in dem ich selbst seit über 20 Jahren arbeite – ist es selbstverständlich, dass Forschungsteams eine diverse Zusammensetzung haben. Zu meiner Arbeitsgruppe am Max-Planck-Institut zur Erforschung von Gemeinschaftsgütern in Bonn gehörten zu Beginn meiner Tätigkeit im Jahr 2018 drei Italienerinnen, zwei Österreicher, eine Bulgarin, ein Deutscher, eine Südafrikanerin, ein US-Amerikaner, ein Norweger, ein Kroate und eine Inderin. Das Geschlechterverhältnis war vollkommen ausgewogen (6:6), was für volkswirtschaftliche Forschungsinstitutionen einen überdurchschnittlich hohen Wert für den Frauenanteil darstellte. Zwar war es mir bei den Einstellungen ein Anliegen, nach Möglichkeit ein ausgewogenes Geschlechterverhältnis zu haben – was bei 175 Bewerbungen in Summe dann leicht realisierbar war –, aber ich hatte mir keine Gedanken darüber gemacht, ob sich Diversität – in diesem Fall im Hinblick auf das Geschlecht von Mitarbeitern – auszahlen könnte. Das schien mir in meinem Fall der Leitung einer Forschergruppe auch schwer zu messen.

Wenn heutzutage Diversität so stark propagiert wird, dann braucht es auch Evidenz, dass Diversität für Unternehmen wertvoll sein kann – und nicht etwa eher zu Konflikten aufgrund unterschiedlicher Hintergründe führt. Diversität umfasst zwar weit mehr als nur die Dimension des Geschlechts, dennoch liefert in diesem Zusammenhang eine Studie von Andrea Weber und Christine Zulehner von der Wirtschaftsuniversität Wien wertvolle Erkenntnisse. Bei dieser Studie wurden die Auswirkungen des Frauenanteils auf die Langlebigkeit von Startup-Unternehmen analysiert. Konkret untersuchten Weber und Zulehner fast 30 000 österreichische Unternehmen, die zwischen 1978 und 2006 gegründet worden waren und über deren Belegschaft sie exakte Daten im Hinblick auf die Geschlechterstruktur hatten. Diese Unternehmen kamen aus verschiedenen Industrien, beispielsweise Maschinenbau oder Gastronomie. Weber und Zulehner ermittelten den Anteil an Frauen innerhalb der ganzen Belegschaft bei der Unternehmensgründung und die Entwicklung dieses Anteils über die folgenden Quartale und Jahre – bis zur Schließung der Firma, falls sie nicht über den Endzeitpunkt der Erhebung hinaus bestand.

Im Durchschnitt ging jede zweite Firma nach ungefähr sechs Jahren in Konkurs oder stellte den Betrieb ein. Die Überlebensdauer einer Firma hing dabei entscheidend davon ab, wie viele Frauen in der jeweiligen Firma tätig waren. Um dies zu illustrieren, normierten Weber und Zulehner zuerst den Frauenanteil in einer Firma am Branchendurchschnitt. Zwischen verschiedenen Branchen gibt es deutliche Unterschiede – man denke an Friseursalons versus Autowerkstätten oder Pflegedienste versus Softwarefirmen. Die Normierung am Branchendurchschnitt gab an, ob in einer Firma relativ mehr oder relativ weniger Frauen im Vergleich zur durchschnittlichen Firma in einer Branche tätig waren. Weber und Zulehner verglichen dann jene Firmen, deren Frauenanteil sehr niedrig war – also zu den 25 % Firmen mit den wenigsten Frauen gehörten –, mit den Firmen, die im Branchendurchschnitt lagen. Dabei zeigte sich, dass die Firmen mit den wenigsten Frauen ungefähr 1,5 Jahre früher in Konkurs gehen als Firmen mit einer branchenüblichen Frauenbelegschaft. Von jenen Firmen mit den am Anfang wenigsten Frauen überlebten jene länger, die im Laufe ihrer Existenz systematisch den Frauenanteil erhöhten und dem Branchendurchschnitt annäherten. Die geschlechtsspezifische Zusammensetzung und die entsprechende Entwicklung der Belegschaft hatten einen systematischen Einfluss auf die Überlebensdauer einer neu gegründeten Firma.

Wie lassen sich solche Ergebnisse erklären? Ein Frauenanteil, der weit unter dem Branchendurchschnitt liegt, wird von Weber und Zulehner als diskriminierend bezeichnet, weil anzunehmen ist, dass sich Talent für einen bestimmten Beruf im Wesentlichen gleich verteilt zwischen Männern und Frauen. Dabei muss das Interesse von Männern und Frauen, in einer bestimmten Branche zu arbeiten, gar nicht gleich sein – man denke wieder an Friseursalons versus Autowerkstätten. Aber innerhalb einer Branche wäre zu erwarten, dass Frauen und Männer gleich geeignet sein müssten. Bei den Firmen mit den geringsten Frauenquoten ist deshalb anzunehmen, dass Verzerrungen im Einstellungsprozess eine Rolle spielen. Sobald aber diese ins Spiel kommen, werden die Qualifikation und die Eignung eines Bewerbers bzw. einer Bewerberin weniger bedeutsam bei einer Einstellungsentscheidung. Daraus folgt dann aber, dass extreme Verteilungen – wie etwa ein sehr stark unterdurchschnittlicher Frauenanteil – eine suboptimale Personalauswahl signalisieren. Dafür aber zahlen die Firmen, die sich nicht anpassen wollen, offenbar einen Preis, indem sie früher den Markt wieder verlassen müssen. Personalentscheidungen im Hinblick auf Diversität sind also für die Marktfähigkeit von Firmen bedeutsam.

Viele neu gegründete Unternehmen verschwinden nach wenigen Jahren wieder vom Markt. Die Überlebensdauer hängt dabei von der Zusammensetzung der Belegschaft ab. Start-up-Unternehmen überleben weniger lang, wenn ihr Frauenanteil deutlich tiefer als im Schnitt in der jeweiligen Branche ist. Ein unterdurchschnittlicher Frauenanteil dürfte ein Zeichen für Verzerrungen in der Personalauswahl sein.

11

Mit Geduld zum Unternehmenserfolg

Erfolgreiches Wirtschaften braucht eine langfristige Perspektive. Das beginnt bei den Führungskräften. Geduld ist aber nicht nur für diese bedeutsam.

500 Unternehmerinnen und Unternehmer sitzen in einem lichtdurchfluteten Vortragsraum im Tiroler Ort Telfs und hören dem Vortragenden, Kurt Matzler von der Universität Innsbruck, gespannt zu. Er referiert darüber, ob Führungskräfte in Tiroler Unternehmen geduldige und selbstkontrollierte Persönlichkeiten sind. Das Publikum ist gebannt – aber warum nur? Man könnte denken, dass es spannendere Themen für Unternehmer gibt als Geduld und Selbstkontrolle. Kurt Matzler berichtet von einer Untersuchung in 259 Tiroler Unternehmen aus dem Jahr 2014. Dabei wurden Eigentümer, Vorstände oder Geschäftsführer befragt. Sie sollten beispielsweise angeben, wie stark sie den folgenden Aussagen zustimmten.

„Ich wünschte, ich hätte mehr Selbstdisziplin."

„Ich bin gut darin, Versuchungen zu widerstehen."

„Ich bin gut darin, auf langfristige Ziele hinzuarbeiten."

Die Skala der fünf Antwortmöglichkeiten reichte dabei von „Stimme sehr zu" bis zu „Stimme überhaupt nicht zu". Neben diesen Fragen zu persönlichen Eigenschaften wurden in der Befragung auch Daten zur Innovationstätigkeit eines Unternehmens und zur Rentabilität erhoben. Ziel der Befragung war es, Zusammenhänge zwischen den persönlichen Einstellungen der obersten Führungskräfte und dem Erfolg ihres Unternehmens zu finden. Und der Forscher wurde fündig. Wie aber kommt man überhaupt auf die Idee, nach solchen Zusammenhängen zu suchen?

Bei der Veranstaltung in Telfs war auch ich einer der Vortragenden und ich referierte über mein Buch „Die Entdeckung der Geduld". Die Befragung in den Tiroler Unternehmen war motiviert von der Kernbotschaft meiner eigenen Forschungen zum Zusammenhang zwischen Geduld und Erfolg auf individueller Ebene, also unabhängig von der Frage, was Unternehmen erfolgreich macht. Meine Kernbotschaft lautet in einem kurzen, prägnanten Satz: Geduld und Selbstkontrolle sind ungemein wichtig für die Ausbildung, den beruflichen Erfolg und die Gesundheit eines Menschen, und sie haben einen ungefähr gleich starken Einfluss wie der Intelligenzquotient oder der familiäre Hintergrund.

Zum ersten Mal wurden mir diese Zusammenhänge in einer Studie mit Martin Kocher, Daniela Glätzle-Rützler und Stefan Trautmann bewusst. Dabei mussten fast 700 Tiroler Jugendliche im Alter von zehn bis 18 Jahren mehrmals zwischen einem geringeren Betrag jetzt sofort oder einem größeren Betrag in einigen Wochen wählen. Beispielsweise bestand eine Wahl zwischen 10,10 Euro sofort oder 11,50 Euro in drei Wochen. Solche oder ähnliche Entscheidungssituationen werden in der Verhaltensökonomie sehr häufig verwendet, um das Ausmaß an Geduld – Verzicht auf eine frühere, aber schlechtere Option für eine bessere in der Zukunft – und

Selbstkontrolle zu messen (wie beispielsweise auch in der in Kapitel 7 zitierten Untersuchung). In unserer Studie in Tirol zeigte sich, dass jene Jugendlichen, die eher bereit waren, auf einen größeren Betrag in der Zukunft zu warten, bessere Schulnoten hatten, weniger auffällig in ihrem Verhalten waren (gemessen an den Verhaltensnoten), weniger wahrscheinlich rauchten oder Alkohol konsumierten und mit höherer Wahrscheinlichkeit von ihrem Taschengeld etwas zum Sparen zur Seite legten.

Andere Studien – beispielsweise aus Neuseeland, den USA oder Schweden – zeigen ähnliche Ergebnisse. Menschen mit mehr Geduld und höherer Selbstkontrolle sind im Schnitt besser ausgebildet (selbst wenn man den Intelligenzquotienten berücksichtigt), verdienen mehr Geld, sind gesünder (indem sie weniger übergewichtig sind, seltener rauchen und trinken und sich mehr bewegen) und sind deutlich weniger häufig straffällig. All diese Untersuchungen – so auch meine eigenen – gehen im Kern auf Walter Mischels Marshmallow-Experimente aus den 1960er- und 1970er-Jahren zurück, die mittlerweile auch einer breiten Öffentlichkeit bekannt sind. Walter Mischel, ein Entwicklungspsychologe mit österreichischen Wurzeln, testete, mit welchen Strategien es vier- bis fünfjährigen Kindern gelingt, ungefähr zehn Minuten der Versuchung zu widerstehen, ein vor ihnen liegendes Marshmallow zu essen. Wenn sie das schafften, bekamen sie dann ein zweites Marshmallow. Die Hände vor das Gesicht zu schlagen oder sich durch das Singen von Kinderliedern abzulenken, waren beispielsweise zwei sehr erfolgreiche Strategien. Weltberühmt wurde Mischel aber mit dem Ergebnis, dass jene Kinder, die im Alter von vier bis fünf Jahren auf das zweite Marshmallow warten konnten, als Jugendliche weniger häufig Alkohol und Drogen konsumierten, weniger oft als Teenager schwanger wurden, schulisch erfolgreicher waren, höhere Bildungsabschlüsse erwarben und über ein besseres soziales Netzwerk verfügten.

Beginnend mit Walter Mischel haben zahlreiche Studien belegt, dass Selbstkontrolle – also die Fähigkeit, einer kurzfristigen Versuchung widerstehen zu können, um ein größeres Ziel in der Zukunft zu erreichen – aus individueller Sicht die Wahrscheinlichkeit erhöht, erfolgreich zu sein. Gilt dieser Zusammenhang auch in Unternehmen? Damit komme ich wieder auf die eingangs erwähnte Studie von Kurt Matzler zurück. Es zeigte sich für 259 Tiroler Unternehmen, dass jene Unternehmen im Schnitt innovativer waren und eine höhere Rentabilität hatten, deren Führungskräfte sich als selbstkontrollierter und zukunftsorientierter beschrieben. Angesichts der Vielzahl an Studien zum Zusammenhang zwischen Selbstkontrolle und Erfolg auf individueller Ebene erscheint dieses Ergebnis naheliegend.

Zukunftsorientiertes, geduldiges Handeln zahlt sich langfristig aus, sowohl auf individueller Ebene als auch für Unternehmen insgesamt.

Der Erfolg von Unternehmen hängt von allen Mitarbeiterinnen und Mitarbeitern ab. Die persönlichen Eigenschaften von Vorständen und Geschäftsführern spielen für die Innovation und Profitabilität von Unternehmen jedoch eine Rolle, weil sie wichtige strategische Entscheidungen beeinflussen. Unternehmen mit geduldigeren Vorständen und Geschäftsführern sind erfolgreicher.

12
Personalauswahl und Kundenvertrauen

Manche Branchen haben einen guten Ruf, andere einen weniger guten. Das mag mit der jeweiligen Kultur in bestimmten Branchen zu tun haben, aber auch mit deren Personalauswahl. Am Beispiel der Finanzbranche lässt sich Letzteres gut demonstrieren.

Hans, ein Wirtschaftsstudent an der Universität Frankfurt im letzten Semester seines Bachelorstudiums, nimmt an einer experimentellen Studie teil, in der es um die Messung von Vertrauenswürdigkeit geht. Die Regeln des Experiments sehen so aus: Zuerst bekommt eine erste Person eine Ausstattung von 8 Euro und muss dann entscheiden, ob sie von den 8 Euro etwas an eine zweite Person abgeben möchte. Der abgegebene Betrag wird verdreifacht. Dann kann die zweite Person vom verdreifachten Betrag wieder etwas zurückschicken (was allerdings nicht mehr verdreifacht wird). Hans hat von der ersten Person 24 Euro bekommen, was bedeutet, dass diese die gesamten 8 Euro abgegeben hat. Jetzt überlegt Hans, ob er das Vertrauen der ersten Person – die im Experiment anonym bleibt – belohnen soll, indem er einen großen Teil der 24 Euro wieder zurückschickt, oder ob er lieber an seine eigene Geldbörse denkt und (fast) alles für sich behält.

Es geht also um die Vertrauenswürdigkeit von Hans. Nachdem er seine Entscheidung getroffen hat, beantwortet er noch einige Fragen zu seinem Lebenslauf, etwa welche Praktika er im Laufe des Studiums absolviert hat und wo er nach seinem Studium arbeiten möchte.

Hans war einer von 268 Studierenden, die an einer meiner Studien teilnahmen. Gemeinsam mit meinen Koautoren Andrej Gill, Matthias Heinz und Heiner Schumacher bin ich dabei der Frage nachgegangen, ob die Vertrauenswürdigkeit der Teilnehmer in unserem Experiment etwas damit zu tun hat, wo die Teilnehmer nach Abschluss ihres Studiums arbeiten wollen. Konkret geht es darum, ob Teilnehmer, die im Finanzsektor arbeiten wollen, weniger vertrauenswürdig sind als andere Teilnehmer, die in anderen Bereichen ihr Geld verdienen wollen. Angesichts der Finanzkrise und der dubiosen Geschäftspraktiken vieler Banken in der Krise hat die Finanzbranche ein Image- und Vertrauensproblem. In Kapitel 44 gehe ich der Frage nach, ob das etwas mit der dort vorherrschenden Unternehmenskultur zu tun hat. Hier aber geht es darum, ob weniger vertrauenswürdige Menschen in dieser Branche arbeiten wollen. Dann wären die Vertrauensprobleme im Finanzbereich zu einem guten Teil auf eine negative Selbstselektion zurückzuführen.

Warum spielt Vertrauenswürdigkeit in der Finanzbranche eine so große Rolle? Das liegt daran, dass die Kunden – von „kleinen" Sparern bis zu Unternehmen, die ihre Investitionen finanzieren müssen – in der Regel deutlich weniger über optimale Anlagestrategien bzw. die Vor- und Nachteile verschiedener Finanzprodukte Bescheid wissen als die Anlageexperten. Das führt dazu, dass die Kunden in einem hohen Maß von der Vertrauenswürdigkeit ihrer Berater abhängig sind.

Das eingangs beschriebene Experiment diente in unserer Studie dazu, das Ausmaß an Vertrauenswürdigkeit bei unseren Studienteilnehmern zu messen. Dann untersuchten wir, ob dieses Ausmaß damit zusammenhängt, in welcher Branche jemand nach dem Studium arbeiten wollte. Dazu unterteilten wir unsere Teilnehmer in jene Gruppe, die ein hohes Interesse an einer Karriere in der Finanzbranche hatte, und eine zweite Gruppe, die gar kein oder lediglich geringes Interesse daran hatte. Dabei zeigte sich, dass Teilnehmer mit einem hohen Interesse im Schnitt 25 % weniger Geld zurückschickten in der Rolle von Hans als jene Teilnehmer, die keine Arbeitsstelle in der Finanzbranche anstrebten.

Da Absichtserklärungen während des Studiums noch kein Indiz dafür sind, in welcher Branche jemand nach Studienabschluss zu arbeiten beginnt, haben wir ungefähr sechs Jahre nach unserem Experiment alle Teilnehmer nochmals kontaktiert und Informationen über ihre Berufslaufbahn nach dem Studium erhoben. Bemerkenswerterweise fanden wir dabei das gleiche Muster. Wer tatsächlich nach dem Studium in der Finanzbranche zu arbeiten begann, hatte im Experiment als zweite Person ca. 20 % weniger zurückgeschickt als Personen, die in einer anderen Branche ihre Berufslaufbahn begannen.

Diese Unterschiede legen eine systematische Selbstselektion von Studierenden in die Finanzbranche nahe. Das wurde auch in einer zweiten Studie bestätigt, in der wir feststellten, dass Studierende mit einem hohen Interesse an der Finanzbranche in einem Kooperationsexperiment weniger kooperativ und stärker egoistisch handelten. Wie eine weitere Studie zeigte, ist ein solches Verhalten für andere Menschen nicht überraschend. Wir fragten andere Studierende in Frankfurt, wie viel Geld sie in der Rolle der ersten Person (mit 8 Euro Ausstattung) im eingangs beschriebenen Experiment an Teilnehmer schicken möchten, die in der Finanzbranche arbeiten wollen, im Vergleich zu Teilnehmern, die in einem anderen Wirtschaftssektor Karriere machen wollen. Es zeigte sich, dass den Teilnehmern, die im Finanzsektor arbeiten wollen, weniger vertraut wurde. Im Schnitt erhielten sie 10 % weniger von der ersten Person im Experiment. Das passt gut damit zusammen, dass Teilnehmer, die ihre Zukunft im Finanzsektor sehen, auch weniger vertrauenswürdig sind.

In einem letzten Teil unserer Studie interessierte uns, was in Stellenausschreibungen für die Finanzbranche als Kriterien für eine Einstellung genannt wird. Dazu studierten wir Stellenanzeigen und führten Interviews mit Personalverantwortlichen. Offenbar spielen für Einstellungszusagen analytische Fähigkeiten eine herausragende Rolle. Kooperation und Vertrauenswürdigkeit hingegen sind praktisch unbedeutend und werden nicht als Kriterien genannt oder in irgendeiner Weise überprüft. Letzteres ist für das Vertrauen der Öffentlichkeit in diese Branche sicherlich nicht zuträglich und wirft die Frage auf, ob andere Rekrutierungsstrategien langfristig nicht vorteilhafter wären.

In vielen Branchen wissen Kunden weniger gut über die Produkte und deren Qualität Bescheid als das jeweilige Unternehmen, das diese Produkte verkauft. Darum spielt die Vertrauenswürdigkeit von Mitarbeiterinnen und Mitarbeitern eine entscheidende Rolle für die öffentliche Wahrnehmung einer Branche.

13

Homeoffice –
zwischen Licht und Schatten

In Deutschland wird über ein Recht auf Homeoffice diskutiert, auf Basis dessen Arbeitnehmerinnen und Arbeitnehmer einen Teil ihrer Arbeit zu Hause erledigen dürften. Für die einen soll das die Vereinbarkeit von Familie und Beruf fördern und die Work-Life-Balance verbessern, die anderen sehen darin eine neue Form von Ausbeutung. Der Diskussion täten Fakten gut, welchen kausalen Einfluss Homeoffice auf die Arbeitsproduktivität und Arbeitszufriedenheit hat. Die bestehende Evidenz dazu ist spärlich, zeigt aber ein Problem auf.

Brian arbeitet an einer deutschen Forschungsinstitution. Dort ist er für das Erstellen von Forschungs- und Jahresberichten und die Öffentlichkeitsarbeit zuständig. Weil er studierter Übersetzer vom Englischen ins Deutsche und umgekehrt ist, übernimmt er häufig Übersetzungstätigkeiten für die Wissenschaftler am Institut, indem er entweder deren deutsche oder englische Texte in die jeweils andere Sprache übersetzt oder Texte in der entsprechenden Sprache redigiert und sprachlich verbessert. Brians Dienste werden sehr hochgeschätzt, weil er jeden Text besser und damit leichter publizierbar macht. Während er von Montag bis Donnerstag immer mit guter Laune ins Büro kommt, ist er am Freitag nie zu sehen. Da hat Brian auf seinen Wunsch hin die Erlaubnis bekommen, von zu Hause aus zu arbeiten. Er sagt, er kann sich dort besser konzentrieren beim Übersetzen komplizierter Texte. Brians Vorgesetzte Heidi war anfänglich skeptisch, ob Homeoffice funktionieren und nicht etwa zu geringerer Arbeitsleistung führen würde, wollte Brian aber aufgrund seiner bislang guten Arbeit einen Vertrauensvorschuss und damit die Möglichkeit zu Homeoffice geben. Bisher ist Heidi mit dem Arrangement zufrieden. Sie ist aber skeptisch, ob der aktuelle Einzelfall auf alle Mitarbeiterinnen und Mitarbeiter erfolgreich übertragbar ist, wenn eine Gesetzesnovelle jedem ein verbrieftes Recht auf Homeoffice einräumt. Werden dann nicht weniger motivierte Mitarbeiter während des Homeoffice die Füße hochlegen und sich weniger anstrengen?

Weltweit ist Homeoffice auf dem Vormarsch, nicht erst seit der COVID-19-Pandemie. In den USA etwa hat sich der Anteil von Arbeitnehmerinnen und Arbeitnehmern, die einen Teil ihrer Arbeitszeit zuhause leisten können, in den letzten 30 bis 40 Jahren etwa verfünffacht. In Deutschland und Österreich arbeiteten schon vor der Pandemie ca. 50 % der Arbeitnehmer regelmäßig, wenn auch meist nur einen Tag pro Woche, von zu Hause aus. Aufgrund der weiter zunehmenden Digitalisierung spielt der Arbeitsort immer häufiger eine untergeordnete Rolle und es ist zu erwarten, dass auch in den kommenden Jahren Homeoffice weiter zunehmen wird.

Aus Umweltschutzgründen gilt diese Entwicklung als willkommen, weil dadurch weniger Pendelverkehr zwischen Heim und Arbeitsstätte anfallen wird.

Aus Sicht der Arbeitnehmer kann Homeoffice die Vereinbarkeit von Beruf und Familie und damit die Work-Life-Balance verbessern. Für die Arbeitgeber kann Homeoffice den Bedarf an Büroflächen und damit Kosten einsparen. Jedoch wird Homeoffice häufig mit einer geringeren Arbeitsleistung zu Hause assoziiert. Arbeitnehmerinteressensverbände sehen auch die Gefahr einer Vereinsamung von Mitarbeitern, wenn sie zu viel von zu Hause aus arbeiten. Je nachdem, welche Effekte überwiegen, mag Homeoffice positiv oder negativ beurteilt werden, mal von der einen (Arbeitgeber-)Seite, mal von der anderen (Arbeitnehmer-)Seite.

Eines der Probleme hinsichtlich der Bewertung von Homeoffice besteht aber darin, dass es kaum methodisch einwandfreie Evidenz über die kausalen Wirkungen von Homeoffice gibt. Das liegt daran, dass fast alle Studien an einem Selektionsproblem leiden. Das bedeutet, Menschen, die von sich aus um Homeoffice bitten und die Möglichkeit dazu nutzen, sind andere als jene, die das nicht tun. Im Idealfall würde man also Personen, die alle gerne Homeoffice machen möchten, zufällig entweder Homeoffice erlauben oder sie weiter zwingen, in der Firma im Büro zu arbeiten. Damit würde das Selektionsproblem entfallen und die kausalen Wirkungen von Homeoffice wären messbar, wenn die Tätigkeit, die man entweder im Büro oder zuhause ausführt, auch wirklich identisch wäre.

Eine Studie von Nicholas Bloom von der Stanford University erfüllt diese Bedingungen. Etwa 1000 Mitarbeiterinnen und Mitarbeiter in der Shanghai-Filiale des größten chinesischen Online-Reisebüros CTrip konnten wählen, ob sie an vier Tagen pro Woche Homeoffice machen wollten. Die Gruppe von 500 Interessenten wurde zufällig in zwei Teilgruppen unterteilt. 250 Mitarbeiter mussten wirklich neun Monate lang an vier von fünf Tagen von zuhause aus arbeiten, während die andere Hälfte weiter jeden Tag ins Büro kommen musste. Die Arbeit war für beide Gruppen identisch, nämlich das Entgegennehmen von Telefonaten und die Buchung von Individual-,

Pauschal- und Geschäftsreisen. Die Bezahlung und sogar die Arbeitszeiten blieben für beide Gruppen gleich, lediglich der Arbeitsort unterschied sich.

Während der neun Monate erhöhte sich die Arbeitsproduktivität durch Homeoffice um 13 %, was zum überwiegenden Teil durch weniger Pausen während des Homeoffice und zu einem geringeren Teil durch mehr bearbeitete Anrufe pro Schicht zustande kam. Die Arbeitszufriedenheit der Personen im Homeoffice war ebenfalls höher und die Verweildauer in der Firma war deutlich länger. So weit, so gut. Jedoch hatte das Homeoffice einen gravierenden Nachteil, der erst bei einer genaueren Analyse der Daten zum Vorschein kam: Beförderungen (etwa zum Teamleiter) gingen deutlich häufiger an die Mitarbeiter im Firmenbüro als an jene im Homeoffice.

Geringere Aufstiegschancen waren demnach eine nicht zu unterschätzende Nebenwirkung der Tätigkeit im Homeoffice. Netzwerkpflege für Beförderungen ist eben im Büro viel einfacher als von zu Hause möglich, weshalb die große Mehrheit der Homeoffice-Mitarbeiter wieder ins Firmenbüro zurück wollte. Aus Sicht des Unternehmens jedoch zahlte sich Homeoffice durch die hohen Produktivitätssteigerungen deutlich aus.

Im Zuge der Erfahrungen während der Pandemie ist zu erwarten, dass auch nach dem Ende der Pandemie Homeoffice ein wesentlicher Bestandteil des Arbeitsalltags bleiben wird. Wie die Arbeit von Nicholas Bloom zeigt, ist das weder nur gut oder nur schlecht, sondern es geht um eine gute Balance zwischen den Vor- und Nachteilen für Arbeitgeber und Arbeitnehmer.

13 Homeoffice – zwischen Licht und Schatten

Immer mehr Unternehmen ermöglichen das Arbeiten von zu Hause. Homeoffice erhöht vielfach die Produktivität und vor allem die Arbeitszufriedenheit, weil es die Vereinbarkeit von Familie und Beruf erhöht und durch den Wegfall des Arbeitswegs wertvolle Zeit gewonnen wird. Arbeit im Homeoffice birgt aber auch die Gefahr, dass Beförderungen weniger wahrscheinlich werden, weil es schwieriger wird, die dafür nötigen Netzwerke zu pflegen.

14

Vermindert Homeoffice die Kreativität aufgrund von Videokonferenzen?

Unser Wohlstand hängt von der Kreativität und der Innovation in unseren Unternehmen ab. Durch die Pandemie hat sich aber die Form der Zusammenarbeit massiv verändert. Immer größere Teile der offiziellen Arbeitszeit werden im Homeoffice verbracht. Damit gehen (unzählige) Videokonferenzen einher. Dass diese – im Vergleich zu persönlichem Austausch an einem gemeinsamen Ort – weniger geeignet für kreative Prozesse und Innovation sind, zeigt eine Studie im Wissenschaftsmagazin „Nature".

Wer kennt sie nicht, die zahlreichen Videokonferenzen, die unseren Arbeitsalltag seit Beginn der Pandemie maßgeblich prägen? Natürlich ist es ein Segen, dass die Pandemie zu einer Zeit begann, als die technischen Möglichkeiten für massenhaftes Arbeiten von zuhause bei gleichzeitiger Vernetzung mit den Kolleginnen und Kollegen im eigenen Unternehmen gegeben waren. Nicht auszudenken, wie stark unsere Arbeitsprozesse – und damit der wirtschaftliche Wohlstand – eingeschränkt worden wären, wenn der gegenwärtige Grad an Digitalisierung unserer Wirtschaft noch nicht erreicht gewesen wäre. Mittlerweile zeichnet sich eindeutig ab, dass die Pandemie nochmals einen starken Schub für die Digitalisierungsprozesse in Unternehmen gegeben hat und dass ein substanzieller Teil unserer Arbeitszeit in Zukunft von zuhause aus stattfinden wird. Damit verändert sich auch die Art der Zusammenarbeit. Teammeetings finden immer häufiger virtuell statt.

Eine kürzlich publizierte Forschungsarbeit von Melanie Brucks und Jonathan Levav ist der spannenden Frage nachgegangen, ob die Art der Zusammenarbeit – physisch im selben Raum oder virtuell vor dem Bildschirm – einen Einfluss auf die Kreativität hat. Diese Frage ist für Innovationsprozesse in Unternehmen von großer Bedeutung – und damit auch für den Wohlstand unserer Gesellschaft.

Wenn man physische Treffen und Videokonferenzen miteinander vergleicht, ist es nicht sofort klar, ob man Unterschiede hinsichtlich der Kreativität beim Herangehen an Probleme erwarten sollte. Videokonferenzen haben – im Gegensatz etwa zu Telefongesprächen oder mehr noch im Vergleich zu E-Mails oder Briefen – den Vorteil, dass gleichzeitig Ton und Bild übermittelt werden, was bedeutet, dass auch nicht-verbale Signale (sofern sie im Bildausschnitt sichtbar sind) wahrgenommen werden können. Man kann dadurch Emotionen und Reaktionen des Senders und Empfängers von Nachrichten sehr schnell erkennen. Das ist wichtig, um Inhalte schnell erfassen und einordnen zu können.

Brucks und Levav haben für ihre Studie ungefähr 1500 Mitarbeiterinnen und Mitarbeiter eines international operierenden Telekommunikationsunternehmens jeweils in Teams aus zwei Personen für eine Stunde lang über Lösungen für aktuelle Probleme im Unternehmen diskutieren lassen. Dabei waren die Teams entweder im selben Raum und saßen sich an einem Tisch gegenüber oder sie waren in zwei verschiedenen Räumen, konnten aber über eine Videokonferenz die jeweils andere Person (etwa ab Brusthöhe) auf ihrem Computer sehen und hören. Die Autoren der Studie ließen dann die aufgezeichneten Gespräche (sowohl die persönlichen als auch die Videokonferenzen) von mehreren Gutachtern analysieren im Hinblick auf die Anzahl der diskutierten Lösungen und deren Kreativität bzw. Innovationsgehalt. Dabei zeigte sich, dass die Teams mit persönlicher Begegnung im selben Raum ungefähr 15 % mehr Ideen erzeugten, deren Kreativität (auf einer Skala von 1 bis 7) auch um ca. 15 % höher eingeschätzt wurde. Dieselben qualitativen Ergebnisse fanden die Autoren auch in einer Laborstudie mit über 600 Studierenden.

Wie lassen sich diese Ergebnisse erklären? Brucks und Levav argumentieren, dass Videokonferenzen die Wahrnehmung und damit auch die kognitiven Prozesse einschränken. Bei den Videokonferenzen konnten sich die Teilnehmerinnen und Teilnehmer beispielsweise deutlich schlechter an andere Gegenstände in ihren jeweiligen Räumen erinnern, als das beim persönlichen Treffen in einem Raum der Fall war. Videokonferenzen führten dazu, dass sich die Teilnehmer auf die Kästchen auf ihrem Bildschirm konzentrierten und den Rest ihrer Umgebung viel stärker ausblendeten. Dazu passt, dass es beim persönlichen Treffen im selben Raum viel häufiger vorkam, dass die Teilnehmerinnen auch einmal den Blick im Raum herumschweifen und dabei möglicherweise auch den Gedanken mehr Raum ließen, als das in Videokonferenzen der Fall war, bei denen fast doppelt so viel Zeit direkt ins Gesicht der anderen Person geschaut wurde. Tatsächlich ist es so, dass die Häufigkeit, mit der jemand den Blick im Raum herumwandern ließ, positiv korreliert war mit der Anzahl der entwickelten Ideen. Also nichts für ungut, wenn der Gesprächspartner beim nächsten Meeting nicht permanent auf Sie fixiert ist.

Brucks und Levav zeigen, dass die unterschiedliche Kreativität bei physischen oder virtuellen Treffen nicht davon beeinflusst ist, ob man den Gesprächspartner kennt oder nicht, wie stark man ihm vertraut oder welche verbalen oder nonverbalen Inhalte jemand sendet. Es scheint vielmehr entscheidend zu sein, dass die Videokonferenzen es schwerer machen, über den Teller(Bildschirm-)rand hinauszuschauen, was bei kreativen Prozessen wichtig ist. Daraus schließen die Autoren, dass die Zeit physischer Meetings vor allem für kreative Prozesse genutzt werden sollte, weil diese im Rahmen von Videokonferenzen schwieriger zu gestalten sind. Interessanterweise zeigt sich, dass die Auswahl zwischen verschiedenen Ideen – wenn man also aus einer längeren Liste die beste wählen soll – sowohl bei physischen Treffen als auch bei Videokonferenzen gleich gut funktioniert. Es ist also das Generieren von Ideen, wofür die Art des Treffens bedeutsam ist.

Wirtschaftlicher Wohlstand hängt von der Kreativität (und der Ausbildung) der Menschen ab, die in einem bestimmten Land arbeiten. Spätestens seit der Pandemie hat sich die Form der Interaktion in Unternehmen noch stärker in den virtuellen Raum verlagert, und persönliche Begegnungen sind seltener geworden. Die Entwicklung neuer Ideen scheint im Rahmen von virtuellen Treffen (mit ihren engen Bildschirmkästchen) schwieriger zu sein als im persönlichen Kontakt, weil die Wahrnehmung stärker eingeengt zu sein scheint. Dies spricht für persönliche Begegnungsformate, wenn Kreativität gefragt ist.

Abschnitt IV
Wettbewerbsbereitschaft

15

Ein Argument für Quotenregelungen

Verhaltensökonomische Forschung zeigt, dass es große Geschlechterunterschiede in der Bereitschaft gibt, sich einem Wettbewerb zu stellen. Warum ist das so, welche Bedeutung hat das für den Arbeitsmarkt und was folgt daraus für die polarisierende Diskussion über Quotenregelungen?

Petra sitzt vor dem Computer in einem Computerlabor der Universität Innsbruck. Sie ist eine von mehreren Hundert Teilnehmern an einer wissenschaftlichen Studie, die die Wettbewerbsbereitschaft von Männern und Frauen untersucht. Petras Aufgabe besteht darin, fünf zweistellige Zahlen zu addieren. Und zwar so schnell sie kann, denn insgesamt hat sie nur drei Minuten Zeit, um so viele Additionen (von jeweils fünf zweistelligen Zahlen) wie möglich vorzunehmen. Hilfsmittel, außer Papier und Bleistift, sind nicht erlaubt. Bevor Petra die Aufgabe beginnt, muss sie allerdings entscheiden, wie sie für die Aufgabe von den Studienleitern bezahlt werden möchte. Sie hat dazu zwei Optionen. In der ersten Option bekommt sie 0,50 Euro für jede richtig gelöste Addition. In der zweiten Option bekommt sie 1,50 Euro für jede richtig gelöste Addition, wenn sie in einer Gruppe von sechs

Personen zu den beiden besten Personen mit den meisten richtigen Lösungen gehört. In einer Sechsergruppe gibt es jeweils drei Männer und drei Frauen (unter ihnen Petra). Sollte Petra bei der zweiten Auszahlungsoption nicht zu einer der beiden besten Personen zählen, bekommt sie gar kein Geld. Die zweite Option ist damit riskanter als die erste, aber auch finanziell attraktiver, wenn Petra zu den Besten gehört. Obwohl Petra in Mathematik immer sehr gut war und ihr Kopfrechnen leichtfällt, entscheidet sie sich nach einigem Überlegen für Option 1. Lieber die 0,50 Euro pro Aufgabe sicher, denkt sie sich. In den drei Minuten löst sie dann elf Aufgaben korrekt und bekommt dafür 5,50 Euro.

Die eben geschilderte Situation ist Teil einer Studie, die ich gemeinsam mit meinem Innsbrucker Kollegen Loukas Balafoutas im Wissenschaftsmagazin „Science" veröffentlicht habe. Dabei haben wir zuerst untersucht, ob es Unterschiede zwischen Männern und Frauen bei der Wahl der Auszahlungsoption gibt. Obwohl Männer und Frauen statistisch betrachtet gleich gut im Lösen von Additionsaufgaben waren – die Männer lösten im Schnitt 7,50 Aufgaben in drei Minuten, die Frauen 7,41 Aufgaben –, wählten 63 % der Männer die Auszahlungsoption 2, aber nur 30 % der Frauen! Während Frauen den Wettbewerb relativ deutlich mieden, waren fast zwei Drittel der Männer bereit, sich mit anderen zu messen.

Einen Teil dieses starken Unterschieds in der Wettbewerbsbereitschaft von Männern und Frauen – ein Unterschied, der in unzähligen Studien bestätigt wurde – lässt sich dadurch erklären, dass Frauen risikoscheuer sind und dass Männer sich systematisch überschätzen. Aber selbst wenn man diese beiden wichtigen Faktoren berücksichtigt, bleibt immer noch ein unerklärter „Rest" übrig, den man in der Literatur als den Geschlechterunterschied in der Wettbewerbsbereitschaft bezeichnet. Frauen mögen in der Regel Wettbewerbssituationen deutlich weniger gern als Männer.

Warum ist das bedeutsam? Nach wie vor ist es ein Faktum, dass Frauen auf Arbeitsmärkten weniger verdienen und weniger häufig in die Chefetagen oder Aufsichtsräte von Firmen aufsteigen als Männer. Dafür gibt es schon jahrzehntealte Erklärungen, die Diskriminierung gegenüber Frauen, Erwerbsunterbrechungen von Frauen (durch Kinder) oder die schlechtere Vereinbarkeit von Familie und Beruf für Frauen als Ursache für Benachteiligungen von Frauen auf Arbeitsmärkten anführen. Seit ungefähr zehn Jahren wird in der wirtschaftswissenschaftlichen Literatur aber noch ein weiterer Faktor stark diskutiert und das sind eben Unterschiede zwischen Männern und Frauen in der Wettbewerbsbereitschaft. In modernen Arbeitsmärkten muss man den Wettbewerb um attraktive Posten annehmen, um überhaupt eine Chance zu haben. Wenn sich aber das eine (weibliche) Geschlecht in vielen Fällen weniger zutraut als das andere – selbst bei objektiv betrachtet gleich guter Leistung – und deswegen den Wettbewerb scheut, dann wird das andere (männliche) Geschlecht eher aufsteigen.

Nun liegt es im Interesse jedes Unternehmens – und auch der Gesellschaft als ganzer –, dass die besten Kandidaten für offene Positionen gefunden werden, und zwar unabhängig vom Geschlecht. Um dieses Ziel zu erreichen, gibt es keinen Königsweg, aber eine Maßnahme können Quotenregelungen sein. In unserer Studie für „Science" wollten wir deshalb untersuchen, welche Wirkungen Quotenregelungen haben können. Dazu führten wir eine Bedingung ein, bei der die zweite Auszahlungsoption aus dem einleitenden Beispiel leicht verändert wurde. Hier lautete die Regel, dass die beste von den drei Frauen in einer Sechsergruppe auf jeden Fall gewinnen würde (nämlich 1,50 Euro pro gelöster Aufgabe) und dass der zweite Gewinner die beste der anderen fünf Personen war. Diese Regel entspricht einer Quotenregelung, bei der unter den zwei Gewinnern auf jeden Fall eine Frau sein muss.

Die Wirkungen waren deutlich positiver, als ich das vor Beginn der Studie erwartet hatte (was zu einem Umdenken meinerseits geführt hat). Mit dieser Quotenregelung wählten 53 % der Frauen den Wettbewerb in Option 2 (und weiterhin ca. 60 % der Männer). Besonders wichtig ist dabei der Umstand, dass durch die Quotenregelung vor allem die allerbesten Frauen – wie Petra im obigen Beispiel – den Wettbewerb wählten. Das (in aller Regel sehr unqualifizierte) Stammtischargument, dass vermeintliche Quotenfrauen schlechte Leistungen bringen würden, lässt sich also mit unseren Ergebnissen – und denen vieler anderer Forschungsteams – in keiner Weise in Übereinstimmung bringen. Es wäre deshalb höchste Zeit, dass über politisch kontroverse Themen wie Quotenregelungen mit mehr Sachwissen diskutiert würde. Dazu gehört auch mehr Wissen darüber, warum Wettbewerbsbereitschaft für die Studien- und Berufswahl wichtig ist, welche Rolle das Elternhaus und die Kultur dabei spielen und wann die beobachteten Geschlechterunterschiede einsetzen. Diesen Aspekten widmen sich die folgenden Kapitel.

Verhaltensökonomen haben herausgefunden, dass Frauen in der Regel weniger wettbewerbsaffin als Männer sind. Das hat Auswirkungen auf die Berufskarrieren beider Geschlechter. Quotenregelungen motivieren insbesondere die bestqualifizierten Frauen, sich einem Wettbewerb zu stellen, was deren Aufstiegschancen verbessert. Das Gerede von unterqualifizierten Quotenfrauen ist empirisch nicht belegbar.

16
Wettbewerbsbereitschaft, Ausbildung und Berufswahl

Wettbewerbsbereitschaft spielt für die Ausbildungs- und Studienwahl eine große Rolle und beeinflusst auch, ob sich jemand für eine bestimmte Arbeitsstelle bewirbt. Die Geschlechterunterschiede in der Wettbewerbsbereitschaft haben deshalb eine wichtige Bedeutung für die Berufswahl und das spätere Einkommen.

Muriel Niederle, eine österreichische Volkswirtin, die an der Stanford University lehrt, gilt als Pionierin zur Messung von Wettbewerbsbereitschaft. In einfachen Versuchsanordnungen – wie jener, die ich im letzten Kapitel dargestellt und für meine eigenen Studien zur Wirkung von Quotenregelungen verwendet habe – hat sie gezeigt, dass Frauen sich im Durchschnitt deutlich weniger gern einem Wettbewerb stellen als Männer. Als Muriel Niederle vor ungefähr 15 Jahren diese Forschung begann, waren die Studien noch reine Laborstudien. Die Teilnehmer waren Studierende, die in einem ca. einstündigen Experiment am Computer Entscheidungen treffen mussten, ob sie bei einer bestimmten Aufgabe – etwa dem Addieren von zweistelligen Zahlen – unabhängig von der Leistung anderer Probanden für jede richtige Lösung oder im Wettbewerb mit anderen bezahlt werden wollten. Bei der Wahl der Wettbewerbsauszahlung bekam nur der Teilnehmer mit der besten Leistung etwas ausbezahlt, alle anderen aber nichts.

Solche experimentelle Laborforschung wirft unweigerlich die Frage nach der externen Validität auf. Das ist die Frage, ob das Verhalten im Rahmen eines kurzen Laborexperiments auch eine Aussagekraft für Verhalten außerhalb des Labors hat. Im konkreten Fall geht es um die Frage, ob die Geschlechterunterschiede in der Wettbewerbsbereitschaft – wie sie in den Laborstudien von Muriel Niederle und vielen anderen festgestellt wurden – auch für das reale Leben von Bedeutung sind. Jüngste Studien belegen, dass das der Fall ist, weil nämlich die Wettbewerbsbereitschaft für die Ausbildungs- und Studienentscheidungen und auch für die Bewerbung auf offene Stellen auf dem Arbeitsmarkt von Bedeutung ist.

In einer groß angelegten Studie mit niederländischen Mittelschülern konnten Muriel Niederle und Koautoren die Wettbewerbsbereitschaft von 15-jährigen Jungen und Mädchen zuerst experimentell messen und dann die Ausbildungslaufbahn dieser Jugendlichen weiter verfolgen. Drei Jahre vor Abschluss der Mittelschule – also im Alter von 15 Jahren – müssen Jugendliche in den Niederlanden entscheiden, welchen Ausbildungszweig sie für die letzten drei Schuljahre wählen wollen. Im Wesentlichen gibt es vier solcher Zweige: Natur und Technik, Natur und Gesundheit, Ökonomie und Gesellschaft sowie Kultur und Gesellschaft. Die Ausbildungszweige unterscheiden sich in der aufgezählten Reihenfolge im Schwierigkeitsgrad im Hinblick auf naturwissenschaftliche Fächer (wie Mathematik, Physik oder Chemie). Der gewählte Zweig ist wiederum ein sehr guter Indikator, welche Fächer die Absolventen des jeweiligen Zweigs nach dem Abschluss der Mittelschule an einer Hochschule studieren werden. Die stärker naturwissenschaftlich ausgerichteten Ausbildungszweige bringen mehr naturwissenschaftlich ausgebildete Universitätsabsolventen hervor und diese verdienen dann – zumindest in den Niederlanden – im Schnitt mehr als weniger stark naturwissenschaftlich interessierte Absolventen.

Niederle und Kollegen zeigten nun, dass die experimentell gemessene Wettbewerbsbereitschaft ein guter Indikator für die Wahl des Ausbildungszweigs und damit die spätere Studienrichtung ist. Stärker wettbewerbsorientierte Jugendliche wählten signifikant häufiger die stärker naturwissenschaftlich orientierten Ausbildungszweige. Dieser Zusammenhang blieb auch bestehen, wenn man die Schulleistungen der Jugendlichen, ihre Risikoaversion oder ihre Leistungsfähigkeit in der experimentellen Aufgabe berücksichtigte.

Die Wettbewerbsbereitschaft ist aber nicht nur für die Bildungslaufbahn bedeutend, sondern auch dafür, ob sich jemand auf eine bestimmte offene Stelle auf dem Arbeitsmarkt bewirbt. Das hat ein Forschungsteam um John List von der University of Chicago in einer Studie mit über 9000 Arbeitssuchenden in 16 großen amerikanischen Städten herausgefunden. Die Studienautoren veröffentlichten Stellenangebote für administrative Tätigkeiten, bei denen Arbeitssuchende zuerst ihr Interesse kundtun mussten, bevor ihnen die genaue Tätigkeitsbeschreibung und die Details der Entlohnung mitgeteilt wurden. Erst danach konnten sie sich offiziell für die Stellen bewerben. Durch diesen methodischen Kniff konnten die Autoren feststellen, wie viele der potenziell Interessierten sich tatsächlich für eine Stelle bewarben – abhängig von den Details der Entlohnung. In einem Fall wurde als Entlohnung ein fixer Lohn pro Stunde angeboten, während in einem anderen Fall die Entlohnung nur einen geringeren Stundenlohn vorsah, der aber durch eine Bonuszahlung aufgestockt werden konnte, wenn die eigene Arbeitsleistung besser als die einer zweiten Person in dem Job war. Diese Entlohnungsform beinhaltete also eine starke Wettbewerbskomponente.

John List und Koautoren fanden heraus, dass die Entlohnungsform einen großen Einfluss auf die Wahrscheinlichkeit einer Bewerbung von Frauen bzw. Männern hat. Im Vergleich zur Situation mit einem fixen Stundenlohn ohne möglicher Bonuszahlung bewarben sich Männer auf die Stelle mit Wettbewerb um die Bonuszahlung um 55 % häufiger als Frauen. Die stärkere Abneigung von Frauen gegen Wettbewerb hatte also auch auf das Bewerbungsverhalten auf dem Arbeitsmarkt eine starke Auswirkung. Sich in einer Wettbewerbssituation wohlzufühlen, kann als Wettbewerbsvorteil bei Ausbildungsentscheidungen und auf dem Arbeitsmarkt angesehen werden, den Männer offenbar häufiger als Frauen haben. Welche Rolle dabei die Familie spielt, behandelt das folgende Kapitel.

Wettbewerbsbereitschaft hat schon früh im Leben einen wichtigen Einfluss auf Ausbildungs- und spätere Berufsentscheidungen. Kompetitivere Menschen wählen häufiger Berufe, in denen sie später mehr Geld verdienen können.

17

Zentrale Rolle der Familie

Unzählige Studien zeigen, dass Frauen sich weniger gern einem Wettbewerb aussetzen als Männer. Das hat Folgen für die Berufswahl und auch für das Lebenseinkommen. Woher aber kommen diese Unterschiede und in welchem Lebensalter beginnen sie? Die Familie spielt dabei eine wichtige Rolle.

Die kleine Sophia geht gerne in den Kindergarten. Mit ihren fünf Jahren ist sie schon das dritte Jahr dabei, kennt ihre Gruppe ausgezeichnet und ist mit vielen Kindern eng befreundet. Forscher der Universität Innsbruck sind zu Gast, meine Kollegin Daniela Glätzle-Rützler und ich. Sophia ist aufgeregt, denn wir machen ein Spiel mit ihr und den anderen Kindern. Für uns ist es ein ökonomisches Forschungsprojekt, aber für die Kinder ist es ein aufregendes Spiel. Dabei sollen sie aus einer großen Anzahl von Körben jeweils alle sternförmigen Gegenstände herausnehmen und in einen Becher geben. In den Körben sind immer viele verschiedene Gegenstände. Es ist also nicht so leicht, alle Sterne zu finden. Das Spiel dauert nur eine Minute. Je mehr Sterne ein Kind in dieser Zeit aus den Körben holt, desto mehr Geschenke kann es sich danach aus unserem Experimente-Shop aussuchen.

Sophia ist sehr geschickt beim Herausfischen der Sterne, wie sich in einem Probedurchlauf zeigt, den wir mit den Kindern durchführen, damit sie die Aufgabe verstehen.

Dann erklären wir Sophia und den anderen Kindern, dass sie zwei Möglichkeiten haben, das Spiel zu spielen. Im einen Fall hängt die Anzahl der Geschenke, die sie bekommen können, ausschließlich davon ab, wie viele Sterne sie aus den Körben herauspicken. Das bedeutet, dass ihre Belohnung unabhängig von der Leistung der anderen Kinder ist. Im anderen Fall aber können sie pro Stern doppelt so viele Geschenke bekommen, wenn sie mehr Sterne finden als ein anderes Kind (das aus einer anderen Kindergartengruppe kommt). Hier hängt die Belohnung also davon ab, ob jemand besser als ein anderes Kind abschneidet. Obwohl Sophia geschickter als die meisten Jungen ist – wir haben das exakt gemessen –, entscheidet sie sich für die erste Variante ohne Wettbewerb. Und so machen es auch die meisten anderen Mädchen, während die Mehrheit der Jungen die zweite Variante mit Wettbewerb wählt, obwohl sie im Schnitt deutlich weniger Sterne sammeln als die Mädchen.

Sowohl die Mädchen als auch die Jungen sind mit ihrer jeweiligen Wahl sehr zufrieden. Kein Kind gibt auf unsere Rückfrage zur Antwort, dass es doch lieber die andere Wahl getroffen hätte.

Daniela Glätzle-Rützler und ich waren erstaunt, wie früh die Unterschiede in der Wettbewerbsbereitschaft zwischen Jungen und Mädchen einsetzen. In einer großen Studie mit über 1500 Jungen und Mädchen im Alter von drei bis 18 Jahren fanden wir heraus, dass schon im Kindergartenalter, also ab drei bis vier Jahren, Mädchen sehr viel häufiger als Jungen einen Wettbewerb meiden. Zahlreiche Studien belegen, dass solche Geschlechterunterschiede im Erwachsenenalter vorhanden sind, aber Daniela Glätzle-Rützler und ich waren die ersten, die zeigen konnten, dass sie schon im frühen Kindesalter existieren und danach nicht mehr weggehen.

Das wirft die Frage auf, woher diese Unterschiede kommen. Eine mögliche Erklärung würde darin bestehen, dass sie genetisch bedingt sind. Das folgende Kapitel wirft Zweifel an dieser Erklärung auf, kann diese Ursache aber auch nicht ganz ausschließen. Eine andere Erklärung rückt die Familie und die möglicherweise prägende Vorbildwirkung von Müttern und Vätern ins Zentrum der Aufmerksamkeit. Eine Gruppe norwegischer Ökonomen um Bertil Tungodden von der Norwegian School of Economics in Bergen untersuchte deshalb, welchen Einfluss der familiäre Hintergrund auf die Wettbewerbsbereitschaft von Jungen und Mädchen hat. Dazu ließen sie eine repräsentative Gruppe von über 500 Jugendlichen im Alter von 14 bis 15 Jahren ein typisches Wettbewerbsexperiment spielen und setzten dann das Verhalten der Jungen und Mädchen mit dem Einkommen, der Ausbildung und den Wertvorstellungen der Eltern in Beziehung.

Das Wettbewerbsexperiment war im Prinzip vergleichbar mit jenem, das Daniela Glätzle-Rützler und ich im Kindergarten durchführten. Die norwegischen Jugendlichen mussten zweistellige Zahlen addieren. Dabei konnten sie entweder eine norwegische Krone pro Rechnung verdienen, unabhängig von der Leistung anderer, oder drei norwegische Kronen pro Rechnung, wenn sie besser als der Durchschnitt aller Teilnehmer abschnitten. Tungodden und seine Kollegen fanden den üblichen Geschlechterunterschied in der Wahl der Auszahlungsform. 52 % der Jungen wählten die Wettbewerbsform, aber nur 32 % der Mädchen. Dann aber fanden sie heraus, dass der familiäre Hintergrund einen starken Einfluss auf diese Unterschiede hat. In Familien mit mittlerem und höherem Einkommen waren die Geschlechterunterschiede sehr stark, in Familien mit geringem Einkommen und niedriger Ausbildung der Eltern gab es hingegen keine Geschlechterunterschiede, obwohl Jungen und Mädchen aus diesen Familien deutlich weniger oft den Wettbewerb wählten.

Die spannendste Einsicht kam aber, als die Gruppe um Tungodden die bessergestellten Familien näher anschaute. Die Ausbildung und berufliche Stellung des Vaters hatten den entscheidenden Einfluss. Je höher die Ausbildung, die berufliche Stellung und das Einkommen der Väter, umso wettbewerbsfreudiger waren ihre Söhne. Väter hatten aber keinen Einfluss auf die Wettbewerbsbereitschaft ihrer Töchter. Mütter übrigens auch nicht. Deren Ausbildung und berufliche Stellung hatten weder auf das Wettbewerbsverhalten ihrer Töchter noch ihrer Söhne einen Einfluss.

Diese Befunde legen nahe, dass das Vorbild beruflich relativ erfolgreicher Väter deren Söhne zur Nachahmung veranlasst, sodass diese sehr wettbewerbsfreudig werden. Obwohl Norwegen ein sehr egalitäres Land im Hinblick auf die Gleichstellung der Geschlechter ist, scheint das berufliche Rollenbild der Väter – die auch durch ihre eigene Wettbewerbsbereitschaft die Karriereleiter hinaufgeklettert sind – einen entscheidenden Einfluss auf die Geschlechterunterschiede im Wettbewerbsverhalten von Jungen und Mädchen zu haben. Dies gilt zumindest in einer Kultur, in der Männer tendenziell einen größeren Einfluss haben. In anderen Kulturen ist das anders. Damit beschäftigt sich das nächste Kapitel.

Geschlechterunterschiede im Wettbewerbsverhalten leisten einen Beitrag zur Erklärung von Geschlechterunterschieden auf Arbeitsmärkten. Jedoch unterscheiden sich Frauen und Männer nicht erst im Erwachsenenalter in ihrer Wettbewerbsbereitschaft. Diese Unterschiede sind schon im frühen Kindesalter ausgeprägt und haben langfristige Auswirkungen.

18

Die kulturelle Prägung und Wettbewerbsbereitschaft

Wettbewerb spielt im Berufsleben eine wichtige Rolle. Die Bereitschaft, sich einem Wettbewerb auszusetzen, unterscheidet sich aber zwischen Männern und Frauen. Männer sind normalerweise wettbewerbsfreudiger. Offenbar spielt dabei der familiäre Hintergrund eine Rolle, die Kultur aber auch, und zwar manchmal eine überraschende.

Haben Sie schon einmal versucht, aus drei Metern Entfernung einen Tennisball in einen Papierkübel mit ungefähr 30 cm Durchmesser so zu werfen, dass er nicht wieder herausspringt – falls Sie nicht daneben gezielt haben? Das ist viel schwieriger, als man denkt, weil Tennisbälle sehr elastisch sind und oft einfach über den Rand des Kübels wieder herausspringen, wenn man sich schon freut, dass man überhaupt in den Kübel getroffen hat. Ich habe diese Aufgabe selbst einmal ausprobiert, und zwar nachdem ich eine interessante Studie von Uri Gneezy von der University of California in San Diego über den Einfluss von Kultur auf das Wettbewerbsverhalten von Männern und Frauen gelesen hatte. Wie in seiner Studie habe ich zehn Versuche durchgeführt und dabei nur dreimal den Ball erfolgreich in den Kübel geworfen, ohne dass er wieder heraussprang. Ich wollte diese Aufgabe testen, um sie selbst für meine Studien mit Kindern einzusetzen. Sie erschien mir dann aber als zu schwierig für Kinder und ich verwarf diese Möglichkeit – und entwarf stattdessen die Aufgabe mit dem Suchen der Sterne, über die ich im vorigen Kapitel berichtet habe. Die Studie von Uri Gneezy und Kollegen blieb mir aber dennoch im Gedächtnis. Warum?

Bis zu dieser Studie von Uri Gneezy wurde in allen Forschungsarbeiten zur Wettbewerbsbereitschaft von Männern und Frauen festgestellt, dass Männer im Vergleich zu Frauen viel häufiger den Wettbewerb suchen. Das könnte zum einen auf genetische Unterschiede zurückzuführen sein. Jedoch gibt es bis heute keine zuverlässigen Studien darüber, welchen Einfluss unsere Gene wirklich auf unsere Wettbewerbsbereitschaft haben. Zum anderen könnten die Geschlechterunterschiede im Wettbewerbsverhalten auf das Rollenverständnis zurückzuführen sein, das in unserer Kultur vorherrscht. Traditionell ist in unserer westlich geprägten Kultur der Mann in der dominanteren Rolle. Dieses Rollenverständnis könnte dazu führen, dass Männer sich eher befähigt – und auch berufen – fühlen, sich einer Wettbewerbssituation zu stellen, als dies für Frauen zutreffen mag.

Wenn man jetzt eine Kultur fände, wo das Rollenverständnis umgekehrt ist, Frauen die bedeutendere und dominantere Rolle als Männer hätten, dann könnte man doch testen, ob in einer solchen Kultur die Frauen plötzlich wettbewerbsorientierter als die Männer wären. So dachten Gneezy und Kollegen und begaben sich auf die Suche nach einer Kultur, in der die Frauen die wichtigere Rolle einnehmen. Nun scheint es keine vollkommen matriarchalischen Gesellschaften zu geben. Aber es gibt matrilineale Gesellschaften. Eine solche existiert etwa im Nordosten Indiens, wo ungefähr eine Million Angehörige des Volkes der Khasi leben. In diesem Volk erbt stets die jüngste Tochter das Vermögen der Familie (und zwar von ihrer Mutter) und die Clan-Zugehörigkeit definiert sich über die Frauen, nicht über die Männer. Ein Ehemann zieht zu seiner Frau (auch wenn er noch Zeit mit seiner ursprünglichen Familie verbringt) und das während der Ehe erarbeitete Vermögen gehört seiner Frau. In dieser Gesellschaft haben Frauen eine weitaus bedeutendere Rolle als die Männer, was sie von unserer westlichen Gesellschaft stark unterscheidet.

Gneezy und Kollegen vermuteten deshalb, dass Khasi-Frauen stärker wettbewerbsorientiert als Khasi-Männer wären. Wie üblich in Studien zur Wettbewerbsbereitschaft, konnten die Studienteilnehmer wählen zwischen einer Auszahlung, die unabhängig von der Leistung anderer war, und einer Wettbewerbsauszahlung, bei der man nur Geld bekam, wenn man besser als eine andere Person abschnitt. Die experimentelle Aufgabe bestand darin, aus drei Metern Entfernung einen Tennisball in einen Papierkübel zu werfen, ohne dass er wieder herausspringt. Jeder Teilnehmer hatte zehn Versuche. Bei der Auszahlungsform ohne Wettbewerb bekam man 20 indische Rupien pro erfolgreichen Versuch, im Falle der Wettbewerbsauszahlung waren es 60 Rupien pro erfolgreichen Versuch, wenn man besser als eine zufällig zugeordnete andere Person war. Im Schnitt schafften die 80 Khasi 2,4 erfolgreiche Versuche, also blieb der Tennisball bei fast jedem vierten Wurf im Kübel. Überraschend im Vergleich zu den vielen anderen Studien – aber passend zur Vermutung von Uri Gneezy und seinen Kollegen – waren die Khasi-Frauen deutlich häufiger bereit, die Wettbewerbsauszahlung zu wählen, nämlich in 54 % der Fälle, als die Männer, die nur in 39 % der Fälle den Wettbewerb wählten.

Als Vergleichsgruppe wurde in der Studie das Volk der Massai in Tansania herangezogen. Die Massai leben in einer relativ archaischen patriarchalischen Gesellschaft, in der Frauen deutlich weniger Rechte als Männer haben und dementsprechend viel weniger einflussreich als die Männer sind. Dort nahmen 75 Personen am selben Experiment wie bei den Khasi teil und in dieser patriarchalischen Gesellschaft zeigte sich das allseits bekannte Bild, dass Männer sehr viel wettbewerbsfreudiger als Frauen waren. 50 % der Männer wählten die Wettbewerbsauszahlung, aber nur 26 % der Frauen. Bei den Khasi hingegen war das Verhältnis fast umgekehrt. Kultur spielt also eine Rolle.

Das ist deswegen bedeutsam, weil die Kultur offenbar wichtige ökonomische Vorlieben – etwa jene für Wettbewerb – beeinflusst und damit einen sehr großen Einfluss auf ökonomische Entscheidungen und den Erfolg von Männern und Frauen im Berufsleben hat.

Nachdem sich die vergangenen vier Kapitel mit Wettbewerb und Wettbewerbsbereitschaft beschäftigt haben, behandelt der nächste Abschnitt etwas, das häufig als Gegenpol zu Wettbewerb wahrgenommen wird, nämlich Kooperation. Auch die hat im Berufsleben eine große Bedeutung.

Unser Verhalten wird durch die Kultur geprägt, in der wir aufwachsen und in der wir uns bewegen. Damit sind auch die Erwartungshaltungen über das Verhalten von Männern und Frauen kulturell bedingt. In unserer westlichen Gesellschaft geht damit die Vorstellung einer, dass Männer kompetitiver sind als Frauen, was vielfältige Auswirkungen im Berufsleben hat.

Abschnitt V
Kooperation, Teamwork und Produktivität

19

Gemeinsam ist der Fang höher

Teamfähigkeit ist eine der häufigsten Anforderungen, die in Stellenanzeigen von Bewerberinnen und Bewerbern erwartet werden. Das liegt daran, dass die Produktion in vielen Unternehmen im Teamwork organisiert ist. Durch die Kooperation im Team soll die Produktivität steigen. Ist das wirklich so und kann man Kooperation messen?

Die See ist rau, aber der Steuermann Shinji, ein 60-jähriger Japaner, steuert zielsicher auf die besten Fischgründe zu. Auch heute gilt es, möglichst viele Fische aus der Toyama Bay an der Westküste Japans zu holen und dann auf dem lokalen Markt oder an große Handelsketten zu verkaufen. Shinji arbeitet zusammen mit acht anderen Männern, fünf davon auf dem großen Fischerboot, die für die Netze und das Einholen der Fische verantwortlich sind, und drei an Land, die während der Ausfahrten andere Netze warten und den Kontakt mit den Handelsketten pflegen. Eine Besonderheit von Shinjis Team besteht darin, dass der gesamte Fang zu gleichen Teilen zwischen allen Teammitgliedern aufgeteilt wird. Alle sind also gleichberechtigte Partner, auch wenn Shinji als Steuermann allein den Kurs des Schiffs bestimmen kann. In der Toyama Bay sind viele solcher Teams bei der Arbeit, in denen mehrere Menschen zusammenarbeiten und sich den Fang gleichmäßig teilen. Shinji ist sehr zufrieden mit den Kollegen in seinem Team, von denen er die meisten seit vielen Jahren kennt. Hier hilft jeder dem anderen und ist auch mal bereit einzuspringen, wenn es einem anderen gesundheitlich nicht so gut geht. Das ist nicht in allen Teams so, weiß Shinji. Auf anderen Booten gibt es öfter Meinungsverschiedenheiten, ob jedes Teammitglied einen fairen Beitrag zum gesamten Fang geleistet hat.

Teamwork kommt in vielen Bereichen unseres wirtschaftlichen Lebens vor. Fischfang ist einer davon. Ein anderes Beispiel stellt die akademische Forschung dar, wo in den meisten Fällen neue Publikationen durch die Zusammenarbeit mehrerer Wissenschafter zustande kommen. Die Produktion von Autos ist ein weiteres Beispiel, wo in langen Fertigungsstraßen Arbeitsteams ihre Handgriffe möglichst gut aufeinander abstimmen, um ein Auto fertigzustellen.

Die ökonomische Forschung zu Teamwork hat schon sehr früh erkannt, dass Teamwork Licht- und Schattenseiten hat. Ein entscheidender Vorteil von Teamwork besteht darin, dass Menschen mit verschiedenen Fähigkeiten zusammengebracht werden können, sodass sich jeder auf jene Tätigkeiten spezialisieren kann, die er oder sie besonders gut beherrscht. Man spricht in diesem Zusammenhang von Effizienzgewinnen durch Arbeitsteilung, ein Konzept, das auf David Ricardo in der ersten Hälfte des 19. Jahrhunderts zurückgeht. Mit Bezug auf das Beispiel der japanischen Fischfänger bedeutet Arbeitsteilung, dass nicht jede Person einzeln fischen geht – und dabei das Steuer und die Netze bedienen muss und nach dem Fang die Netze repariert und den Fang zum Markt bringt –, sondern dass jedes Teammitglied eine spezielle Aufgabe übernimmt, die dann effizienter erfüllt werden kann, als wenn jeder alle Aufgaben selbst übernehmen muss. Shinji etwa ist als erfahrener Steuermann seines Bootes besser geeignet, die besten Fischgründe zu finden, als sein Kollege, der den Fang zum Markt bringt.

Ein entscheidender Nachteil von Teamwork – im Vergleich zur Einzelarbeit an einer bestimmten Aufgabe – besteht aber darin, dass es innerhalb eines Teams zu Trittbrettfahrerverhalten kommen kann. Darunter versteht man eine Situation, in der ein Teammitglied sich auf Kosten der anderen „ausruht" und nicht seinen bestmöglichen Einsatz zeigt. Wenn die Erträge von Teamwork – wie häufig beim Fischfang oder beim Publizieren von Autorenteams – gleichmäßig auf alle Teammitglieder verteilt werden, dann entsteht daraus für jedes Mitglied ein Anreiz, eigene Anstrengungen zu verringern. Sollen doch die anderen fleißig arbeiten und sich anstrengen. Man selbst genießt dann die Früchte der Arbeit der anderen. Wenn aber jeder so denkt, dann arbeitet keiner mehr motiviert und die Produktion des Teams sinkt. Als Konsequenz gibt es weniger zu verteilen und allen geht es schlechter, als wenn jeder nach besten Kräften zum Teamerfolg beiträgt. Wenn beispielsweise auf Shinjis Boot die Arbeiter an den Netzen unzufrieden mit den Kollegen sind, die den Fisch zum Markt und zu den Handelsketten bringen, dann verringern sie unter Umständen ihren Einsatz, worunter dann alle zu leiden haben. In einer solchen Situation ist es also wichtig, dass jeder darauf vertraut, dass der andere auch zum Wohl des Teams arbeitet, weil er sonst seine Arbeitsleistung reduzieren würde. Man nennt das konditionale Kooperation. Jemand setzt sich dann für das Team ein, wenn er erwartet oder tatsächlich wahrnimmt, dass die anderen Teammitglieder das auch tun.

Jeff Carpenter vom Middlebury College hat in einer wissenschaftlichen Studie untersucht, ob das Ausmaß an konditionaler Kooperation in einem Team zu höherer Produktivität führt. Dazu hat er eine Feldstudie mit japanischen Fischern durchgeführt. Zuerst hat er die Kooperationsbereitschaft einzelner Fischer in einem Experiment gemessen. Dazu wurden Gruppen von vier Personen gebildet. Dann bekam jede Person einen Geldbetrag zugewiesen, den sie entweder für sich selbst behalten oder in einen Gruppentopf geben konnte. Was in den Geldtopf kam, wurde von den Studienautoren verdoppelt und dann zu gleichen Teilen auf alle vier Personen verteilt. Das bedeutet, wenn jemand eine Geldeinheit in den Topf gibt, werden daraus zwei Einheiten zur Verteilung in der Gruppe, sodass jede der vier Personen dann eine halbe Einheit erhält. Wenn man eine Geldeinheit aber für sich behält, bleibt das eine ganze Geldeinheit, was aus individueller Sicht profitabler ist, als die Geldeinheit in den Topf zu geben. Jeder hat also einen Anreiz, das Geld für sich zu behalten und nichts in den Geldtopf zu geben.

Das Verhalten der Fischer, die an dieser Studie teilnahmen, zeigte im Schnitt ein relativ hohes Maß an Kooperation – also die Bereitschaft, das Geld in den Gruppentopf zu geben. Jedoch gab es zwischen den verschiedenen Fischereiteams, die sich ihren Fang teilten, beachtliche Unterschiede im Kooperationsniveau ihrer Mitglieder. Diese Unterschiede wiederum spiegelten sich in den tatsächlichen Fangmengen wider. Jene Fischereiteams fingen am meisten Fische, deren Mitglieder im Schnitt die höchste Kooperationsbereitschaft hatten.

Kooperation erhöht die Produktivität, weil sie dazu führt, dass alle an einem Strang ziehen und das Gemeinwohl im Auge behalten, anstatt an die eigenen Interessen zu denken. Das ist der Grund, warum so viele Stellenausschreibungen Teamfähigkeit, also die Fähigkeit zur Kooperation mit anderen, als wichtige Einstellungsvoraussetzung sehen und warum Shinji mit seinen Teammitgliedern so zufrieden ist.

Arbeitsteams hängen davon ab, dass jedes Mitglied einen entsprechenden Beitrag zum Erfolg des Teams leistet. Menschen kooperieren dabei umso häufiger, je mehr sie auch von anderen Kooperation erwarten oder beobachten. Diese konditionale Kooperation führt dazu, dass Teams mit vielen kooperativen Mitgliedern insgesamt erfolgreicher und produktiver sind.

20

Der „Mitbestimmungsbonus"

Zusammenarbeit in Teams ist in allen Unternehmen wichtig. Dabei spielt die Organisation von Teamwork eine entscheidende Rolle für den Erfolg. In Teams kann es nämlich leicht zu Trittbrettfahrerverhalten kommen. Gute Organisation kann das vermeiden, insbesondere wenn die Teammitglieder mitentscheiden können.

3:00 Uhr nachts in einer amerikanischen Großstadt. In der Notaufnahme des Universitätskrankenhauses geht es hektisch zu. Eine Krankenhausmitarbeiterin erhebt in der Aufnahme gerade für einen neu eingelieferten Patienten die Symptome und die Art seiner Schmerzen und weist ihn dann rasch einem Team von zwei Notaufnahmeärzten zu. In früheren Jahren musste sie auch noch entscheiden, welcher der beiden Ärzte sich um diesen Patienten kümmern sollte. Mittlerweile muss die Mitarbeiterin diese Entscheidung nicht mehr treffen. Jetzt funktioniert die Zuweisung anders. Der Patient wird zur Einheit des Notärzteteams gebracht – das gleich um die Ecke liegt – und dann entscheidet einer der beiden Ärzte, welcher von ihnen den Notfallpatienten behandeln wird. Wie sich gezeigt hat, ist diese neue Art der Zuweisung ein großer Vorteil für die Patienten. Sie müssen weniger lange auf die Behandlung warten, ohne dabei Nachteile im Hinblick auf die medizinische Betreuung in Kauf nehmen zu müssen, wie eine Studie von David Chan von der Stanford University belegt. Warum ist das so und warum spielt die Organisationsform eine große Rolle für die Arbeitsproduktivität in diesem Beispiel?

Die Arbeitsabläufe in einem Unternehmen können Kooperation fördern oder aber auch Trittbrettfahrerverhalten begünstigen, bei dem die Leistung eines Teams unter einigen wenigen Mitgliedern leidet, die sich nicht für den gemeinsamen Erfolg engagieren, sondern lediglich auf sich selbst schauen. Warum die Organisationsform die Produktivität von Teams beeinflusst, lässt sich am einleitenden Beispiel der Notaufnahme in einem großen Krankenhaus illustrieren.

David Chan konnte Daten über die Behandlung von über 380 000 Notfallpatienten in einem Zeitraum von sechs Jahren analysieren. Dabei gab es in dem Krankenhaus zu Beginn zwei parallele Systeme der Zuweisung von Patienten zu Ärzten, nämlich entweder über das Personal beim Empfang oder direkt von den Ärzten in den Zweierteams der Behandlungseinheiten. Durch die gleichzeitige Verwendung beider Systeme wollte das Krankenhaus systematisch untersuchen, welches für die Patienten und das Krankenhaus besser ist. In gewissem Sinn experimentierte das Krankenhaus also mit der Organisation eines wichtigen Ablaufs.

Die Zuweisung durch die Ärzte im Team – anstatt durch das Personal in der Aufnahme – zeigte die besseren Ergebnisse: Die Behandlungsdauer war im Schnitt um fast eine halbe Stunde kürzer. Die schnellere Behandlungsdauer reduzierte in praktisch gleichem Umfang die Wartezeiten von anderen Notfallpatienten und erhöhte auch die Zufriedenheit der Patienten, wie Befragungen zeigten. Die kürzere Behandlungsdauer reduzierte aber nicht die Qualität der Behandlung, wie ein Vergleich beider Zuweisungssysteme ergab. Dafür wurden als Kriterien für die Qualität der Behandlung die folgenden drei Aspekte berücksichtigt: die Wahrscheinlichkeit, mit der ein Notfallpatient innerhalb von 30 Tagen nach der Behandlung starb – sie war 2 %, unabhängig vom Zuweisungssystem; die Wahrscheinlichkeit, mit der ein Patient innerhalb von 14 Tagen nach Entlassung wieder ins Spital kommen musste; und die Kosten der Behandlung. Bei keinem Kriterium gab es Unterschiede zwischen beiden Zuweisungssystemen. Woher kommen dann die kürzeren Behandlungsdauern? Dafür sind zwei Komponenten der unterschiedlichen Organisationsabläufe entscheidend.

Die Zuweisung durch das Ärzteteam selbst ermöglicht es, die Spezialisierung der beiden Ärzte auf bestimmte Krankheitsfälle besser einzuschätzen und dann im Sinne des Patienten auszunützen, als das die Zuweisung durch die Aufnahmestation kann. Die beiden Ärzte wissen in der Regel besser, wer von ihnen beiden für einen bestimmten Fall mehr Erfahrung oder eine Spezialausbildung für ein bestimmtes Krankheitsbild hat. Gleich wichtig ist aber eine zweite, überraschende, Komponente, die sich in den Daten von David Chan nachweisen ließ. Wenn die Zuweisung über die Aufnahmestation erfolgte, dann verlängerte sich die Behandlungsdauer von Notfallpatienten umso mehr, je mehr Notfallpatienten noch in den Warteräumen saßen. Mit anderen Worten, die Ärzte wurden langsamer, um der Aufnahmestation zu signalisieren, dass sie vollkommen ausgelastet waren und keine weiteren Patienten zugewiesen bekommen konnten. Das ist ein Beispiel für das im vorigen Kapitel besprochene Problem mit Trittbrettfahrern. Interessanterweise gab es dieses Phänomen – dass die Behandlungsdauer mit der Anzahl der Patienten im Warteraum stieg – nicht, wenn die Ärzte selbst die Patienten unter sich aufteilten.

20 Der „Mitbestimmungsbonus"

Mitbestimmung über die Verteilung der Aufgaben im Team reduzierte die Wahrscheinlichkeit für Trittbrettfahrerverhalten und trug damit zum Erfolg von Teamwork bei.

Die Einsicht, dass Mitbestimmung die Kooperationsbereitschaft in Teams erhöht, gilt nicht nur in Notfallaufnahmen, sondern ist weit genereller Natur. In einem gemeinsamen Forschungsprojekt ließen Martin Kocher und ich Gruppenmitglieder bei einer Kooperationsaufgabe darüber mitbestimmen, ob kooperatives Verhalten belohnt oder Trittbrettfahrerverhalten sanktioniert werden sollte. Wenn es diese Form der Mitbestimmung gab, stieg das Kooperationsniveau um ungefähr 30 % an, verglichen mit einer Situation, in der die Regeln einfach von außen vorgegeben wurden. Trittbrettfahrerverhalten nahm stark ab, wenn jeder ein Mitspracherecht über die Organisation und die Regeln in der Gruppe hatte, was Martin Kocher und ich gerne als „Mitbestimmungsbonus" für das Ausmaß an Kooperation bezeichnen.

Innerhalb von Arbeitsteams müssen verschiedene Aufgaben möglichst effizient verteilt werden, um als Team erfolgreich zu sein. Ein Mitspracherecht der Teammitglieder bei der Verteilung dieser Aufgaben erhöht die Kooperation, weil Mitsprache die Motivation steigert.

21

Mit gutem Beispiel vorangehen

Der Mensch als soziales Wesen zeichnet sich dadurch aus, dass Kooperation – das Zusammenarbeiten zum wechselseitigen Vorteil – selbst dann gelingen kann, wenn sich die betreffenden Menschen fremd sind. So etwas kommt im Tierreich normalerweise nur unter genetisch miteinander verwandten Tieren vor. Der Mensch kann das besser. Dabei spielt es aber eine entscheidende Rolle, ob jemand mit gutem Beispiel vorangeht.

Wenn ich über den Wert von Kooperation spreche und meine eigenen Forschungsarbeiten zu diesem Thema präsentiere, beginne ich gerne mit einer alten chinesischen Parabel, die sehr gut veranschaulicht, worum es bei Kooperation geht. Die Parabel lautet folgendermaßen:

> Zwei Brautleute hatten nicht viel Geld, aber dennoch waren sie der Meinung, dass bei ihrer Hochzeit viele Menschen mitfeiern sollten. Geteilte Freude ist doppelte Freude, dachten sie. Sie beschlossen, ein großes Fest mit vielen Gästen zu feiern. Um dies zu ermöglichen, baten sie die Eingeladenen, je eine Flasche Wein mitzubringen. Am Eingang würde ein großes Fass stehen, in das sie ihren Wein gießen könnten; und so sollte jeder die Gaben des anderen trinken

und jeder mit jedem froh und ausgelassen sein. Als nun das Fest eröffnet wurde, liefen die Kellner zu dem großen Fass und schöpften daraus. Doch wie groß war das Erschrecken aller, als sie merkten, dass es Wasser war. Versteinert saßen oder standen sie da, als ihnen bewusst wurde, dass jeder gedacht hatte: Die eine Flasche Wasser, die ich hineingieße, wird niemand merken oder schmecken: Nun aber wussten sie, dass jeder so gedacht hatte. Jeder von ihnen hatte gedacht: Heute will ich mal auf Kosten anderer feiern.

Die Parabel bringt das Problem von Kooperation in Gruppen präzise auf den Punkt. Jeder hat einen Anreiz, seinen Beitrag zur Gruppe möglichst gering zu halten (also billiges Wasser statt teuren Wein mitzubringen), hofft aber, dass alle anderen einen möglichst großen Beitrag leisten (also Wein statt Wasser beitragen). Wenn jeder so handelt, kann das Gemeinwohl nicht gedeihen – so wie das Fest in der Parabel sprichwörtlich ins Wasser fällt. Wenn aber jeder einen Beitrag leistet, können alle davon profitieren – und ein schönes Fest mit Wein feiern (obwohl es heute schwer vorstellbar ist, dass alle Gäste unterschiedlichen Wein einfach in ein großes Fass schütten würden; eine Schreckensvorstellung für Weinliebhaber).

Die Parabel von der Hochzeitsfeier lässt sich auf viele andere Lebensbereiche übertragen. Fußballteams sind nachweislich erfolgreicher, wenn jeder Spieler für den anderen rennt, also zusätzliche Laufwege in Kauf nimmt, um Fehler anderer auszubügeln. Forscherteams bringen ihre Projekte eher zu einem guten Ende, wenn sich alle an der Projektarbeit beteiligen und nicht darauf vertrauen, dass ein anderer schon die mühsamen Arbeitsschritte übernehmen wird. Unternehmenskooperationen sind häufig erfolgversprechender, wenn Forschungs- und Entwicklungsanstrengungen miteinander koordiniert werden. Arbeitsteams funktionieren besser, wenn wichtige Informationen geteilt und rasch weitergegeben werden. Die Liste ließe sich fast endlos lange fortführen. Der Nutzen von Kooperation für alle Beteiligten ist leicht erkennbar. Trotzdem gibt es für jeden Einzelnen Anreize, sich als sogenannter Trittbrettfahrer zu verhalten und nur einen geringen oder gar keinen Beitrag zum Gemeingut zu leisten. Unter welchen Bedingungen kann also Kooperation besser gelingen?

In mehreren Forschungsarbeiten habe ich einen speziellen Faktor untersucht. Konkret habe ich mich damit beschäftigt, inwiefern Kooperation davon abhängt, ob jemand in einer Gruppe mit gutem Beispiel vorangeht. Methodisch verwenden diese Studien das sogenannte Gefangenendilemma. Damit meint man – etwas vereinfacht ausgedrückt – eine Situation, in der sich jede einzelne Person in einer Gruppe mehrerer Personen finanziell (oder auch im Hinblick auf nichtfinanzielle Aspekte) besser stellt, wenn sie nicht kooperiert. Gleichzeitig aber ginge es der Gruppe am besten, wenn alle vollständig kooperierten. In den Worten der chinesischen Parabel: Allen geht es am besten, wenn jeder eine Flasche Wein mitbringt, damit alle feiern können. Jeder einzelne aber spart sich die Kosten für den Wein, wenn er selbst nur Wasser ins Fass schüttet.

Steigt die Bereitschaft zur Kooperation, wenn ein Gruppenmitglied zuerst über seinen Beitrag – das Ausmaß der Kooperation – entscheidet, die anderen diesen Beitrag sehen und dann selbst entscheiden müssen? Beispielhaft kann man sich vorstellen, dass alle Hochzeitsgäste zuschauen, wenn die erste Person ihre Flasche in das Fass schüttet, und dabei sehen, ob es Wasser oder Wein ist. Erst dann würden sie entscheiden, ob sie selbst Wasser oder Wein beitragen wollten.

Alle meine Forschungen zeigen, dass die Kooperation in Gruppen substanziell höher ist, wenn eines oder mehrere Gruppenmitglieder mit gutem Beispiel vorangehen. Andere Gruppenmitglieder passen sich an kooperatives Verhalten anderer an. Diese „konditionale Kooperation" wurde bereits in Kapitel 19 veranschaulicht. Sie bedeutet, Menschen sind bereit zu kooperieren (Wein mitzubringen), wenn sie sehen oder zumindest erwarten, dass andere auch kooperieren.

Besonders positiv wirkt ein positives Beispiel, wenn es freiwillig erbracht wird. Kooperation funktioniert nicht, wenn jemand gezwungen wird, kooperativ zu sein.

Wenn jemand mit schlechtem Beispiel vorangeht, bricht Kooperation in Teams hingegen vollkommen zusammen, weil sich niemand von Trittbrettfahrern ausnützen lassen will. Eine besondere Rolle kommt dabei Vorgesetzten zu. Deren kooperatives Verhalten verursacht besonders starke Nachahmung, während egoistische Vorgesetzte, die Trittbrettfahrer sind, Kooperation zwar häufig erwarten, Teammitglieder dann aber so wenig wie möglich zum Teamerfolg beitragen.

Führung funktioniert nur durch gutes Beispiel-Geben, wie schon Mahatma Gandhi wusste, der sagte: „Wir selbst müssen den Wandel vorleben, den wir von der Welt erwarten."

Viele Menschen kooperieren in Teams, wenn andere Teammitglieder auch kooperieren. Diese menschliche Eigenschaft konditionaler Kooperation bedeutet, dass der Erfolg von Teams gesteigert werden kann, wenn jemand mit gutem Beispiel vorangeht.

22

Führung durch Beispiel-Geben

Hierarchisch organisierte Organisationen glauben häufig daran, dass man das Verhalten von Mitarbeiterinnen und Mitarbeitern am besten durch klare Anordnungen steuern kann. Dabei spielt das Verhalten von Vorgesetzten oft eine viel größere Rolle, weil menschliches Verhalten häufig durch Nachahmung beeinflusst wird.

In meiner Jugend habe ich jeden Sommer in der Glaserei meines Onkels gearbeitet. Dabei habe ich nicht nur praktische Kenntnisse über Isolierglas erworben, sondern auch von meinem Onkel gelernt, wie man Mitarbeiter führen kann. Mein Onkel war sehr häufig der Erste in der Firma und hat nicht selten bei schwierigen Arbeiten selbst Hand angelegt, auch wenn dafür einige Dutzend Angestellte vorhanden gewesen wären. Als Chef und Gründer der Firma war er eine Autorität. Er hatte bei wichtigen Entscheidungen das letzte Wort, aber gleichzeitig hat er vorgelebt, was er von seinen Mitarbeiterinnen und Mitarbeitern erwartet, nämlich Einsatz für die Firma und Kollegialität bei der Arbeit. Da ich mit meinem Onkel auch ab und zu wandern gegangen bin, hat er mir öfter über seine Firma erzählt. Ich erinnere mich, wie er mir einmal gesagt hat: „Einigen Mitarbeitern muss ich schon immer wieder sagen, was sie genau zu tun haben, aber am ehesten sind sie bereit, das auch zu tun, wenn sie sehen, dass ich mir nicht zu schade bin, auch selbst Hand anzulegen oder bei Bedarf schnell bei einer Maschine oder einer Montage mitzuhelfen."

Dahinter verbirgt sich ein allgemeines Prinzip, dass Mitarbeiterführung nicht zuletzt dadurch gelingt, dass Vorgesetzte ein Beispiel geben, dem Mitarbeiterinnen und Mitarbeiter dann zu folgen gewillt sind. Berühmte Persönlichkeiten aus der Geschichte haben immer schon danach gehandelt. Albert Schweitzer, Friedensnobelpreisträger, fasste das so zusammen: „Beispiel-Geben ist Führung". Diese Einsichten sind auch für moderne Organisationen wichtig, weil Beispiel-Geben ein Instrument sein kann, um das Verhalten von Mitarbeiterinnen und Mitarbeitern in gewünschte Richtungen zu lenken, die nicht ohne Weiteres befohlen oder angeordnet werden können.

Führung durch Beispiel-Geben kann in den unterschiedlichsten Situationen funktionieren. Das kann eine Glaserei sein, in der der Chef selbst Hand anlegt. Das kann ein Forschungsinstitut sein, in dem die Leiterin bei der Weihnachtsfeier selbst dekoriert und Speisen mitbringt. Oder das kann bei der Polizeiarbeit sein, wie eine Studie von Richard Johnson von der Universität Toledo in Ohio zeigt.

Johnson untersuchte das Verhalten von Polizeibeamten, wenn sie auf Streife unterwegs sind. Er wertete dazu die Daten aus zwei amerikanischen Polizeibezirken aus, in denen die Tätigkeiten der Polizeibeamten während einer Streife elektronisch erfasst wurden. Entscheidend für die Untersuchung war der Umstand, dass auch die Tätigkeiten der jeweils unmittelbar Vorgesetzten bekannt waren. Diese Vorgesetzten waren ebenfalls (wenn auch weniger häufig) auf Streife unterwegs. Nun lässt sich die Zeit eines Streifendiensts sehr unterschiedlich gestalten. Johnson war daran interessiert, ob die einfachen Polizeibeamten in ihrem Verhalten auf jenes ihrer Vorgesetzten reagieren. Das ist nicht selbstverständlich zu erwarten, da die Vorschriften für den Streifeneinsatz relativ vage („Aufrechterhaltung der öffentlichen Ordnung"; „Einschreiten bei Verdachtsfällen") formuliert sind und die Beamten lediglich bei groben Fahrlässigkeiten und Fehlern abgemahnt oder gar bestraft werden können. Es ist also nicht einfach, die Tätigkeiten dieser Beamten zu steuern. Jedoch wären proaktive Einsätze, in denen etwa bekannte Problemzonen häufiger kontrolliert werden oder das Gespräch mit Bürgern gesucht wird, aus Sicht vieler Vorgesetzter wünschenswert. Da die einfachen Beamten im elektronischen System auch Zugriff auf die Tätigkeitsaufzeichnungen ihres jeweiligen Vorgesetzten haben, lässt sich überprüfen, ob das Verhalten der Vorgesetzten einen Einfluss auf die Tätigkeiten der einfachen Beamten hat.

Richard Johnson untersuchte ungefähr 1400 Streifendienste in zwei amerikanischen Polizeibezirken und fand dabei heraus, dass die Tätigkeiten der Vorgesetzten einen erheblichen Einfluss auf das Aktivitätsprofil der einfachen Beamten hatten. Wenn die unmittelbaren Vorgesetzten proaktiv im Einsatz sind, dann verdoppelt sich die Wahrscheinlichkeit, dass das ihre untergeordneten Beamten auch tun. Dieses Ergebnis ist bemerkenswert, weil die unmittelbar Vorgesetzten sehr wenig Sanktions- und Steuerungsmöglichkeiten haben und weil die Dienstvorschriften zur Gestaltung des Streifendiensts den Beamten einen sehr großen Spielraum lassen. Im Übrigen gilt dieser Spielraum auch für die Vorgesetzten. Wenn diese ihren Spielraum aber in bestimmter Weise nutzen – etwa durch proaktive Einsätze –, dann erhöht sich die Bereitschaft ihrer Untergebenen, diesem Handlungsmuster zu folgen.

Dem liegt ein sehr weit verbreitetes Verhaltensmuster von Menschen zugrunde, dass sie sich in einem sozialen Kontext dem Verhalten anderer häufig anpassen. Führung durch Beispiel-Geben funktioniert aufgrund dieses menschlichen Verhaltensmusters, verlangt allerdings von Führungskräften auch, dass sie jenes Verhalten selbst an den Tag legen, das sie von anderen Menschen in ihrem Team oder ihrem Umkreis erwarten und sehen wollen.

Wenn also mein Onkel bei der Montage immer wieder einmal selbst Hand anlegte oder als einer der ersten frühmorgens in die Firma kam, dann war das Führung von Mitarbeiterinnen und Mitarbeitern – Führung durch ein positives Beispiel, das seine Mitarbeiter gerne nachahmten. Die Kehrseite dieser Einsicht besteht darin, dass ein schlechtes Beispiel zu geben – etwa sich für „niedere Arbeiten" zu gut zu sein – negative Auswirkungen auf den Arbeitseinsatz und die Motivation von Untergebenen hat.

Menschen verhalten sich gerne so wie andere Personen, die in ihrem Leben wichtig sind. Dieser Hang zur Nachahmung macht Führungsverhalten in Unternehmen so bedeutsam. Wenn Führungspersonen erwünschtes Verhalten selbst vorleben, steigt die Wahrscheinlichkeit, dass weitere Personen in einem Unternehmen dieses Verhalten nachahmen.

Abschnitt VI
Fairness und Vertrauen

23

Vertrauen als zentraler Produktionsfaktor

Vertrauen ist ein wichtiges Gut, nicht nur in zwischenmenschlichen Beziehungen, sondern auch für die Produktivität von Unternehmen oder das Wachstum von Volkswirtschaften. Die wirtschaftliche Bedeutung von Vertrauen ergibt sich daraus, dass die meisten Verträge sogenannte „unvollständige" Verträge sind und nicht alles regeln.

Was würden Sie auf folgende Frage antworten? „Im Allgemeinen gesprochen: Würden Sie sagen, dass man den meisten Leuten vertrauen kann oder dass man gar nicht vorsichtig genug im Umgang mit anderen Leuten sein kann?" Zugegeben, die Frage ist etwas vage formuliert. Trotzdem können die meisten Menschen die Frage verstehen und für sich beantworten. Und wie sie sie beantworten, hat viel mit Wirtschaft und Wohlstand zu tun.

Aber der Reihe nach. Die eingangs gestellte Frage stammt aus dem sogenannten „World Value Survey", der in verschiedenen Ländern die Einstellungen hinsichtlich sozialer, moralischer oder politischer Werte abfragt. Vor ungefähr 25 Jahren veröffentlichten Stephen Knack und Philipp Keefer von der Weltbank einen Aufsatz, der die Bedeutung von Vertrauen als einem „weichen" Produktionsfaktor nachwies. Anhand von Daten aus 29 Industriestaaten konnten die Autoren zeigen, dass das durchschnittliche Wirtschaftswachstum in einem Staat umso höher war, je häufiger seine Einwohner im World Value Survey der Aussage zustimmten, dass man im Allgemeinen den meisten Menschen vertrauen kann. Dieses Ergebnis blieb auch bestehen, wenn man eine ganze Reihe von anderen wichtigen Variablen berücksichtigte (wie zum Beispiel den Ausbildungsstand oder die Inflationsrate). Warum aber sollte Vertrauen wichtig für das Wirtschaftswachstum und damit den Wohlstand sein?

Ein paar alltägliche Situationen können veranschaulichen, warum das so ist. Mein bereits erwähnter Onkel erzählte mir (als jungem Burschen) auf Wanderungen manchmal von Geschäftspartnern, denen er Handschlagqualität attestierte. Beim Abschluss eines Geschäfts mit diesen Partnern würde er sich auf deren Wort bzw. Handschlag verlassen und darauf vertrauen, dass der andere seinen Teil der Abmachung einhalten würde. Und er sei damit (fast) immer gut gefahren, weil ihm diese Vorgehensweise eine Menge an Verhandlungsrunden und juristischem Papierkram ersparte. Die Transaktionskosten – in volkswirtschaftlicher Sprache – waren also gering und die Geschäftsabschlüsse effizient.

Ein anderes Beispiel für die Bedeutung von Vertrauen liefern Arbeitsverträge. Das mag auf den ersten Blick überraschend klingen, denkt man doch häufig, dass Arbeitsverträge die wechselseitigen Rechte und Pflichten genau regeln und Vertrauen als zusätzliche Komponente nicht notwendig wäre. Die meisten Arbeitsverträge sind aber das, was Ökonomen als „unvollständige Verträge" bezeichnen. Normalerweise sind die Eckpunkte in einem Vertrag enthalten – wo man arbeitet, in welcher Funktion und mit welchem Gehalt –, aber die Details fehlen meist. Im akademischen Bereich wird zum

Beispiel in Arbeitsverträgen niemals spezifiziert, wie man seine Forschung durchführen soll, wie viel Arbeit man in einzelne Projekte stecken und ob man sie auf Tagungen vorstellen muss. Diese Komponenten spielen aber eine große Rolle dafür, ob sich Forschungsprojekte mehr oder weniger gut publizieren lassen, wovon wiederum die Reputation der betreffenden Universität abhängt. Die Universität vertraut also darauf, dass gewissenhafte und anspruchsvolle Forschung gemacht wird.

Unvollständige Verträge sind aber keinesfalls nur in der akademischen Welt anzutreffen. Beispielsweise sind auch Managementaufgaben beim Führen einer Abteilung nur schwer bzw. gar nicht in Arbeitsverträgen erfassbar, weil die Aufgaben zu komplex sind. Dass das Arbeitsverhältnis aber nicht auf Punkt und Komma reglementiert wird, stellt zum einen einen Vertrauensvorschuss dar, dass die betreffende Person ihre Aufgaben richtig machen wird, und zum anderen erhöht ein größerer Handlungsspielraum durch weniger Reglementierung in der Regel die Arbeitsmotivation.

Vertrauen ist also wichtig und kann das Miteinander, auch in Unternehmen, effizienter machen. Was wissen wir darüber, wie sich Vertrauen im Laufe des Lebens entwickelt? Darüber habe ich vor einigen Jahren mit Martin Kocher eine Studie verfasst. Konkret ließen wir über 600 Personen aus Vorarlberg, Tirol und Salzburg, die zwischen acht und 88 Jahren alt waren, an einem experimentellen Vertrauensspiel teilnehmen. In diesem Spiel bekommt die erste Person 10 Euro als Ausstattung. Davon kann sie einen beliebigen Betrag an eine zweite Person (ohne Ausstattung) senden. Jeder gesendete Euro wird verdreifacht. Die zweite Person kann dann entscheiden, ob sie vom verdreifachten Betrag etwas zurückgeben soll. Die Rückgabe wird nicht mehr verdreifacht. Wenn zum Beispiel die erste Person alle 10 Euro sendet, erhält die zweite Person 30 Euro und kann dann etwa 15 Euro zurücksenden, sodass beide am Schluss 15 Euro haben. Die erste Person muss aber darauf vertrauen, dass die zweite Person auch wirklich etwas zurückgibt. Wenn die erste Person kein Vertrauen in die zweite Person hat, dann sollte sie besser die 10 Euro behalten, wodurch die zweite Person leer ausginge. Der durchschnittlich gesendete Betrag misst also das Vertrauen. Martin Kocher und ich fanden heraus, dass dieser Betrag im Alter von acht bis ca. 20 Jahren fast linear ansteigt. Die jüngsten Studienteilnehmer sendeten lediglich 2 Euro im Schnitt. Mit zunehmendem Alter stieg dieser Betrag kontinuierlich auf ca. 6,60 Euro im Erwachsenenalter an, blieb über das Erwachsenenalter konstant und fiel bei Pensionisten wieder leicht auf knapp über 5 Euro ab.

Vertrauen wächst also im Laufe der Jugend, erreicht mit Beginn des Erwachsenenalters seinen Höhepunkt und bleibt dann sehr lange konstant. Alle volkswirtschaftlichen Studien zeigen, dass das eine gute Nachricht ist, weil ein hohes Maß an Vertrauen nicht nur im zwischenmenschlichen Bereich, sondern auch in Unternehmen und für den Wohlstand einer Gesellschaft wichtig ist. Mit dem Lebensalter stieg auch die Vertrauenswürdigkeit, die etwa für den Umgang mit Kunden, aber auch innerhalb von Unternehmen, bedeutsam ist, wie Kapitel 12 zeigen konnte.

In Unternehmen kann nicht jeder Arbeitsschritt oder jede Entscheidung von Mitarbeitern kontrolliert werden. Vertrauen ist deshalb für eine effiziente Zusammenarbeit sehr wichtig. Das Ausmaß von Vertrauen in einer Gesellschaft korreliert daher mit ihrem Wohlstand.

24

Vertrauen ist gut, Kontrolle ist besser? Neue Einsichten zu einem alten Problem

Viele Tätigkeiten in Unternehmen sind in vertraglicher Hinsicht nur sehr grob geregelt. Es wäre sehr schwierig und mit hohen Kontrollkosten verbunden, wenn man jeden Arbeitsschritt eines Arbeitnehmers regeln wollte. Es braucht also Vertrauen in Arbeitnehmer, dass sie ihre Tätigkeiten im Sinne des Unternehmens ausüben. Trotzdem hat Kontrolle eine – auf den ersten Blick allerdings überraschende – Bedeutung.

Im Zuge meiner Forscherkarriere hatte ich das Glück, dass meine Arbeitgeber – etwa die Universitäten in Innsbruck oder Köln oder die Max-Planck-Gesellschaft – mir immer einen großen Vertrauensvorschuss entgegenbrachten. Kein Arbeitsvertrag hat je exakt geregelt, wie viel Forschungsoutput von mir erwartet würde. Lediglich das Ausmaß meiner Lehrverpflichtung war jeweils klar geregelt, allerdings nur der Umfang, nicht die Qualität der Lehre oder etwa, wie viel Vorbereitungszeit ich investieren oder wie schnell ich auf Studentenanfragen reagieren sollte. Die Arbeitsverträge haben also für mich einen großen Freiraum geschaffen, innerhalb dessen ich selbst entscheiden durfte, wie ich die vorgesehenen Tätigkeiten ausüben würde. Dass dieser Freiraum nicht gänzlich ohne eine gewisse Kontrolle durch den Arbeitgeber gewährt wurde, zeigte sich in diversen Evaluierungen meiner Forschungs- und Lehrtätigkeit, in denen ich Rechenschaft über vergangene Zeiträume ablegen musste. Ich habe das allerdings niemals als Kontrolle wahrgenommen, sondern als legitimes Anliegen des Arbeitgebers, dass ich aus den mir gewährten Freiräumen auch etwas machen sollte (wovon dann ja hoffentlich auch die Reputation meiner Forschungsinstitution profitiert hat). Das mir entgegengebrachte Vertrauen schuf also große Anreize, dafür „etwas zurückzugeben", sich für den Arbeitgeber auch anzustrengen, insbesondere da die Arbeitsbedingungen kein Klima der Kontrolle erzeugten.

Werden Arbeitgeber als zu stark kontrollierend wahrgenommen, kann das die Leistungsbereitschaft massiv beeinträchtigen. Dennoch spielt die Möglichkeit der Kontrolle eine große Rolle, wenn es um Vertrauen und Leistung geht, wie zwei der weltweiten Vorreiter der Verhaltensökonomie, Ernst Fehr von der Universität Zürich und John List von der University of Chicago, zeigen konnten.

Fehr und List untersuchten, wie sich Kontrollmöglichkeiten von Arbeitgebern auf die Leistungsbereitschaft von Arbeitnehmern auswirken. Die Studie führten sie mit Studenten und Vorstandsvorsitzenden (aus der Kaffeeindustrie) in Costa Rica durch. Diese Personen konnten in einer experimentellen Laborstudie in der Rolle eines Arbeitgebers oder Arbeitnehmers agieren. Als Arbeitgeber konnte man dem Arbeitnehmer einen bestimmten Lohn anbieten und der Arbeitnehmer konnte dann mit mehr oder weniger Arbeitsleistung zurückzahlen. Die Arbeitgeber machten zuerst ihr Lohnangebot und konnten dabei auch eine gewünschte Arbeitsleistung angeben – die als minimale erwartete Arbeitsleistung verstanden werden konnte. Die Arbeitnehmer wurden dann über den Lohn und die gewünschte Arbeitsleistung informiert. Auf dieser Basis konnten sie dann selbst ihre Arbeitsleistung wählen.

Fehr und List führten zwei unterschiedliche Bedingungen ein. Die eine Bedingung – nennen wir sie „Grundbedingung" – entspricht genau dem Ablauf, wie er im vorigen Absatz beschrieben wurde. Die andere Bedingung fügte noch ein kleines, aber entscheidendes Detail hinzu. In dieser anderen Bedingung – nennen wir sie „Kontrollbedingung" – konnte der Arbeitgeber wählen, ob dem Arbeitnehmer etwas vom Lohn abgezogen werden sollte, wenn der Arbeitnehmer weniger als die gewünschte Arbeitsleistung erbringt. Der Arbeitnehmer wusste über diese Möglichkeit des Arbeitgebers Bescheid und wurde immer informiert, ob der Arbeitgeber von dieser Abzugsmöglichkeit Gebrauch machen will oder nicht. Die Kontrollbedingung macht also Kontrolle durch den Arbeitgeber zwar möglich, aber der Arbeitgeber muss die Möglichkeit nicht in Anspruch nehmen. Letzteres kann dann als Vertrauenssignal gegenüber dem Arbeitnehmer interpretiert werden, wenn ein Arbeitgeber nicht kleinlich auf Kontrolle besteht.

Die Ergebnisse zeigen sehr deutlich, dass Vertrauen wichtig ist, dass die Kontrollmöglichkeit aber einen zusätzlich positiven Effekt hat. Konkret erbrachten die Arbeitnehmer in dieser Studie die höchste Arbeitsleistung in der Kontrollbedingung, wenn die Arbeitgeber auf den möglichen Lohnabzug von vornherein verzichteten. Trotz Kontrollmöglichkeiten darauf zu verzichten hatte also den stärksten Effekt. Die geringste Arbeitsleistung lag vor, wenn die Arbeitgeber auf dem möglichen Lohnabzug bestanden. Das Ausüben von Kontrolle und damit das geringere Ausmaß an Vertrauen wirkten negativ auf die Arbeitsmotivation der Arbeitnehmer. Die Arbeitsleistung in der Grundbedingung – in der kein

Lohnabzug, also keine Kontrolle der gewünschten Arbeitsleistung möglich war – lag genau in der Mitte der beiden anderen Fälle.

Auf die Frage, ob Vertrauen gut, Kontrolle aber besser wäre, gibt es also keine einfache Antwort. Kontrollmöglichkeiten können offenbar gut sein, aber sie sollten vorsichtig wahrgenommen werden, um nicht ein negatives Signal an Arbeitnehmer zu senden.

Dieser Zusammenhang war den CEOs – also den Vorstandsvorsitzenden – sehr viel klarer bewusst als den Studenten in der Studie von Fehr und List. CEOs verzichteten viel häufiger auf die tatsächliche Kontrolle, als Studenten das taten. Offenbar wissen CEOs besser, dass Arbeitnehmer engmaschige Kontrolle als demotivierend empfinden. Gleichzeitig wissen sie aber auch besser, dass es ein gewisses Maß an Kontrollmöglichkeiten braucht. Außerdem ist es CEOs eher als Studenten bewusst, dass man Arbeitnehmern ein gewisses Maß an Vertrauen entgegenbringen muss. Die CEOs offerieren im Experiment deutlich höhere Löhne als die Studenten, was die jeweiligen Arbeitnehmer mit einer höheren Arbeitsleistung belohnen. Ein Vertrauensvorschuss gegenüber Arbeitnehmern zahlt sich im Regelfall aus.

Ein gewisses Maß an Kontrolle ist für Arbeitsbeziehungen nicht schädlich. Kontrollmechanismen zerstören Vertrauen nur dann, wenn sie permanent angewendet werden. Wenn man allerdings trotz Kontrollmöglichkeiten jemandem einen Vertrauensvorschuss gewährt, erhöht das das wechselseitige Vertrauen.

25

Produktivität von Arbeitnehmern und Fairness von Arbeitgebern

Die Produktivität von Mitarbeiterinnen ist ein Kernelement des Erfolgs von Firmen. Lohnsysteme zielen häufig darauf ab, durch Bonussysteme oder durch Lohnsteigerungen die Produktivität zu erhöhen. Dabei wird oft übersehen, dass die Produktivität auch davon abhängt, wie andere Mitarbeiter behandelt werden. Das kann ein kostspieliger Fehler von Firmen sein.

Susanne sitzt an ihrem Schreibtisch, einen Zettel mit einer endlos langen Liste von Telefonnummern vor sich und das Telefon am Ohr. Gerade versucht sie, eine Person in der Leitung zu einem Interview zu überreden. Die Arbeit im Call-Center ist nicht gerade aufregend, aber in diesem Fall ordentlich bezahlt. Susanne bekommt einen fixen Betrag, unabhängig davon, wie viele Interviews sie letztlich führen kann. Das ist angenehm und vermindert den Arbeitsdruck. Die Arbeitszeiten sind flexibel und die Büros befinden sich in zentraler Lage. Gerne hätte Susanne diese Arbeit länger gemacht, weil sie ein nettes Zubrot neben ihrem Studium ermöglicht. Leider aber ist nach zwei Halbtagen Schluss, weil dann die Befragungen abgeschlossen sein werden.

In einer aktuellen Forschungsarbeit habe ich gemeinsam mit Matthias Heinz, Sabrina Jeworrek, Vanessa Mertins und Heiner Schumacher tatsächlich ein Call-Center gemietet, ca. 200 Personen für zwei Halbtage eingestellt und sie Telefoninterviews durchführen lassen. Dabei untersuchten wir die Einflussfaktoren auf die Arbeitsproduktivität von Mitarbeitern. Konkret interessierte uns die Frage, wie die Arbeitsproduktivität von Mitarbeitern von fairem oder unfairem Verhalten des Arbeitgebers beeinflusst wird. Jedoch stand nicht die Auswirkung fairen oder unfairen Verhaltens gegenüber dem betreffenden Mitarbeiter im Zentrum unserer Fragestellung. Das wäre eine relativ triviale Forschungsfrage. Wenn ein Arbeitgeber einen Mitarbeiter unfair behandelt, dann verringert das üblicherweise dessen Arbeitsproduktivität, weil ein Mitarbeiter unter solchen Umständen eher „Dienst nach Vorschrift" macht und die intrinsische Arbeitsmotivation abnimmt. Uns interessierte die Frage, ob die Produktivität eines Mitarbeiters auch darunter leidet, wenn andere Mitarbeiter vom Arbeitgeber unfair behandelt werden. Diese Frage ist spannend, weil sie untersucht, ob ein faires Verhalten gegenüber einer Gruppe von Personen eine Auswirkung auf die Arbeitsleistung einer anderen Gruppe von Personen haben kann.

Um das Eingangsbeispiel aus dem Call-Center fortzuführen: Vor ihrem zweiten Arbeitshalbtag erhält Susanne von uns Arbeitgebern die Nachricht, dass wir aufgrund von Budgetgründen 20 % der bestehenden Mitarbeiter zufällig ausgewählt und gekündigt haben. Diese Mitteilung hat keinerlei Auswirkung auf Susanne selbst: Ihr Lohn (für den zweiten Halbtag) ist fix; die Arbeitsbedingungen sind dieselben geblieben; sie kennt niemanden von den entlassenen Personen, weil alle in komfortablen Einzelbüros arbeiten, und nach dem zweiten Arbeitshalbtag gibt es keine weitere Anstellung in diesem Call-Center für sie. Mit anderen Worten: Die zufällige Kündigung anderer Mitarbeiter bringt keinerlei materielle Nachteile für Susanne. Und doch: Ist eine als unfair empfundene Kündigung anderer Mitarbeiter erheblich für Susannes Produktivität? Führt sie weniger Interviews als Reaktion auf die Information der Entlassung anderer? Verbringt sie weniger Zeit am Telefon?

Die von uns vorgenommenen Kündigungen waren absichtlich zufällig. Wenn sachlich nachvollziehbare Gründe zu einer Kündigung führen, dann sind solche Kündigungen vermittelbar. Beispielsweise erachten es die meisten Menschen als fair, wenn die besten Mitarbeiter ihre Stelle behalten können, die schlechtesten aber gekündigt werden (was vor allem für Tätigkeiten gilt, in denen die Arbeitsleistung relativ eindeutig gemessen werden kann – wie in unserem Call-Center die Zahl der Anrufe und Interviews). Zufall als Kriterium für Kündigungen gilt aber als sehr unfair. Befragungen unter unseren Call-Center-Mitarbeitern bestätigen diese Einschätzung. Deshalb konnten wir dann untersuchen, ob ein unfaires Arbeitgeberverhalten auf die verbliebenen Mitarbeiter einen Einfluss hatte. Tatsächlich fanden wir einen deutlich messbaren Effekt.

Im Vergleich mit einer Kontrollgruppe, in der es keine Kündigungen gab, ging die Produktivität am zweiten Arbeitshalbtag im Schnitt um 11 % zurück bei der Gruppe von Mitarbeitern, in deren Schichten 20 % der Mitarbeiter zufällig gekündigt worden waren. Wir hatten auch eine zweite Kontrollgruppe, in der ebenfalls 20 % Kündigungen ausgesprochen, diese aber nicht als unfair wahrgenommen wurden. Dort blieb die Produktivität im Vergleich zur Kontrollgruppe konstant, was bedeutet, dass unfaire Kündigungen anderer zu einem starken Produktivitätsrückgang führen, nicht aber schon Kündigungen für sich allein genommen. Mitarbeiter reagieren also auf ein als unfair wahrgenommenes Verhalten gegenüber anderen Mitarbeitern.

Die Bedeutung dieser Einsicht zeigt sich auch durch folgenden Vergleich: Andere Studien haben gezeigt, dass die Arbeitsproduktivität eines Mitarbeiters um ca. 10 % sinkt, wenn sein Lohn gekürzt wird, wenn dieser Mitarbeiter also direkt von einer Maßnahme des Arbeitgebers betroffen ist. Unsere Ergebnisse zeigen, dass ähnliche Produktivitätseinbußen eintreten können, wenn ein Mitarbeiter gar nicht selbst betroffen ist, sondern lediglich unfaires Verhalten des Arbeitgebers gegenüber anderen Mitarbeitern wahrnimmt.

Fairness am Arbeitsplatz ist also wichtig und es wäre ein kostspieliger Irrtum von Arbeitgebern, wenn sie das ignorieren würden.

Menschen kümmern sich nicht nur um sich selbst. Daraus folgt, dass es auch in Unternehmen für das Verhalten und die Arbeitsleistung einzelner Personen wichtig ist, wie andere im Unternehmen behandelt werden. Unfaires Verhalten von Arbeitgebern hat negative Auswirkungen auf die Motivation und Produktivität von Arbeitnehmern, selbst wenn diese vom unfairen Verhalten gar nicht direkt betroffen sind.

26

Fairness und die Zahlungsmoral

Viele Unternehmen oder öffentliche Institutionen leiden unter Kunden, die ihre Rechnungen nicht pünktlich begleichen. Der Administrations- und Kontrollaufwand ist mitunter enorm, sodass nach Mitteln gesucht wird, wie man die Zahlungsmoral von Kunden kostengünstig verbessern kann. Nudging durch einen Appell an Fairness ist ein solches Mittel.

Wolfram Rosenberger, selbst ein hervorragender Musiker, ist Direktor der Musikschule Innsbruck. Diese Schule unterrichtet ca. 3000 Kinder und Jugendliche in ihrer Freizeit in diversen Fächern, die praktisch alle Instrumentengattungen, aber auch Chorgesang oder Volksmusik umfassen. Während die Musikschule von der Stadt Innsbruck getragen und im Wesentlichen finanziert wird, müssen die Eltern der Musikschüler einen Beitrag zu den Kosten des Unterrichts leisten, da die musikalische Ausbildung häufig als Einzelunterricht stattfindet und dementsprechend personal- und kostenintensiv ist. Daher erhalten die Eltern zweimal im Jahr eine Rechnung über einen Kostenbeitrag, der jeweils innerhalb von zwei Wochen einzuzahlen ist. In der Regel zahlen zwischen 40 % und 50 % der Eltern die Rechnung innerhalb der angegebenen Frist. Wer innerhalb von zwei Wochen keine Einzahlung leistet, erhält ein Erinnerungsschreiben. Sofern auf diese Erinnerung nicht reagiert wird, erfolgt eine Mahnung, die bei mehrmaliger Missachtung im Extremfall zum Ausschluss eines Musikschülers vom Unterricht führen kann. Die Erinnerungen und Mahnungen verursachen einen erheblichen administrativen Aufwand und der Ausschluss vom Unterricht als ultima ratio wird äußerst ungern angewendet, da das Ziel der Musikschule darin besteht, möglichst vielen Kindern und Jugendlichen die Musik nahezubringen und ihnen eine musikalische Ausbildung zu ermöglichen. Es liegt also nicht im Interesse der Musikschule, durch harte Sanktionen die Einhaltung der Zahlungsfrist zu erzwingen. Gleichzeitig aber ist ein höherer Anteil pünktlicher Einzahlungen von betriebswirtschaftlichem Vorteil für die Musikschule. Wie aber bekommt man die Eltern freiwillig dazu, pünktlicher zu bezahlen, ohne ihnen mit Mahngebühren oder dem Ausschluss ihres Kindes vom Unterricht zu drohen und diese Drohungen bei Zahlungsverzug auch noch zu exekutieren?

Analoge Fragen beschäftigen auch viele Unternehmen, die mit säumigen Kunden zu kämpfen haben. Ein hartes Vorgehen bei Zahlungsverzug kann die Kundenbeziehung dauerhaft beschädigen, was insbesondere in Branchen von Bedeutung ist, bei denen Kunden regelmäßig bestimmte Güter kaufen. Hier muss also genau abgewogen werden, ob man für eine bessere Zahlungsmoral der Kunden eine gute Beziehung zwischen Verkäufern und Kunden aufs Spiel setzen möchte. Trotzdem ist es aus wirtschaftlicher Sicht (vor allem für den Cash-Flow) für ein Unternehmen wichtig, dass ausstehende Rechnungen pünktlich bezahlt werden. Das gilt nicht nur für private Unternehmen, sondern auch für öffentliche Institutionen, wie etwa die Finanzbehörde eines Staates, die die Steuerschulden der Bürgerinnen und Bürger eintreiben möchte. Finanzbehörden rund um den Globus haben deshalb in jüngster Vergangenheit mithilfe von „Nudging" versucht, die Zahlungsmoral zu verbessern.

Nudging bedeutet, den Menschen einen Schubs zu geben, um ihr Verhalten in eine bestimmte Richtung zu verändern (siehe auch Kapitel 9). Um nochmal auf das Beispiel bei der britischen Steuerbehörde zurückzukommen. Diese hat in Briefen mit Steuervorschreibungen den Satz „Wir möchten Sie darauf hinweisen, dass neun von zehn Bürgern ihre Steuervorschreibung pünktlich einzahlen." hinzugefügt. Dieser kurze Satz führte dazu, dass die Empfänger des Schreibens häufiger ihre Steuerschuld pünktlich beglichen als jene Bürger, die das übliche Schreiben ohne diesen Satz erhalten hatten. Warum ist das so? Der eingefügte Satz gibt erstens eine Information preis – wie viele Bürger zahlen ihre Steuern pünktlich – und zweitens appelliert er an eine soziale Norm – dass es nämlich offenbar „normal" und fair ist, dass man seine Steuern pünktlich bezahlt. Der Appell an die soziale Norm ist dabei der eigentliche „Nudge". Menschen wählen häufig am liebsten jene Handlungen, die auch ein Großteil der Menschen um sie herum wählen.

Meine Tochter Charlotte Sutter, die mehrere Kurse an der Musikschule Innsbruck besucht, und Wolfram Rosenberger entwickelten für die Musikschule einen anderen Nudge. Dabei sollte den Eltern bewusster werden, dass sie mit der Einzahlung des Schulgelds etwas Positives für ihr Kind taten. Mit dem Schulgeld würde schließlich die musikalische Ausbildung ihres Kindes ermöglicht. Da wäre es nur fair, den finanziellen Beitrag pünktlich zu bezahlen. Die Musikschule legte also bei einem Teil der Eltern einen gelben Begleitzettel zu der üblichen Rechnung, der wie folgt aussah und von Charlotte Sutter entworfen wurde.

Danke, dass Sie Ihrem Kind eine musikalische Ausbildung ermöglichen!

Diese Beilage erhöhte den Anteil pünktlicher Einzahlung des Schulgelds von 48 % ohne Beilage auf 54 % mit Beilage. Das entspricht einer Steigerung der pünktlichen Einzahlungen um 12 % (gemessen am Ausgangsniveau von 48 %). „Wie du mir, so ich dir" gilt also auch bei Kundenbeziehungen. Oder mit anderen Worten: Wie man in den Wald hineinruft, so schallt es heraus. Das positive Echo war übrigens sogar ein halbes Jahr später noch wahrnehmbar. Obwohl bei der Versendung der nächsten Vorschreibung etwa sechs Monate später keine Beilage enthalten war, blieb die Zahlungsmoral höher in jener Gruppe, die davor eine Beilage bekommen hatte (in der 52 % pünktlich einzahlten), als in der anderen Gruppe ohne Beilage (47 %). Positive Kundenbeziehungen, die auf Fairness aufbauen, können also auch längerfristig positive Effekte haben.

Das alte Sprichwort „Wie du mir, so ich dir" bringt zum Ausdruck, was Verhaltensökonomen als Reziprozität bezeichnen. Es gilt auch für Beziehungen zwischen Unternehmen und ihren Kunden. Beispielsweise verbessert Fairness gegenüber dem Kunden die Pünktlichkeit, mit der Rechnungen bezahlt werden.

Abschnitt VII
Produktivität

27

Auf den Blickwinkel kommt es an: Wie man die Produktivität in Unternehmen steigern, aber auch das Gegenteil bewirken kann

Der Erfolg von Unternehmen hängt von der Motivation der Mitarbeiter ab, ihre Arbeit zügig und gut zu erledigen. Im Falle einer Entlohnung mit fixen Löhnen mag es aber Anreize geben, sich nicht allzu stark anzustrengen, um einen gemütlicheren Arbeitsalltag zu haben. Soziale Normen helfen dabei, die Produktivität selbst in solchen Fällen hoch zu halten.

Endlich Wochenende, denkt sich Caroline. Noch schnell die Wochenendeinkäufe im Supermarkt erledigen und dann den Nachmittag mit Freunden in der freien Natur genießen. Jetzt steht sie im Supermarkt, hat alles Nötige im Wagen verstaut und steuert auf die Kassen zu. Wie immer samstags haben sich lange Schlangen davor gebildet. Sie wählt die vermeintlich kürzeste aus, an der ein junger Mann als Kassierer arbeitet. Es geht eher langsam voran. An anderen Kassen kommen die Kunden deutlich schneller vorwärts. So etwas passiert Caroline nicht zum ersten Mal und immer wieder ärgert sie sich dann darüber, dass sie die falsche Kasse gewählt hat. Abgesehen davon, dass sie in ihrer Wahrnehmung immer Pech hat, fragt sie sich auch, warum denn die verschiedenen Kassierer nicht gleich schnell sein können und ob deren Arbeitsgeschwindigkeit nicht erhöht werden könnte.

Diese Fragen stellt sich die Leiterin des Supermarkts auch, und nicht nur sie. Die Frage, wie man die Arbeitsproduktivität steigern kann, ist von grundlegender Bedeutung für Unternehmen. Zwar ist es völlig natürlich, dass nicht alle Mitarbeiter gleich produktiv sind. Dennoch mag es Mittel und Wege geben, die Arbeitsproduktivität von Mitarbeitern zu erhöhen. Ob und warum so etwas gelingen kann, ist auch eine Frage in der verhaltensökonomischen Organisationsforschung.

Alexandre Mas und Enrico Moretti von der University of California in Berkeley analysierten Daten einer großen italienischen Supermarktkette. Dabei untersuchten sie die Arbeitsleistungen von Kassiererinnen und Kassierern. Dazu erhoben sie für 394 Personen, die an einer der Supermarktkassen im Zeitraum von 2003 bis 2006 arbeiteten, die Anzahl von gescannten Produkten in Intervallen von jeweils zehn Minuten. Für jedes dieser Intervalle war exakt bekannt, welche Personen an welchen Kassen saßen. Wie in vielen Supermärkten üblich, sitzen die Kassierer in diesen Supermärkten im rechten Winkel zum Förderband bzw. zur Schlange der Kunden. Das bedeutet, dass etwa die Person an der ersten Kasse ganz links in gerader Linie zu den Kassen 2 und 3 und so weiter sehen kann. Zwar sieht die Person an Kasse 1 dann nur den Rücken der vor ihr sitzenden Kassierer, kann aber leicht sehen, wie zügig diese Kassierer arbeiten. Die Kassiererin an der Kasse 2 hat dann die Kasse 1 im Rücken, kann sie also nicht sehen – außer sie würde sich umdrehen, was bei Kunden an der Kasse kaum möglich ist –, aber die Kassen 3 und 4 und alle weiteren kann die Person an Kasse 2 vor sich sehen. Und so weiter bis zum letzten Kassierer, der alle anderen Kassen in seinem Rücken hat und damit deren Geschwindigkeit nicht sehen kann.

Kann in einer solchen Arbeitsumgebung die Sitzordnung der Kassierer für die Produktivität bedeutsam sein? Auf den ersten Blick würde man denken, dass jeder einfach so schnell arbeitet, wie er oder sie das kann, unabhängig davon, wen man im Rücken oder vor sich hat. Das ist aber nicht der Fall. Die Studie von Mas und Moretti zeigt deutlich, dass es eine Rolle spielt, wie die Kassierer angeordnet sind und wen man in seinem Blickfeld hat. Dass das überhaupt eine Rolle spielen kann, setzt voraus, dass nicht alle Kassierer gleich schnell arbeiten, also gleich viele Scans pro Minute schaffen. Die 10 % besten Kassiererinnen waren im Schnitt ungefähr 30 % schneller als die 10 % langsamsten Kassierer. Die Produktivität eines Kassierers hing allerdings stark davon ab, wen er in seinem Rücken hatte, nicht aber davon, wen er selbst sah. Angenommen, an Kasse 1 sitzt die schnellste Person, die direkt vor sich den Kassierer 2 sieht. Kassierer 2 weiß also, dass seine Geschwindigkeit unmittelbar von Kassierer 1 beobachtet werden kann. Die Schätzungen von Mas und Moretti legen nahe, dass dann Kassierer 2 fast 2 % schneller als sonst wird, wenn der Kassierer 1 hinter ihm ungefähr 10 % schneller als er ist. Einen produktiven Mitarbeiter im Rücken zu haben, macht die Kassierer also schneller; nicht wirklich gleich schnell, weil es einfach individuelle Unterschiede gibt, aber es kommt zu einer Annäherung der Geschwindigkeit und damit Produktivität. Interessanterweise spielt es für die Produktivität von Kassierer 2 keine Rolle, wie schnell die Kassiererinnen 3 und 4 sind, weil diese ihn nicht sehen können. Jedoch hängt deren Produktivität wiederum von jener von Kassierer 2 ab. Der Einfluss nimmt dabei allerdings ab, je weiter weg ein Kassierer sitzt. Die Produktivität von Kassierer 10 ist beispielsweise praktisch nicht mehr davon abhängig, wie schnell Kassierer 1 ist, selbst wenn Kassierer 1 den Kassierer 10 noch sehen kann.

Was steckt hinter diesen Zusammenhängen? Wenn man von einem produktiven Mitarbeiter beobachtet werden kann, übt das soziale Kontrolle aus. Es fällt schwerer, sich weniger stark anzustrengen, weil dann die Arbeitslast auf andere verschoben würde. Das würde der produktive Mitarbeiter unmittelbar wahrnehmen, weshalb die beobachteten Kassierer sich mehr anstrengen. Bei Mas und Moretti war dieser Effekt über alle drei beobachteten Jahre hinweg stabil. Die Kehrseite davon ist, dass die Arbeitsproduktivität sinkt, wenn ein Kassierer von einem weniger produktiven Kassierer beobachtet werden kann. Dann erscheint es eher akzeptabel, sich nicht wie üblich anzustrengen. Die Anordnung der Mitarbeiter in einem solchen Umfeld hat also eine große Bedeutung für die Arbeitsproduktivität von Unternehmen.

Man spricht in der ökonomischen Literatur dabei auch von Peer-Effekten, also vom Einfluss von Personen in der nächsten (sozialen) Umgebung auf das Verhalten anderer. Solche Effekte sind nicht nur für Unternehmen wichtig, sondern treten auch in Schulen oder im Studium auf. Je bessere Mitschülerinnen oder Kommilitonen jemand hat, umso bessere Noten hat die betreffende Person. Das wiederum ist ein Grundstein für Erfolg im Beruf.

Soziale Normen beeinflussen menschliches Entscheidungsverhalten in jeder Lebenslage. Was als angemessenes Verhalten wahrgenommen wird, färbt auch auf das eigene Verhalten ab. Das gilt auch im Berufsleben. Dabei spielt es eine Rolle, ob das eigene Verhalten beobachtbar ist. Wenn das der Fall ist, passt sich die Arbeitsleistung an jene Personen an, die einen beobachten können.

28

Ein Teambonus für die Backstube

Wenn die individuelle Arbeitsleistung nur mit hohem Aufwand, wenn überhaupt, messbar ist, dann setzen Unternehmen gerne Bonuszahlungen für Teams ein. Das soll einen Anreiz setzen, dass alle Teammitglieder mehr und besser arbeiten. Funktioniert das? Das Beispiel einer deutschen Backwarenkette gibt eine Antwort auf diese Frage.

Auf seinem morgendlichen Weg ins Büro will Peter, ein Frankfurter Banker, noch schnell ein belegtes Brötchen für seine Mittagspause kaufen. Erfreut stellt er fest, dass auch heute die Schlange der Kunden in der Bäckerei nur sehr kurz ist und er damit schnell bedient werden wird. So kommt er noch rechtzeitig vor seiner Chefin ins Büro, die darauf Wert legt, dass die Mitarbeiter ihrer Abteilung schon vor ihr mit der Arbeit beginnen. Peter ist schon seit einigen Wochen aufgefallen, dass die Schlangen in der Bäckerei im Vergleich zu früher deutlich kürzer geworden sind. Dabei sieht er jeden Morgen die gleichen Gesichter. Ein Rückgang der Kunden kann also nicht der Grund für die kürzeren Schlangen sein. Mehr Personal in der Bäckerei kann er auch nicht erkennen. Anderes, vielleicht besser qualifiziertes, Personal ist es auch nicht, weil Peter die meisten Verkäufer und Verkäuferinnen schon über ein Jahr kennt, seit er bei der renommierten Bank zu arbeiten begonnen hat. Ohne sich weiter Gedanken über die Verkürzung der Wartezeiten zu machen, nimmt er sein mit Schinken und Ei belegtes Brötchen, bezahlt es und geht raschen Schrittes weiter zu seiner Bank, wo er sicher vor seiner Chefin eintreffen wird.

Mein Kölner Kollege Matthias Heinz, der sich in seiner Forschung auf personalwirtschaftliche Forschungsfragen spezialisiert hat, veröffentlichte eine viel beachtete Studie über den Einfluss von Anreizsystemen auf die Produktivität in einer Backwarenkette. Die Bäckerei hatte nach der Eröffnung von Backshops bei Aldi und Lidl mit spürbaren Umsatzeinbußen in ihren Filialen in Hessen zu kämpfen und wollte durch neue Anreize die Produktivität der Mitarbeiter und Mitarbeiterinnen in den einzelnen Filialen erhöhen. Auf Anraten von Matthias Heinz und seinen Kollegen führte die Bäckerei in der Hälfte ihrer 193 Filialen einen Teambonus für alle Mitarbeiterinnen und Mitarbeiter in der jeweiligen Filiale ein. Dies war zunächst für die Dauer von drei Monaten befristet.

Individuelle Bonuszahlungen kamen nicht in Frage, weil die Arbeitsleistung eines einzelnen Mitarbeiters in einer Filiale nicht ohne Weiteres exakt quantifizierbar ist. Deshalb wurde ein Teambonus ausbezahlt, wenn in einer Filiale bestimmte Umsatzziele erreicht wurden. Konkret gab es 100 Euro Bonus pro Filiale, wenn das monatliche Umsatzziel erfüllt oder bis zu 1 % übererfüllt wurde. Bei Übererfüllung von 1 % bis 2 % gab es 150 Euro, bei 2 % bis 3 % 200 Euro, bei 3 % bis 4 % 250 Euro und ab 4 % als maximalen Bonus 300 Euro. Der Bonus wurde an die Beschäftigten in der Filiale proportional zu ihrer Arbeitszeit ausbezahlt.

Die Bäckerei war anfangs skeptisch gewesen, weil sie fürchtete, dass ein Teambonus lediglich zu Trittbrettfahrerverhalten führen würde. Konkret wurde der Einwand erhoben, dass die fauleren Mitarbeiter zu Unrecht auf Kosten der fleißigeren Mitarbeiter von einem Teambonus profitieren würden. Der Teambonus würde dann zu einem schlechteren Arbeitsklima führen, weil sich die fleißigeren Mitarbeiter – die vornehmlich für die Übererfüllung der Umsatzziele verantwortlich wären – von den weniger fleißigen ausgenützt fühlen und als Konsequenz ihre eigene Arbeitsleistung reduzieren würden.

Diese Sorgen waren unbegründet. Im Vergleich zu jenen 96 Filialen, in denen kein Bonussystem eingeführt wurde, erhöhten die 97 Filialen mit dem Teambonus den Umsatz um durchschnittlich 3%. Zwar erhöhte die Auszahlung des Teambonus die gesamten Arbeitskosten in der Bäckereikette um 2,3%, dennoch war die Einführung des Teambonus hoch profitabel. Für jeden Euro, der als Bonus bezahlt wurde, erwirtschaftete eine Filiale 3,80 Euro mehr Umsatz und ungefähr 2,10 Euro mehr Gewinn. Die Einführung hatte sich also wirtschaftlich ausgezahlt, und zwar so sehr, dass der Vorstand der Bäckerei nach Abschluss der dreimonatigen Probefrist das Bonusprogramm auf sämtliche 193 Filialen ausweitete.

Warum aber hatte der Teambonus so positive Auswirkungen? Befragungen der Mitarbeiterinnen und Mitarbeiter in Filialen mit oder ohne Bonus zeigten keine Unterschiede in der Arbeitszufriedenheit. Ebenso ergaben „undercover"-Einkäufe keine Unterschiede in der Freundlichkeit oder in der Häufigkeit, mit der die Mitarbeiter nach der Entgegennahme einer Bestellung fragten, ob es noch etwas sein dürfe. Eingehendere Befragungen ergaben, dass die höhere Produktivität auf eine deutlich verbesserte und kooperativere Zusammenarbeit zurückzuführen war. Durch die Einführung des Teambonus war es häufiger der Fall, dass ein Mitarbeiter die Waren ausgab und der andere kassierte, was den Verkaufsvorgang beschleunigte. Wenn zu einer bestimmten Zeit nicht viel los war, dann wurde zum Beispiel zwischendrin die Kaffeemaschine oder der Ofen gereinigt oder es wurden weitere Sandwiches und Brötchen hergestellt, um vor dem nächsten Kundenansturm, etwa in der Mittagspause, bereits die frischen Brötchen bereitliegen zu haben.

Der Teambonus hatte dazu geführt, dass alle Teammitglieder in einer Filiale stärker am selben Strang zogen und ihre Arbeitsschritte effizienter koordinierten. Das zahlte sich für die Mitarbeiterinnen und Mitarbeiter durch die Bonuszahlungen aus, war für die Kunden mit kürzeren Wartezeiten verbunden und für das Unternehmen insgesamt profitabel.

Wenn der Beitrag einzelner Teammitglieder zum Output des gesamten Teams nur ungenau gemessen werden kann, dann führen viele Unternehmen einen Teambonus ein. Der kann die Arbeitsleistung des gesamten Teams verbessern, weil er die Koordination von Arbeitsabläufen und damit die Produktivität erhöht.

29

Wie man in den Wald hineinruft ...

Diskriminierung am Arbeitsplatz kann viele Formen annehmen. Sie kann sich gegen verschiedene Gruppen richten, etwa Frauen, bestimmte Bevölkerungsgruppen oder ältere Mitarbeiter. Selbst wenn sie nur unterschwellig stattfindet und noch keineswegs strafbar ist, kann sie die Produktivität von Mitarbeitern stark beeinflussen. Überraschend ist, warum das so sein kann.

Sozialpsychologen haben einen Test entwickelt, mit dem Stereotype, Vorurteile bzw. die Tendenz zu diskriminieren gemessen werden sollen. Der sogenannte „Implizite Assoziationstest" basiert darauf, dass das menschliche Gehirn manche Begriffspaare schneller miteinander in Verbindung bringt als andere Begriffspaare. Beispielsweise werden die Paare „Frau" und „Familie" schneller miteinander assoziiert als „Mann" und „Familie". Methodisch werden diese Assoziationen normalerweise dadurch erhoben, indem Personen an einem Computer bestimmte Paarkombinationen mit bestimmten Tasten bestätigen sollen. Je schneller der richtige Tastendruck erfolgt, umso stärker sind die assoziativen Verbindungen zwischen den beiden Begriffen, die mit einer bestimmten Taste verbunden sind. Zum Beispiel werden „Frau" und „Familie" viel schneller als „Frau" und „Karriere" miteinander verbunden, was etwas über das Frauenbild in unserer Gesellschaft aussagt.

Der implizite Assoziationstest kann auch verwendet werden, um zu überprüfen, ob es im Arbeitsleben bestimmte Stereotype gegenüber bestimmten Gruppen auf dem Arbeitsmarkt gibt. In einer Studie von Amanda Pallais von der Harvard Universität wurden etwa Manager in einer großen französischen Supermarktkette mit dem impliziten Assoziationstest darauf getestet, wie sie Arbeitnehmer mit Migrationshintergrund im Hinblick auf ihre Arbeitsleistung einschätzen. Dazu sollten etwa 120 Manager der Supermarktkette französische oder nordafrikanische Vornamen mit guten oder schlechten Eigenschaften von Arbeitnehmern verbinden. Wenn gute Eigenschaften systematisch schneller mit französischen Vornamen verbunden würden, dann wäre der implizite Assoziationstest ein Anzeichen dafür, dass die Manager eine bestimmte Erwartungshaltung über die Arbeitsleistung von Mitarbeitern bestimmter Herkunft hätten. Tatsächlich assoziierten die Manager gute Arbeitsleistung wesentlich schneller mit französischen Namen. Ob man diesen Umstand dann als Vorurteil, Stereotyp oder gar Maß für Diskriminierung gegen nordafrikanische Mitarbeiter ansieht, ist zuerst einmal eine Frage der Begrifflichkeit. Aus wirtschaftlicher Sicht viel spannender ist die Frage, ob Manager mit mehr oder weniger großen Unterschieden in der Assoziationsgeschwindigkeit zwischen guter Arbeitsleistung und französischen bzw. nordafrikanischen Namen einen Einfluss auf die Arbeitsleistung der ihnen untergebenen Arbeitnehmer haben. Dann hätten die Einstellungen der Manager einen Einfluss auf die Arbeitsproduktivität der Mitarbeiter und damit auf die Profitabilität des Unternehmens.

Um dies zu messen, untersuchte Pallais mit ihren Kollegen die Arbeitsleistung von über 200 Kassierern in einer französischen Supermarktkette. Ungefähr ein Viertel der (mehrheitlich weiblichen) Kassierer hatte nordafrikanische Namen und gehörte damit zu einer Minderheit. Alle Kassierer hatten einen halbjährigen Vertrag zum Berufseinstieg erhalten. Während des ersten halben Jahres wurden ihre Arbeitszeiten vollkommen unabhängig von persönlichen Wünschen eingeteilt. Während eines Arbeitstages war es deshalb im Wesentlichen zufällig, mit welchem Kassenmanager, der die Aufsicht über alle Kassen führt, es ein Kassierer zu tun hatte. Manager, die nordafrikanische Namen eher mit schlechter Arbeitsleistung im impliziten Assoziationstest verbanden, hatten einen erheblichen Einfluss auf die Arbeitsproduktivität der Minderheitengruppe. Kassierer mit nordafrikanischen Namen blieben um 50 % häufiger von der Arbeit fern als jene mit französischem Namen, wenn sie an einem Arbeitstag mit einem Manager zu tun hätten, der stärkere Vorurteile hatte. Dieselben Kassierer scannten ungefähr 2 % weniger Artikel pro Minute und brauchten 4 % mehr Zeit, bis die Waren des nächsten Kunden gescannt wurden. In einer ersten Reaktion könnten diese Daten als ein Anzeichen für eine geringere Produktivität dieser Kassierer interpretiert werden. Jedoch waren die Kassierer aus der Minderheitengruppe tatsächlich produktiver (also schneller und weniger häufig abwesend) als ihre Kollegen mit den französischen Namen, wenn sie unter einem Manager Dienst versahen, der im impliziten Assoziationstest keine oder bestenfalls geringe Vorurteile erkennen ließ.

Die Einstellungen der Manager hatten also einen Einfluss auf die Arbeitsproduktivität. Aber warum? Einem ersten Impuls folgend könnte man meinen, dass Manager mit stärkeren Vorurteilen die Minderheitengruppe weniger freundlich behandelt, um mehr Überstunden gebeten oder häufiger zum Putzen (als unbeliebteste Tätigkeit) geschickt hätten. Befragungen bei den Kassierern ergaben in dieser Hinsicht aber keinen Unterschied zwischen jenen mit französischen und jenen mit nordafrikanischen Namen. Beide Gruppen fühlten sich vollkommen gleich behandelt von den jeweiligen Managern. Woher kam dann der Unterschied in der Arbeitsleistung? Es zeigte sich ein einziger großer Unterschied: Manager mit mehr Vorurteilen im impliziten Assoziationstest interagierten spürbar weniger mit der Minderheitengruppe. Mit anderen Worten, sie sprachen sie deutlich seltener an, gaben weniger Instruktionen und weniger häufig Feedback und hielten mehr Abstand zur Minderheitengruppe. Aus diesem Grund wurden die Kassierer mit den nordafrikanischen Namen sogar weniger häufig um Überstunden gebeten oder zum Putzen eingeteilt.

Eine größere Distanz von Managern zu Untergebenen hat aber nicht nur für Minderheitengruppen negative Auswirkungen auf die Produktivität, sondern auch generell. Manager, die weniger mit ihren Mitarbeitern kommunizieren, verursachen in ihren Schichten eine geringere Produktivität. Das ist für Unternehmen ein kostspieliges Problem. Auch in anderer Hinsicht hat das Management einen starken Einfluss auf die Produktivität in Unternehmen, wie das nächste Kapitel zeigt.

Das Verhältnis von Vorgesetzten zu Mitarbeitern prägt sowohl das Arbeitsklima als auch die Arbeitsleistung. Diskriminierendes Verhalten von Vorgesetzten gegenüber Mitarbeitern führt zu geringerer Arbeitsleistung, selbst wenn sich solches Verhalten nur durch weniger Kontakt zu Mitarbeitern zeigt.

30

Mission, Motivation und Produktivität

Fast alle Unternehmen geben sich heutzutage ein „Mission statement", also eine Beschreibung der eigenen Ziele. Damit soll nach innen und nach außen zum Ausdruck gebracht werden, wofür das Unternehmen steht und welche Werte es verfolgt. Arbeiten Menschen besser, wenn sie sich mit diesen Zielen und Werten identifizieren können?

Die Deutsche Bahn bezeichnet und preist sich gerne als führender globaler Mobilitätsdienstleister, der Wert auf Komfort und Pünktlichkeit legt. Als langjähriger Kunde muss ich immer ein bisschen über die hehren Ziele und hohen Ansprüche dieses Unternehmens schmunzeln. Es würde mir schon genügen, wenn ich im Zuge meines Pendelns zwischen Österreich und Deutschland pünktlich mit dem Zug an mein Ziel käme (was im Laufe der letzten Jahre immer seltener passierte). Die Mission des Unternehmens passt nach meiner Wahrnehmung überhaupt nicht zur Kundenerfahrung. Mit großer Wahrscheinlichkeit geht es den Mitarbeiterinnen und Mitarbeitern der Deutschen Bahn genau gleich. Wenn aber die offiziellen Ziele eines Unternehmens wiederholt in Konflikt mit den Realitäten geraten, dann fällt Mitarbeiterinnen und Mitarbeitern die persönliche Identifizierung mit den Unternehmenszielen immer schwerer. Das gilt selbstverständlich nicht nur für die Deutsche Bahn, sondern generell für jedes Unternehmen.

Unternehmen haben ein berechtigtes Interesse daran, dass ihre Mitarbeiterinnen und Mitarbeiter eine positive Grundhaltung gegenüber den Zielen und Werten des Unternehmens haben. Davon versprechen sich Unternehmen ein höheres Engagement und mehr Einsatz. Auf der einen Seite soll das die Arbeitszufriedenheit der Belegschaft erhöhen. Auf der anderen Seite erhoffen sich Unternehmen davon eine Erhöhung der Produktivität. Eine von Mitarbeitern akzeptierte und unterstützte Unternehmensmission hätte damit nicht nur gegenüber den Kunden eine Signalwirkung, wofür das Unternehmen stehen möchte, sondern auch einen unmittelbaren betriebswirtschaftlichen Nutzen. Letzteren unter sauberen Bedingungen zu messen und zu quantifizieren, stellt jedoch eine wissenschaftliche Herausforderung dar, die wichtige praktische Implikationen hat. Für Unternehmen ist es wichtig zu wissen, ob die Zustimmung zum eigenen Mission Statement wirklich so bedeutsam ist, weil das unmittelbare Konsequenzen für die Personalrekrutierung haben kann.

Jeffrey Carpenter vom Middlebury College in Vermont hatte eine geniale Idee, wie er messen könnte, ob die Zustimmung von Mitarbeiterinnen und Mitarbeitern zur Mission eines Arbeitgebers die Produktivität bei der Arbeit tatsächlich beeinflusst. Dazu führte Carpenter zwei Monate vor der US-amerikanischen Präsidentschaftswahl 2012 die folgende Studie durch: Studierende, die an einem geringfügigen Nebenjob interessiert waren, wurden vom Studienleiter zu ihren politischen Einstellungen und ihrer Haltung zu Barack Obama, dem demokratischen Amtsinhaber, und Mitt Romney, dem republikanischen Herausforderer, befragt. Beispielsweise mussten die Studierenden einige Fragen dazu beantworten, wessen Positionen im Wahlkampf ihnen attraktiver erschienen, wen sie wählen würden und ob sie registrierte Wähler (einer bestimmten Partei) wären.

Wenige Wochen vor der Wahl wurde den Studierenden eine kurze Arbeitstätigkeit angeboten. Dabei sollten sie für einen der beiden Kandidaten Briefe an Wähler in Ohio, einem der damals stark umkämpften Bundesstaaten, senden. Es wurde zufällig zugeteilt, wer für welchen Kandidaten Briefe bearbeiten und versenden sollte. Das bedeutete, dass manche Studierende für den Kandidaten arbeiteten, den sie selbst unterstützten, während andere aufgefordert wurden, für jenen Kandidaten Einsatz zu zeigen, den sie ablehnten. Manche konnten sich also mit der Mission ihres „Arbeitgebers" identifizierten, während andere gegenteilige Ansichten hatten.

Carpenter konnte nun zeigen, dass die Arbeitsleistung um ca. 70 % höher war, wenn ein Student für seinen präferierten Kandidaten arbeiten konnte, also mit dessen (politischer) Mission übereinstimmte, als wenn das Gegenteil der Fall war. Die höhere Produktivität zeigte sich in schnellerer, aber auch weniger fehlerhafter Arbeit. Wenn jemand für einen Kandidaten arbeiten sollte, den er ablehnte, dann arbeitete diese Person über 40 % weniger als andere Personen, die beiden Kandidaten vollkommen neutral gegenüberstanden. Das bedeutet in Summe, dass ein Unterstützer von Obama, der Briefe für Romney ausschicken musste, ungefähr nur halb so produktiv arbeitete, wie ein Unterstützer von Obama, der Briefe für Obama fertigstellte. Auch Romney-Unterstützer waren doppelt so produktiv, wenn sie für ihren Kandidaten und nicht Obama arbeiten konnten.

Die Identifizierung mit den Zielen des Arbeitgebers hat eine hohe Bedeutung für die Arbeitsmotivation von Mitarbeitern. Wenn zwischen den Zielen eines Unternehmens und den

Einstellungen der Mitarbeiter hingegen eine starke Diskrepanz besteht, dann reduziert das die Arbeitsproduktivität. Carpenter ging darum auch noch der Frage nach, ob man Arbeitsmotivation bis zu einem gewissen Grad „kaufen" kann, wenn Mitarbeiter nicht mit den Zielen des Arbeitgebers übereinstimmen. Einige Teilnehmer in seiner Studie bekamen eine fixe Entlohnung, unabhängig von ihrer Produktivität. Dabei ergaben sich die beschriebenen Ergebnisse. Eine andere Gruppe von Teilnehmern erhielt allerdings umso mehr Geld, je mehr Arbeit sie verrichteten. Dabei zeigte sich, dass jene Studenten, die für den von ihnen bevorzugten Kandidaten arbeiteten, ihre Leistung nur marginal erhöhten als Folge der zusätzlichen Bezahlung. Für sie war die Identifizierung mit den Zielen des Kandidaten offenbar schon ausreichend Motivation, um hart zu arbeiten. Ganz anders war die Situation bei den Studenten, die für den von ihnen abgelehnten Kandidaten arbeiten mussten. Wenn sie zusätzliches Geld für bessere Leistung erhielten, dann erhöhte sich ihre Arbeitsleistung spürbar, sodass sich der Unterschied zur Gruppe der Studenten, die mit ihrem Kandidaten übereinstimmte, im Vergleich zur Situation bei festen Löhnen ungefähr halbierte.

Finanzielle Anreize können also die Motivationsprobleme bei einer Diskrepanz zwischen den Zielen und Einstellungen von Mitarbeitern und Unternehmen zumindest verringern, wenn auch nicht vollständig beseitigen. Wenn Mitarbeiter hingegen mit dem Mission Statement ihres Arbeitgebers übereinstimmen, dann geht die Arbeit viel leichter von der Hand und die Produktivität ist messbar höher. Dieser Befund belegt einmal mehr, wie wichtig Personalauswahl ist.

30 Mission, Motivation und Produktivität

Immer mehr Unternehmen verschreiben sich einer bestimmten Mission und erstellen einen Katalog von Werten, denen sie sich verpflichtet fühlen. Wenn die Mitarbeiter in Unternehmen sich damit aber nicht identifizieren können, dann beeinträchtigt das die Arbeitsleistung, weil die Motivation darunter leidet.

Abschnitt VIII
Gehalt

31

Fragen Frauen nicht nach höheren Gehältern?

Männer verdienen rund um den Erdball im Schnitt mehr als Frauen. Traditionelle Erklärungen machen Ausbildungsunterschiede oder Erwerbsunterbrechungen dafür verantwortlich. Neue Erkenntnisse zeigen aber, dass es bei den Verhandlungen über das Gehalt auch Geschlechterunterschiede gibt, die zu Gehaltsdifferenzen führen können.

Jedes Jahr – meist im Frühherbst – berichten die Medien über den Equal-pay-day. Das soll jener Tag sein, anhand dessen sich ablesen lässt, wie viel Prozent eines durchschnittlichen Männergehalts Frauen in einem bestimmten Land verdienen. Dieser Prozentsatz entspricht dann der Anzahl der Tage in einem Jahr bis zum Equal-pay-day, dividiert durch die Anzahl aller Tage im Jahr, also 365. In den deutschsprachigen Ländern entspricht das durchschnittliche Jahresgehalt von Frauen ungefähr 80 % des durchschnittlichen Jahresgehalts von Männern. Auf dieser allgemeinen Ebene werden allerdings mögliche Gehaltsunterschiede nicht hinreichend berücksichtigt, die sich auf Unterschiede in der jeweiligen Ausbildung, der Länge der beruflichen Karriere, der Wochenarbeitszeit (ganz- oder halbtags) oder der Dauer von

Erwerbsunterbrechungen (etwa für die Kindererziehung) zurückführen ließen. Aber selbst wenn man diese unterschiedlichen Faktoren in Betracht zieht, verdienen Frauen für dieselbe Arbeit bei gleicher Qualifikation in der Regel weniger als Männer. Dass das unserer westlichen Vorstellung von Gerechtigkeit widerspricht, versteht sich von selbst. Um etwas an dieser Situation ändern zu können, muss man aber die möglichen Ursachen für die Gehaltsunterschiede zwischen den Geschlechtern genauer kennen.

Im Jahr 2003 wurde dazu von Linda Babcock von der Carnegie Mellon University und Sara Laschever ein sehr einflussreiches Buch veröffentlicht. Es hatte den Titel „Women don't ask: Negotiation and the gender divide". Die Kernaussage des Buchs bestand darin, dass Männer mit deutlich höherer Wahrscheinlichkeit über ihr Gehalt verhandeln wollen, wenn sie eine neue Stelle antreten, während Frauen viel häufiger den vom Arbeitgeber angebotenen Lohn einfach annehmen. Aufgrund von Befragungen von Arbeitgebern und Arbeitnehmern kamen Babcock und Laschever zu dem Ergebnis, dass Männer bei Einstellungsgesprächen vier Mal häufiger über das Gehalt verhandeln wollen als Frauen. Wer beim ersten Job nicht über das Gehalt verhandelt, würde aber auf ein Lebenseinkommen von mehr als 500 000 Dollar verzichten. Das liegt daran, dass das Gehalt bei der ersten Arbeitsstelle den Referenzpunkt für die Gehälter bei späteren Arbeitgebern setzt.

Wer beim ersten Gehalt also weniger verdient, hat davon ein Leben lang Nachteile, weil auch die Gehälter in zukünftigen Unternehmen dann im Schnitt niedriger sein werden.

Das Buch von Babcock und Laschever - so wichtig die Einsichten daraus auch waren - hatte die Nebenwirkung, dass die Gehaltsunterschiede zwischen Männern und Frauen bis zu einem gewissen Grad den Frauen selbst zugeschrieben wurden, weil sie ja nicht nach mehr Gehalt fragen würden. Das warf zwei Fragen auf: zum einen, ob Frauen wirklich nicht fragen, und zum anderen, ob bestimmte Regeln beim Einstellungsverfahren helfen könnten, Geschlechterunterschiede im Verhandlungsverhalten zu reduzieren.

Eine Studie von Andreas Leibbrandt von der Monash University in Australien und John List kann auf beide Fragen Antworten geben. Die beiden Forscher veröffentlichten Stellenangebote für administrative Tätigkeiten. Dabei mussten interessierte Arbeitssuchende zuerst ihre Kontaktdaten bekanntgeben, um dann die ausführliche Arbeitsplatzbeschreibung zu erhalten. Erst danach konnten sie sich formal bewerben. Es gab aber zwei Varianten der Arbeitsplatzbeschreibung und Arbeitssuchende sahen nur jeweils eine davon. In beiden Varianten boten die Studienautoren 17,60 Dollar pro Stunde als Lohn an. In einem Fall aber machten sie explizit darauf aufmerksam, dass der Lohn verhandelbar wäre, im anderen Fall verzichteten sie auf diesen Zusatz, wodurch es also offen blieb, ob der Lohn verhandelbar wäre oder nicht. Die Autoren interessierten sich für zwei Aspekte. Erstens, würde die Häufigkeit der Bewerbung von Männern und Frauen davon abhängen, ob der Lohn als verhandelbar bezeichnet wurde oder nicht, und würden Männer und Frauen unterschiedlich in ihren Lohnforderungen auf die beiden Varianten reagieren.

Tatsächlich zeigen sich Unterschiede. Wenn der Lohn nicht explizit als verhandelbar bezeichnet wird, bewerben sich mehr Männer als Frauen. Dieser Unterschied ist hingegen viel geringer, wenn der Lohn als verhandelbar ausgewiesen wird. Noch wichtiger aber ist das zweite Ergebnis von Leibbrandt und List. Wenn der Lohn als verhandelbar beschrieben wird, dann fragen gleich viele Frauen wie Männer nach höheren Löhnen – etwa, indem sie anmerken, dass sie eigentlich mit 20 Dollar pro Stunde rechnen würden oder dass das ihr Stundenlohn beim letzten Arbeitgeber war. In dieser Situation gibt es keinen Geschlechterunterschied in der Bereitschaft, nach einem höheren Lohn zu fragen. Als Paraphrase von Babcock und Laschever könnte man sagen: „Women do ask". Jedoch finden auch Leibbrandt und List einen großen Unterschied, wenn zum angegebenen Lohn von 17,60 Dollar pro Stunde keine Zusatzinformation gegeben wird, dass der Lohn verhandelbar wäre. Dann nämlich fragen Männer häufiger nach höheren Löhnen als Frauen und Frauen bieten häufiger als Männer an, dass sie auch für weniger als 17,60 Dollar pro Stunde arbeiten würden.

Die Ergebnisse legen einen einfachen Schluss nahe. Wenn es auf Arbeitsmärkten für Männer und Frauen klar ist, dass ein Lohn (in Grenzen) verhandelbar ist, dann gibt es keine Unterschiede in der Häufigkeit, mit der Männer und Frauen über einen (höheren) Lohn verhandeln und es wäre ein erster Schritt in Richtung Gehaltsgerechtigkeit getan. Ob dann Frauen und Männer gleich erfolgreich bei den Verhandlungen sind, ist eine andere Frage.

Es gibt vielfältige Erklärungen für den Umstand, dass Männer im Schnitt mehr verdienen als Frauen. Ein Teil der Gehaltsunterschiede kann darauf zurückgeführt werden, dass Männer bei Gehaltsverhandlungen forscher als Frauen auftreten und häufiger nach höheren Gehältern fragen. Wenn aber klar ist, dass das Gehalt Verhandlungssache ist, dann verschwinden diese Geschlechterunterschiede bei Gehaltsverhandlungen.

32

Je größer, desto mehr Gehalt?

Die Entlohnung am Arbeitsplatz hängt von vielen Faktoren ab, etwa von der Ausbildung, der bisherigen Berufserfahrung oder dem Übernehmen von Führungsverantwortung. Auch das Geschlecht spielt eine Rolle, was in der Öffentlichkeit immer wieder heftig diskutiert wird. Dass die Entlohnung ebenfalls von der Körpergröße abhängt, ist dagegen kaum bekannt.

Wenn man sich Bilder der Vorstände und Aufsichtsräte der großen deutschen DAX-Konzerne anschaut, sieht man meist relativ große Männer. Beispielsweise ist Frank Appel von der Deutschen Post ein Zweimetermann. Michael Diekmann von der Allianz ist mit ca. 1,90 m auch überdurchschnittlich groß. Von den amerikanischen Präsidenten seit dem zweiten Weltkrieg war die große Mehrheit größer als der durchschnittliche männliche Amerikaner. Generäle beim Militär haben meist auch Gardemaß. Selbst Napoleon, dem man fälschlicherweise eine kleine Statur nachsagt, soll größer als der durchschnittliche Rekrut in seinen Armeen gewesen sein.

Erfolgreiche Männer sind also häufig größer als der Durchschnitt. Aus der Arbeitsmarktforschung weiß man, dass sie im Schnitt auch deutlich mehr als kleinere Männer verdienen. Während aber auf dem Schlachtfeld Größe tatsächlich einen Vorteil darstellen kann, fragt man sich schon, warum größere Männer auch anderswo mehr verdienen sollten. Die Körpergröße eines Managers, eines IT-Fachmanns oder eines Unternehmers sollte eigentlich keine Rolle für das Gehalt spielen. Die Daten sprechen aber eine andere Sprache. Studien aus Großbritannien oder den USA zeigen, dass 10 cm größere Männer etwa 10 % mehr Gehalt pro Jahr bekommen. Umgerechnet auf ein ganzes Arbeitsleben, kommen da schnell sechs- bis siebenstellige Unterschiede im Lebenseinkommen heraus, die 10 cm mehr Körpergröße im Schnitt ausmachen können.

Andrew Postlewaite von der Universität in Pennsylvania ging mit Kollegen der Frage nach, warum Körpergröße einen positiven Einfluss auf das Einkommen hat. Dabei untersuchte er zwei große Stichproben von Männern aus den USA und aus Großbritannien, die in den späten 1950er- oder frühen 1960er-Jahren geboren wurden. Da die Erwerbskarrieren von Frauen aus diesen Geburtenjahrgängen anders aussehen als jene von Männern, lässt sich der Einfluss der Körpergröße bei Männern präziser schätzen, was Postlewaite und Kollegen zu einer ausschließlichen Analyse von Männern bewog. Jedoch spielt die Körpergröße auch bei Frauen eine positive Rolle. Bei weiblichen Zwillingen verdient beispielsweise der größere Zwilling einige Prozentpunkte mehr als der kleinere Zwilling.

Bei der Analyse der Bedeutung der Körpergröße für das Gehalt kann man von einer ersten naiven Vermutung starten, dass Arbeitgeber eine Präferenz für größere Menschen haben und diesen deshalb mehr Geld bezahlen. Während das in früheren Zeiten beim Militär oder in der Industrie, bevor die meisten körperlich anstrengenden Arbeiten durch Maschinenkraft ersetzt wurden, ein plausibles Argument gewesen sein mag, trifft das heute in unserer hochindustrialisierten Wirtschaft nicht mehr zu. Es muss also etwas anderes sein. Eine zweite Vermutung wäre, dass größere Männer aus anderen Familien als kleinere Männer kommen und die Gehaltsunterschiede sich darauf zurückführen lassen. Tatsächlich stammen kleinere Männer aus Familien mit mehr Kindern, in denen die Eltern auch weniger Ausbildung hatten als die Eltern von größeren Männern. Aber selbst wenn man für diese Unterschiede im familiären Hintergrund in der statistischen Analyse kontrolliert (indem man beispielsweise nur die Männer aus Familien betrachtet, die die gleiche Anzahl von Kindern und das gleiche Bildungsniveau der Eltern hatten), dann zeigt sich immer noch, dass 10 cm mehr Größe fast 10 % Unterschied im Gehalt ausmachen. Die Überprüfung weiterer möglicher Hypothesen bestätigte, dass dieser Zusammenhang auch erhalten bleibt, wenn man den Gesundheitszustand oder kognitive Fähigkeiten (wie Intelligenztests) berücksichtigte.

Postlewaites Studie kommt in der weiteren Analyse zu zwei fundamentalen Erkenntnissen. Erstens ist nicht die Größe im Erwachsenenalter entscheidend, sondern die Größe im Teenageralter, also im Alter von 15 bis 16 Jahren. Manche Teenager sind in diesem Alter schon relativ groß, andere machen erst später einen Wachstumsschub. Jene, die in diesem Alter relativ groß sind, verdienen später mehr als jene, die im Teenageralter kleiner sind, unabhängig von der Körpergröße im Erwachsenenalter. Ein späterer Arbeitgeber hat normalerweise keine Information über die Körpergröße eines Mitarbeiters im Teenageralter und diese kann dadurch auch keine Bedeutung für den Arbeitgeber haben (und sie hat beispielsweise auch nichts mit dem Intelligenzquotienten zu tun).

Erst die zweite Erkenntnis von Postlewaite enthüllt des Pudels Kern. Wer im Teenageralter größer ist, hat mehr soziale

Aktivitäten und Kontakte. Beispielsweise sind größere Teenager häufiger Mitglieder in Vereinen verschiedenster Art (etwa in Sport oder Kultur) oder Schülerorganisationen. Dabei werden sogenannte nichtkognitive Fähigkeiten gefördert und trainiert, etwa Teamfähigkeit, Ausdauer und Durchhaltevermögen, Kompromissfähigkeit oder Führungsfähigkeiten. Solche Eigenschaften sind im Berufsleben von großer Bedeutung. In Postlewaites Studie zeigt sich kein statistisch nennenswerter Zusammenhang zwischen Körpergröße und Gehalt mehr, wenn man soziale Aktivitäten im Teenageralter in der Analyse berücksichtigt. Die Größe hilft beim Erwerb von „social skills" als eine Form von Humankapital und dieses Humankapital führt im Erwachsenenleben zu höheren Gehältern.

Üblicherweise nimmt man an, dass der Verdienst in einem Unternehmen von den eigenen Fähigkeiten und bisherigen Berufserfahrungen abhängt. Die Körpergröße spielt (zumindest bei Männern) aber auch eine Rolle. Größere Menschen verschaffen sich in den späten Jugendjahren größere soziale Netzwerke und erwerben mehr soziale Fähigkeiten, was später im Beruf zu höheren Gehältern führt.

33

Gehaltsvergleiche spornen an, aber nicht immer

Innerhalb von Unternehmen gibt es bekanntlich große Gehaltsunterschiede. Wie groß diese Unterschiede aber wirklich sind, ist meist nicht bekannt, weil kaum jemand Informationen über sein Gehalt preisgibt. Darum ist es eine interessante Fragestellung, für wie hoch Mitarbeiter das Gehalt ihrer Vorgesetzten einschätzen und welche Auswirkungen eine mehr oder weniger realistische Einschätzung auf die Arbeitsleistung dieser Mitarbeiter und Mitarbeiterinnen hat. Eine Studie über eine Bank in Südostasien kommt zu bemerkenswerten Einsichten.

In der wirtschaftspolitischen Berichterstattung wird immer wieder thematisiert, wie ungleich sowohl das Einkommen als auch das Vermögen innerhalb fast aller Länder der Welt verteilt sind. Tatsächlich entspringt ein relativ großer Teil dieser Ungleichheiten dem unterschiedlichen Ausmaß, in dem jüngere Generationen von älteren Generationen etwas vererbt bekommen. Dieser Teil hat dann praktisch nichts mit dem laufenden Einkommen zu tun. Jedoch stammt eben auch ein großer Teil der Ungleichheiten von unterschiedlich hohen Einkommen. Das gilt nicht nur für die Einkommen zwischen verschiedenen Branchen (man denke an das Gastgewerbe versus die Finanzindustrie), sondern das gilt auch für die Einkommen innerhalb von Unternehmen. Je höher man in der Hierarchiestufe innerhalb eines Unternehmens kommt, umso mehr Geld lässt sich in der Regel verdienen. Da Informationen über das Gehalt aber zu den bestgehüteten Geheimnissen im Berufsleben zählen, ist es schwierig, eine gute Vorstellung von den Gehältern auf den jeweils nächsthöheren Hierarchiestufen zu haben.

Nun könnte man denken, dass es keine Rolle spielt, wie hoch jemand das Gehalt seiner Vorgesetzten einschätzt. Das muss aber nicht so sein. Wenn jemand beispielsweise glaubt, dass der oder die Vorgesetzte Unsummen von Geld verdient, könnte das zwei sehr unterschiedliche Reaktionen auslösen. Zum einen wäre es möglich, dass der betreffende Mitarbeiter demotiviert wird, weil er sich selbst deutlich unterbezahlt fühlt und darum die eigene Arbeitsleistung drosselt. Zum anderen aber könnte man sich auch vorstellen, dass die Einschätzung sehr hoher Gehälter der Vorgesetzten den jeweiligen Mitarbeiter motiviert, mehr und besser zu arbeiten, um auch möglichst schnell aufzusteigen und damit die erhofften Traumgehälter zu bekommen.

Um zu überprüfen, welche Reaktion überwiegt, haben Zoe Cullen (von der Harvard Business School) und Ricardo Perez-Truglia (von der Universität in Berkeley) in einer großen Privatbank in Südostasien eine Studie durchgeführt, in der sie über 2000 Mitarbeiter und Mitarbeiterinnen über deren Einschätzung nach den Gehältern in ihrer Bank befragten. Beispielsweise wurde dabei ein „Junior analyst" (jemand, der beispielsweise erst relativ kurz für die Analyse von Wertpapieren und deren Wertentwicklung zuständig ist) gefragt, wie viel jemand als „Senior analyst" (als nächste Ebene in der Hierarchie) verdient. Gleichzeitig wurde aber auch gefragt, wie viel die anderen „Junior analysts" verdienen würden.

Tatsächlich verdienen in dieser Bank die Manager auf der jeweils nächsthöheren Ebene zwischen dem Doppelten und dem Fünffachen der Ebene darunter. Jedoch schätzen die Mitarbeiter auf der unteren Ebene das Gehalt auf der nächsten Ebene im Schnitt um ca. 15 % zu gering ein. Außerdem gibt es eine sehr hohe Streuung der Schätzungen. Nur jeder Achte schätzt das Gehaltsniveau auf der nächsten Ebene mit einer Abweichung von weniger als 5 % ein. Zum Vergleich werden die Gehälter auf der gleichen Ebene (also beispielsweise von Junior-Analysten über die anderen Junior-Analysten) viel präziser eingeschätzt, was nicht überraschend ist. Aber zurück zur Einschätzung der Gehälter auf der nächsten Ebene. Cullen und Perez-Truglia können belegen, dass diese Einschätzung auf die eigene Arbeitsleistung einen kausalen Einfluss hat. Je höher die Erwartung über das Gehalt auf den nächsthöheren Ebenen ist, umso härter arbeitet jemand. Konkret lässt sich zeigen, dass Mitarbeiter und Mitarbeiterinnen länger arbeiten, mehr Verkäufe tätigen und auch mehr E-Mail-Anfragen beantworteten, wenn sie eine höhere Schätzung über das Gehalt auf den nächsten Ebenen angeben. Erhöht sich diese Schätzung beispielsweise um 10 %, dann arbeitet eine Person mit einer solchen Schätzung im Schnitt eine Stunde länger pro Woche als jemand, dessen Schätzung 10 % tiefer ist. Höhere Schätzungen über die Gehälter auf der nächsten Ebene erhöhen also die Arbeitsanstrengungen.

Ist das auch so, wenn man glaubt, dass die Mitarbeiter und Mitarbeiterinnen auf der eigenen Ebene mehr Geld verdienen? Nein. Wer glaubt, dass die Personen, die in der Karriereleiter auf derselben Stufe stehen, relativ mehr Geld verdienen, drosselt seine Arbeitsleistung eher. Vor allem aber zeigt sich, dass solche Menschen deutlich weniger zufrieden mit dem Arbeitsklima und dem eigenen Gehalt sind und dass sie hohe Gehaltsunterschiede eher für inakzeptabel halten. Daraus folgt, dass horizontale Gehaltsvergleiche (gegenüber

Personen auf derselben Karrierestufe) gänzlich andere, fast exakt gegenteilige, Auswirkungen als vertikale Gehaltsvergleiche (zu den Personen auf den nächsthöheren Karrierestufen) haben. Das sollte in Zukunft sehr viel mehr berücksichtigt werden, wenn über Gehaltstransparenz gesprochen wird. Die Wirkungen von Transparenz können nämlich auch in eine unerwünschte Richtung gehen.

Sehr viele Menschen vergleichen sich gerne mit anderen. Das trifft auch für Gehaltsvergleiche zu. Gehälter sind aber häufig nicht allgemein bekannt, weswegen hier oft Schätzungen verwendet werden. Wenn Mitarbeiter oder Mitarbeiterinnen die Gehälter ihrer Vorgesetzten höher einschätzen, dann arbeiten sie mehr, weil höhere Schätzungen mehr anspornen. Höhere Schätzungen über das Einkommen von Kollegen und Kolleginnen auf derselben Hierarchiestufe haben aber die gegenteilige Wirkung.

34

Die erwünschten und unerwünschten (Neben)Wirkungen von Gehaltstransparenz

Während in Skandinavien praktisch jeder Bürger die Steuererklärung seiner Nachbarn und damit deren Einkommen einsehen kann, ist das eigene Einkommen im deutschsprachigen Raum eines der bestgehüteten Geheimnisse. Allerdings wird immer wieder in der Öffentlichkeit diskutiert, ob man die Gehälter nicht doch offenlegen sollte. Kaum einmal wird dabei aber darüber diskutiert, welche erwünschten und unerwünschten Nebenwirkungen Gehaltstransparenz haben könnte.

Vor wenigen Jahren trat in Deutschland – unter großer medialer Beachtung – das sogenannte Entgelttransparenzgesetz in Kraft. Das Gesetz verpflichtet Unternehmen ab einer bestimmten Anzahl von Mitarbeiterinnen und Mitarbeitern dazu, die Kriterien für Gehaltseinstufungen bei Rückfrage offenzulegen und Beschäftigten Auskunft darüber zu geben, wie hoch die durchschnittlichen Gehälter in einer bestimmten Funktion sind. Als Ziel des Gesetzes wurde bei seiner Verabschiedung vorrangig genannt, dass gleiches Gehalt für gleiche Arbeit gezahlt werden sollte. Damit ging insbesondere die Hoffnung einher, die Gehaltsschere zwischen Männern und Frauen zu schließen. Aktuell scheint es noch zu früh für eine abschließende Beurteilung, ob das Gesetz langfristig zur Erreichung seiner Ziele beigetragen hat. Dafür bräuchte es belastbare Daten, die eine Evaluierung des Gesetzes möglich machen. Solche Daten liegen aber (noch) nicht vor. Dennoch lohnt es sich, die Wirkungen und Nebenwirkungen von mehr Gehaltstransparenz genauer anzuschauen.

Die Analyse der Wirkungen von Gehaltstransparenz ist nicht einfach. Sie setzt voraus, dass man eine Situation mit Gehaltstransparenz vergleichen kann mit einer Situation ohne solche Transparenz, wobei sich beide Situationen so wenig wie möglich unterscheiden sollten. Eine Gesetzesänderung in Kalifornien im Jahr 2010 hat einen solchen Vergleich ermöglicht. Dabei ging es allerdings nicht um ein relativ geringes Niveau an Gehaltstransparenz wie im deutschen Entgelttransparenzgesetz – in dem keine individuellen Gehälter veröffentlicht, sondern lediglich Informationen über durchschnittliche Gehälter in einer bestimmten Funktion offengelegt werden sollen. Stattdessen wurde in Kalifornien im Jahr 2010 entschieden, dass die individuellen Gehälter von öffentlichen Bediensteten offengelegt werden müssen. Das Gesetz war auf den Weg gebracht worden, nachdem kalifornische Medien über einige Fälle von exorbitant hohen Gehältern für die obersten Beamten in einigen Städten und Landkreisen berichtet hatten.

Die Gesetzesnovelle von 2010 macht die Erforschung der Auswirkungen von Gehaltstransparenz deswegen so gut möglich, weil bereits vor 2010 sehr viele Städte und Landkreise die Gehälter ihrer öffentlich angestellten Mitarbeiterinnen und Mitarbeiter veröffentlicht hatten. Damit lässt sich dann die Gehaltsentwicklung im öffentlichen Bereich ab 2010 in Abhängigkeit davon analysieren, ob eine Stadt schon vor 2010 die Gehälter veröffentlicht hat oder nicht. Die unterschiedliche Entwicklung im Vergleich dieser zwei Typen von

Städten erlaubt dann, die Wirkung von Gehaltstransparenz zu quantifizieren.

Alexandre Mas von der Princeton University hat sich diese Wirkung genauer angeschaut und dabei insbesondere erforscht, wie sich die Gehälter der obersten Stadtbeamten entwickelt haben. In 172 Städten wurden ab 2010 deren Gehälter veröffentlicht, in 296 Städten war das bereits vor 2010 der Fall. Alexandre Mas verglich die Gehaltsentwicklung in diesen beiden Gruppen von Städten von 2009 (vor der Einführung des Gesetzes) bis 2012 (nach der Einführung des Transparenzgesetzes). Die erstmalige Veröffentlichung der Gehälter in den 172 Städten, die die Gehälter erst nach 2010 für alle einsichtig machten, führte zu einer siebenprozentigen Reduktion der Gehälter der obersten Stadtangestellten (im Vergleich zur Gehaltsentwicklung in den Städten, die bereits vor 2010 die Gehälter veröffentlichten). Da die Gehälter am unteren Ende der Gehaltsskala sich durch die Veröffentlichungspflicht nicht veränderten, führte das Gesetz also zu einer Komprimierung der Gehaltspyramide. Mit anderen Worten: Die Unterschiede zwischen den höchsten und geringsten Gehältern wurden kleiner. Dieses Ergebnis mag insbesondere aus kontinentaleuropäischer Sicht – wo große Gehaltsunterschiede gesellschaftlich nach wie vor viel weniger akzeptiert sind als in den USA – als erwünscht und wünschenswert betrachtet werden. Ein solcher Blickwinkel übersieht jedoch, dass das kalifornische Gesetz zwei unbeabsichtigte Nebenwirkungen hatte.

Erstens kündigten die obersten Stadtbeamten nach der erstmaligen Veröffentlichung der Gehälter fast doppelt so häufig ihre Stelle als in Städten, die schon länger ihre Gehälter veröffentlichten. Das mag auf den ersten Blick so wirken, als ob das Gesetz exzessive Gehälter eingedämmt hatte und die Spitzenbeamten deswegen häufiger gekündigt hätten. Allerdings findet Alexandre Mas keinen statistischen Beleg dafür, dass diese Spitzenbeamten im Vergleich zu den Städten, die schon länger die Gehälter veröffentlichten, überbezahlt gewesen wären. Das spricht dafür, dass vor allem medialer Druck auf die Städte zu den Gehaltsreduktionen geführt hat, in deren Folge die Spitzenbeamten häufiger freiwillig aus ihrem Amt schieden.

Zweitens brauchten die jeweiligen Städte deutlich länger als früher, um die frei gewordenen Posten des obersten Stadtbeamten neu zu besetzen. Statt drei Monate dauerte eine Nachbesetzung nach 2010 im Schnitt fast fünf Monate. Außerdem waren die neu eingestellten Personen deutlich weniger qualifiziert als ihre jeweiligen Vorgänger, was langfristig zu einem finanziellen Schaden für diese Städte führen kann.

Dieses Beispiel aus den USA verdeutlicht, dass bei der Diskussion um Gehaltstransparenz mehr Aspekte als nur die Veröffentlichung von Gehältern in Betracht gezogen werden sollten. Wie eine gute Medizin kann auch Gehaltstransparenz unerwünschte Nebenwirkungen haben. Eine andere Form von Nebenwirkungen kann ein relatives Gehaltsschema haben, wie das nächste Kapitel zeigt.

Die Höhe des eigenen Gehalts zählt gerade im deutschsprachigen Raum zu den am besten gehüteten Geheimnissen. Viele sehen darin sogar einen Grund für unterschiedliche Gehälter von Männern und Frauen und fordern deshalb mehr Gehaltstransparenz. Wenn eine solche für Spitzenpositionen in der Verwaltung eingeführt wird, führt das zwar zu mehr Lohnkompression, macht jedoch die Nachbesetzung von Führungsstellen schwieriger.

Abschnitt IX
Bonuszahlungen

35

Gut gemeint, aber nicht immer gut getroffen

Sehr viele Unternehmen geben Mitgliedern ihrer Belegschaft Bonuszahlungen als Belohnung für erbrachte Leistungen und als Anreiz für künftigen Arbeitseinsatz. Bei der Ausgestaltung eines Bonussystems kann aber einiges schiefgehen.

Über die Hälfte der 500 umsatzstärksten Unternehmen der Welt setzen relative Vergütungssysteme ein. Das bedeutet, dass Mitarbeiter neben ihrem Grundgehalt auch Bonuszahlungen bekommen können. Letztere hängen dann von der relativen Arbeitsleistung eines Arbeitnehmers im Vergleich zu anderen ab. Mit diesen Bonuszahlungen soll also gute Leistung belohnt, gleichzeitig aber auch ein Anreiz für einen hohen Arbeitseinsatz in der Zukunft gesetzt werden.

Relative Vergütungssysteme werden mit ähnlichen Zielen auch bei uns häufig in mittleren und größeren Unternehmen verwendet. Bei der Ausgestaltung solcher Systeme kann aber auch einiges schiefgehen, wie eine Studie meiner Kölner Kollegen Axel Ockenfels, Dirk Sliwka und Peter Werner zeigt.

Die drei Autoren konnten Daten eines multinationalen Konzerns auswerten, die mit den Bonuszahlungen an Standorten in Deutschland und den USA zu tun hatten. In beiden Ländern werden Manager durch Bonuszahlungen belohnt, deren Höhe von den Leistungsbeurteilungen ihrer Vorgesetzten abhängt. Das Bonus-System ist in beiden Ländern gleich strukturiert, unterscheidet sich aber in einem wichtigen Detail im letzten Schritt bei der Bestimmung der Bonushöhe.

In einem ersten Schritt werden die Mitarbeiter in jeder Abteilung von ihren Vorgesetzten auf einer fünfstufigen Skala beurteilt. Die Skala umfasst die Bewertungen „exzellent", „überdurchschnittlich", „erfüllt die Erwartungen", „unterdurchschnittlich" und „unzureichend". Der Konzern gibt vor, wie viel Prozent der zu beurteilenden Manager jeder Kategorie im Schnitt zugeordnet werden sollten. In der besten Kategorie „exzellent" sollten weniger als 5 % sein, in der zweitbesten weniger als 25 %, in der Kategorie „erfüllt die Erwartungen" ungefähr 60 % und in „unterdurchschnittlich" weniger als 10 %. Wie zu erwarten, entspricht die Beurteilung der Vorgesetzten im Schnitt ziemlich genau diesen Vorgaben.

Basierend auf diesen Beurteilungen kommt es dann in einem zweiten Schritt zur Zuteilung der Bonuszahlungen nach folgenden Regeln. Jeder Vorgesetzte erhält eine fixe Summe für Bonuszahlungen, die vollständig an die Manager der betreffenden Abteilung verteilt werden müssen. Die Höhe der Bonuszahlungen hängt davon ab, wie viele Bonus-Prozentpunkte jemand bekommt. Diese Punkte sind von der Leistungsbeurteilung im ersten Schritt abhängig, und zwar folgendermaßen:

„exzellent": 140 % bis 160 %

„überdurchschnittlich": 110 % bis 140 %

„erfüllt die Erwartungen": 80 % bis 110 %

„unterdurchschnittlich": 30 % bis 80 %

„unzureichend": 0 %

Es handelt sich hier aber um ein Nullsummenspiel. Die durchschnittliche Bewertung aller Manager in einer Abteilung muss 100 % betragen. Wenn jemandem ein zusätzlicher Bonus-Prozentpunkt zugeteilt wird, muss dieser Punkt bei jemand anderem wieder eingespart werden.

Bis zu diesem Punkt sind die Vergütungssysteme in beiden Ländern identisch. Dann aber gibt es den folgenden kleinen Unterschied. In Deutschland erfahren die Manager aus Transparenzgründen ihre zugeteilten Bonuspunkte. In den USA hingegen wird den Managern nur ihre absolute Bonuszahlung mitgeteilt. Da weder in den USA noch in Deutschland die gesamte Summe für die Bonuszahlungen bekanntgegeben wird (sie in Deutschland aber von den einzelnen Managern berechnet werden kann), kann jemand in den USA seine Bonuspunkte nicht herausfinden.

Die Bonuszahlungen machen in beiden Ländern einen signifikanten Bestandteil des Jahresgehalts aus, nämlich beinahe 20 % des Jahresgrundgehalts. Die deutsche Variante hatte aber im Untersuchungszeitraum erhebliche – und zwar negative – Auswirkungen auf die Arbeitszufriedenheit und die Arbeitsleistung im darauffolgenden Jahr. Warum war das so? Dieser Effekt kam vor allem von den ca. 60 % Managern, die mit „erfüllt die Erwartungen" beurteilt wurden und die zwischen 80 % und 110 % Bonuspunkte bekommen konnten. Wenn diese Personen Bonuspunkte über 100 % bekamen, hatte das keinen Einfluss auf ihre Arbeitszufriedenheit. Wenn die Bonuspunkte aber unter 100 % waren, selbst bei geringfügiger Unterschreitung von wenigen Prozentpunkten, verringerte sich die Arbeitszufriedenheit sehr stark. Derselbe Effekt zeigte sich bei der Arbeitsleistung im darauffolgenden Jahr. Manager, die auch nur geringfügig unter 100 % Bonuspunkte bekamen, senkten ihre Arbeitsleistung dramatisch, während ein Überschreiten der 100 % keinen Einfluss hatte. In den

USA hingegen – wo die Bonuspunkte nicht bekannt waren – zeigte sich kein Zusammenhang zwischen absoluter Bonuszahlung und Arbeitszufriedenheit bzw. Arbeitsleistung.

Was lief also schief an den deutschen Standorten des Konzerns? Zwei Kommentare von Managern illustrieren, wo das Problem lag: „Gute Manager kümmern sich wenig um die paar Hundert Euro Verlust, wenn sie bei einer Bewertung von ‚erfüllt die Erwartungen' weniger als 100 % Bonuspunkte bekommen, sie fühlen sich aber verletzt und wie ein ‚Underperformer' durch diese Zuteilung unter 100 %." „Die Erwartung jedes Managers mit ‚erfüllt die Erwartungen' ist 100 %. Jeder Prozentpunkt weniger ist eine große Enttäuschung."

Niemand, der die Erwartungen erfüllt, will unterdurchschnittlich – also unter 100 % – bewertet werden. Die 100 % sind der Referenzpunkt. Eine Verletzung dieses Referenzpunkts hat starke Auswirkungen sowohl auf die Arbeitszufriedenheit als auch auf die Leistung. Der Referenzpunkt konnte aber erst durch die Bekanntgabe der Bonuspunkte in Deutschland klar gebildet werden, was unerwartete Nebenwirkungen hatte. Der Teufel steckt also im Detail, wenn man relative Vergütungssysteme einsetzt.

Bonuszahlungen sollen Menschen motivieren, bessere Arbeitsleistungen zu erbringen. Das kann aber nach hinten losgehen, wenn die Bonuszahlungen Referenzpunkte verletzen. Dann können sie sich negativ auf die Arbeitszufriedenheit und Produktivität auswirken.

36

Wenn der Bonus für Lehrlinge zum Malus für ihren Einsatz wird

Für Unternehmen ist es nicht immer einfach einzuschätzen, ob Mitarbeiter oder Mitarbeiterinnen aus triftigen Gründen – wie etwa Krankheit – dem Arbeitsplatz fernbleiben oder ob sie vielleicht „krankfeiern". Darum versuchen viele Unternehmen, Fehlzeiten am Arbeitsplatz durch Anreize zu reduzieren. Solche Anreizprogramme können jedoch das Gegenteil bewirken. Der Grund dafür ist auf den ersten Blick überraschend.

Viele Unternehmen sind zu Recht stolz auf ihre Lehrlingsausbildung. Schon mehrmals eroberten beispielsweise die Lehrlinge von Unternehmen aus meiner Heimat Vorarlberg Goldmedaillen bei Berufsweltmeisterschaften, bei denen sich Lehrlinge beiderlei Geschlechts in ihren beruflichen Fähigkeiten messen. Die hervorragende Ausbildung zahlt sich nicht nur für die Lehrlinge aus, indem sie ihnen erfolgversprechende Berufskarrieren eröffnen. Sie ist auch für die ausbildenden Unternehmen ein Erfolgsfaktor. Schließlich sind gut ausgebildete Lehrlinge nicht nur produktiver, sondern eine sehr gute Lehrlingsausbildung macht ein bestimmtes Unternehmen auch attraktiver für künftige Lehrlingsgenerationen. Eine gute Ausbildung macht also nicht nur die aktuellen

Lehrlinge besser, sondern hilft dabei, auch in Zukunft für die besten Lehrlinge ein attraktiver Arbeitgeber zu sein. Der Wettbewerb um die talentiertesten Nachwuchskräfte ist hart, und die Reputation einer guten Lehrlingsausbildung erhöht die Attraktivität als Arbeitgeber.

Während Berufsweltmeister und die allermeisten Lehrlinge den Unternehmen viel Freude machen, gibt es aber auch Schattenseiten bei jungen Mitarbeitern und Mitarbeiterinnen, nicht zuletzt Lehrlingen. Und die gibt es überall auf der Welt. Viele Unternehmen kämpfen damit, dass junge Menschen während der Ausbildung Fehltage haben. Das unterbricht die Ausbildung und erschwert die Ausbildungs- und Arbeitsprozesse. Zwar ist ein Großteil der Fehltage auf Krankheiten zurückzuführen, aber „am Montag blaumachen" oder „krankfeiern" trägt auch zu Abwesenheiten bei, die nicht urlaubs- oder krankheitsbedingt sind.

Abwesenheit vom Arbeitsplatz stellt demnach für Unternehmen ein Problem dar, das man auf unterschiedliche Weise zu lösen versuchen kann. Verstärkte Kontrolle und gegebenenfalls Sanktionen ist ein möglicher Weg, höhere Anreize für Anwesenheit ein anderer Weg. Für letzteren entschied sich eine große deutsche Handelskette, die mit der relativ häufigen Abwesenheit ihrer Lehrlinge unzufrieden war. Durch Anreize zur Reduktion von Fehltagen sollte die Anwesenheit verbessert werden. Um die Auswirkungen solcher Anreize wissenschaftlich sauber zu analysieren, erlaubte das Unternehmen meinem Kölner Kollegen Dirk Sliwka Zugang zu den (anonymisierten) Daten.

Die deutsche Handelskette hatte vor Einführung des Anreizsystems pro Monat im Schnitt etwas weniger als einen Arbeitstag pro Lehrling als Fehltag. Dann wurden 346 Lehrlinge zufällig über die verschiedenen Standorte des Unternehmens hinweg einer von drei Bedingungen zugeteilt. Die erste Bedingung war die sogenannte Kontrollbedingung. Die Lehrlinge in dieser Gruppe wurden darüber informiert, dass die Fehltage erhoben würden. Jedoch gab es keine weitere Konsequenz davon. In einer zweiten Gruppe wurden die Lehrlinge informiert, dass sie für jeden Monat ohne Fehltage (abgesehen von Urlaub) Bonuspunkte sammeln könnten. Wenn jemand 12 Monate keinen Fehltag hatte, dann bekam die betreffende Person einen Bonus von 240 Euro ausbezahlt (was angesichts der üblichen Lehrlingsgehälter ein substanzieller Betrag ist). In der dritten Gruppe konnten die Lehrlinge ebenfalls Bonuspunkte sammeln. Diese wurden aber in zusätzliche Urlaubstage umgewandelt. Bei zwölf Monaten ohne Fehltag waren das vier zusätzliche Urlaubstage, also fast eine ganze Arbeitswoche. Wenn jemand beispielsweise sechs Monate ohne Fehltage blieb, bekam er in der zweiten Gruppe 120 Euro und der dritten Gruppe zwei zusätzliche Urlaubstage.

Die Erwartungen der Handelskette waren klar. Die Fehlzeiten sollten sich bei den Lehrlingen in den Gruppen zwei (zusätzliches Geld) und drei (zusätzliche Urlaubstage) verringern. Dirk Sliwka fand in der Analyse der Daten aber ein anderes, unerwartetes Ergebnis. In Gruppe drei (mit den Urlaubstagen als Bonus) zeigte sich keine Veränderung in den Fehlzeiten im Vergleich zur Kontrollgruppe. Geholfen haben die zusätzlichen Urlaubstage als Anreiz also nicht, aber immerhin haben sie auch nicht geschadet (wenngleich sie für die Handelskette aufgrund der gestiegenen Anzahl an Urlaubstagen kostspielig war). Die zweite Gruppe allerdings hatte plötzlich mehr Fehlzeiten im Vergleich zur Kontrollgruppe. Wenn die Lehrlinge also Geld angeboten bekamen, wenn sie weniger oft fehlten, dann trat genau das Gegenteil des erwünschten Effekts ein: Sie fehlten häufiger! Und zwar im Schnitt einen zusätzlichen Tag pro zwei Monate, was eine fast 50%-ige Steigerung der Abwesenheiten gegenüber der Kontrollgruppe darstellt.

Durch umfangreiche Befragungen konnte Dirk Sliwka mit seinem Team schließlich eine Erklärung für dieses überraschende Ergebnis finden. Lehrlinge in der zweiten Gruppe, die für weniger Fehlzeiten Geld angeboten bekamen, hatten weniger häufig ein schlechtes Gewissen, wenn sie ohne triftigen Grund am Arbeitsplatz fehlten. Das kam daher, weil sie das Gefühl hatten, für unentschuldigtes Fehlen ja schließlich einen Preis zu bezahlen, indem sie weniger Bonuszahlungen bekamen. Etwas salopp formuliert, tauschten sie einfach einen höheren Bonus in einen freien Tag ein. Dirk Sliwka fand auch heraus, dass die Lehrlinge in der zweiten Gruppe weniger die Haltung vertraten, dass man – auch ohne zusätzliche Anreize – regelmäßig zur Arbeit kommen sollte. Die anderen beiden Gruppen waren wesentlich häufiger dieser Ansicht. Mit anderen Worten: Die Bezahlung für weniger Fehlzeiten unterminierte die Arbeitshaltung und die soziale Norm, dass man sich dem Unternehmen gegenüber zu möglichst wenigen Fehltagen verpflichtet sieht. Die deutsche Handelskette hat übrigens angesichts dieser Befunde die Anreize für weniger Fehlzeiten wieder abgeschafft. Die Absicht war gut, das Ergebnis nicht.

Die Lehrlingsausbildung ist im deutschsprachigen Raum aufgrund des dualen Bildungssystems sehr hochwertig und bietet gute Karrierechancen für junge Menschen. Manche von ihnen erscheinen aber trotzdem ab und zu ohne triftigen Grund nicht bei der Arbeit. Wenn geringe Abwesenheitszeiten aber durch Geldprämien belohnt werden, kann das die Abwesenheiten sogar verlängern, weil dadurch eine soziale Norm – dass man nämlich zur Arbeit geht, wenn man nicht krank ist oder Urlaub hat – unterminiert wird. Anreize können also kontraproduktiv wirken.

37

Die Grenzen des Homo Oeconomicus

Die klassische Ökonomie geht davon aus, dass Arbeitnehmer mehr arbeiten, wenn die Höhe ihrer Entlohnung davon abhängt, ob sie mehr Leistung als ihre unmittelbaren Kolleginnen und Kollegen im Unternehmen erbringen. Die moderne Verhaltensökonomie zeigt, dass der Glaube an die Wirkungen relativer Entlohnung ein kostspieliger Irrtum sein kann, wenn Fairnessüberlegungen eine Rolle spielen.

Pavel erntet schon seit dem frühen Morgen Äpfel. Nach acht Stunden auf der Plantage tut ihm der Rücken weh. Neben ihm in seiner Reihe arbeitet heute Laszlo, den er zum ersten Mal hier sieht, obwohl Laszlo auch schon einige Wochen als Erntehelfer auf der riesigen Obstplantage arbeitet. Laszlo ist schnell bei seiner Arbeit. In der nächsten Reihe sieht Pavel seinen Freund Jakub, mit dem er in derselben Unterkunft wohnt, der im Moment aber stark erkältet ist und deshalb nicht so schnell arbeiten kann. Neben Jakub sind wieder fremde Gesichter. Jeder der Arbeiter kann sehen, wie schnell der jeweils andere seinen Korb füllt und wie oft am Tag ein Arbeiter seinen Korb zur Entleerungsstelle bringt. Dort wird exakt gewogen, wie viel der jeweilige Arbeiter geerntet hat.

Das Gesamtgewicht am Tag ist entscheidend für den Tagesverdienst. Das Unternehmen, das die Plantage betreibt, entlohnt die Arbeiter nach ihrer relativen Arbeitsleistung. Konkret heißt das, dass zuerst die Ernteleistung eines Arbeiters durch die durchschnittliche Ernteleistung aller Arbeiter auf der Plantage dividiert wird. Je geringer der daraus resultierende Koeffizient ist, umso weniger Euro pro Kilogramm Ernte erhält ein Arbeiter an diesem Tag. Das bedeutet, dass ein sehr produktiver Arbeiter die durchschnittliche Entlohnung pro Kilogramm für die anderen Arbeiter nach unten drückt. Das kommt daher, weil ein sehr produktiver Arbeiter die durchschnittliche Ernteleistung erhöht und damit den Koeffizienten (von eigener Ernte durch durchschnittliche Ernte) für alle anderen Arbeiter reduziert, weshalb diese dann weniger Euro je Kilogramm verdienen.

Aus diesem Grund beobachten Pavel und seine Kollegen sehr aufmerksam, wie schnell die jeweils anderen bei der Ernte arbeiten.

Die klassische Ökonomie geht davon aus, dass Arbeitnehmer mehr arbeiten, wenn die Höhe ihrer Entlohnung davon abhängt, ob sie mehr Leistung als ihre unmittelbaren Kolleginnen und Kollegen im Unternehmen erbringen. Diese Form relativer Entlohnung würde – so die klassische Annahme – zu mehr Anstrengung und damit höherer Leistung führen, weil jeder einen Anreiz hätte, überdurchschnittlich gut abzuschneiden, was letztlich die Produktivität erhöhen würde.

So ähnlich muss das Unternehmen gedacht haben, als es für seine Erntehelfer ein relatives Entlohnungsschema ausgedacht hat. Alternativ hätte das Unternehmen auch jedem Arbeiter einfach einen fixen Betrag pro Kilogramm Ernte bezahlen können, unabhängig davon, wie viel andere Arbeiter auf der Plantage an einem bestimmten Tag ernten.

Die moderne Verhaltensökonomie sieht die Wahl von Entlohnungsschemata etwas differenzierter als die klassische Ökonomie. Relative Entlohnungsschemata können unerwünschte Nebenwirkungen haben, wie schon das vorige Kapitel zeigte. Das liegt daran, dass im Fall relativer Entlohnung die eigene Leistung eine negative Auswirkung auf Kolleginnen und Kollegen am Arbeitsplatz haben kann. In der klassischen Ökonomie spielen diese negativen Auswirkungen keine Rolle, weil angenommen wird, dass ein Arbeitnehmer nur auf sich selbst schaut. Unter dieser Annahme können relative Entlohnungsschemata die Produktivität steigern. Viele Menschen entsprechen aber nicht den Vorstellungen der klassischen Ökonomie.

Ein wichtiger Grund dafür besteht darin, dass viele Menschen sich eben doch darum kümmern, welche Auswirkungen ihr Handeln auf andere Menschen hat. Im Beispiel der Obstplantage bedeutet das, dass sich die einzelnen Arbeiter sehr wohl bewusst sind, dass eine Erhöhung der eigenen Erntemenge den Lohn für die anderen Arbeiter senkt, weil deren Lohn geringer wird, je höher die durchschnittliche Erntemenge ist. Wenn die Arbeiter diese negative Auswirkung als unfair empfinden und deshalb aus Rücksicht auf andere vermeiden wollen, dann müssen sie ihre Arbeitsleistung vermindern. Eine solche Reaktion könnte dann aber dazu führen, dass die Produktivität – also die Ernte pro Tag – durch die relative Entlohnung abnimmt und nicht wie in der klassischen Ökonomie angenommen zunimmt, jeweils im Vergleich zu einer Situation, in der ein fixer Betrag pro Kilogramm Ernte bezahlt wird.

Oriana Bandiera von der London School of Economics hat gemeinsam mit Kollegen anhand von empirischen Daten aus einer Obstplantage in Großbritannien die Frage untersucht, ob eine relative Entlohnung zu mehr oder weniger Ernte führt, als wenn die Arbeiter mit einem fixen Betrag pro Kilogramm entlohnt werden. Das Unternehmen wechselte von einer relativen Entlohnung zu einem fixen Betrag pro Kilogramm, weil die Produktivität der Arbeiter hinter den Erwartungen zurückgeblieben war. Die Produktivität stieg beim Übergang von relativer Entlohnung zu fixer Entlohnung von fünf Kilogramm pro Stunde auf fast acht Kilogramm pro Stunde an. Dabei ist zu beachten, dass die durchschnittliche Zahlung pro Mitarbeiter und Kilogramm Ernte in beiden Entlohnungsschemata im Wesentlichen gleich blieb. Es war also nicht so, dass bei fixer Entlohnung die Arbeiter im Durchschnitt mehr Lohn pro Kilogramm Ernte bekamen.

Wie aber war die geringere Leistung bei relativer Entlohnung zu erklären? Es zeigte sich, dass die Arbeitsleistung umso geringer war, je mehr Freunde und gute Bekannte ein Arbeiter in seiner Sichtweite hatte – also in einem Abschnitt der Plantage, für deren Ernte jeden Morgen zufällig eine Gruppe von Erntehelfern zusammengestellt wurde. Dieser negative Effekt der Anzahl von Freunden trat nicht auf, wenn die Arbeiter einen fixen Lohn pro Kilogramm bekamen. Es ist also nicht die Nähe der Freunde an sich, die einen Einfluss auf die Produktivität hat, sondern die negativen Auswirkungen der eigenen Leistung auf die anderen, wenn Freunde in der Nähe sind.

Die Studienautoren bezeichnen das als den Einfluss sozialer Präferenzen auf die Arbeitsproduktivität. Die Rücksicht auf andere führte dazu, dass eine relative Entlohnung eine deutlich geringere Produktivität zur Folge hatte als von der Unternehmung erwartet.

Um im Bild des Eingangsbeispiels zu bleiben. Bei relativer Entlohnung weiß Pavel, dass sein Freund Jakub weniger Geld verdient, wenn Pavel seine Arbeitsleistung erhöht. Diese Konsequenz seiner eigenen Arbeitsleistung bringt Pavel dazu, sein Arbeitstempo zu drosseln. Sobald aber Pavel und seine Kollegen einen festen Betrag pro Kilogramm bekommen, spielt die eigene Arbeitsleistung für das Einkommen der Kollegen keine Rolle mehr und jeder kann nach seinem Tempo und seinen Fähigkeiten arbeiten, ohne negative Auswirkungen auf andere zu haben. Die klassische Ökonomie hat diesen Einfluss von Fairnessüberlegungen auf die Arbeitsleistung von Arbeitern übersehen.

Die meisten großen Unternehmen haben relative Entlohnungssysteme, bei denen höhere Leistungen mit mehr Geld belohnt werden. Sobald durch solche Systeme aber Fairnessvorstellungen verletzt werden, kann die Arbeitsleistung sinken anstatt steigen.

38

Der Einfluss auf die Risikobereitschaft

Bonuszahlungen sollen Mitarbeiter motivieren, sich anzustrengen. Jedoch können solche leistungsabhängigen Zahlungen unbeabsichtigte Nebenwirkungen haben, weil sie das Entscheidungsverhalten verändern, wenn Mitarbeiter nur durch übermäßig riskante Entscheidungen höhere Bonuszahlungen erhalten können.

Jerome Caviel und Nick Leeson sind in der Finanzbranche bekannte, wenn auch schlecht beleumundete, Namen. Der eine, Leeson, verursachte 1995 durch exzessive Spekulationsgeschäfte und einen Verlust von ca. 1,4 Milliarden Dollar den Bankrott der 1717 gegründeten Barings Bank. Die französische Großbank Societe General hatte demgegenüber „Glück", dass die riskanten Spekulationsgeschäfte von Jerome Caviel bei einem Verlust von etwa 4,8 Milliarden Euro im Jahr 2008 nicht ebenfalls zum Bankrott führten. Beide Fälle wurden in der Öffentlichkeit viel beachtet, weil sie illustrierten, wie riskante Anlagestrategien von einzelnen Investmentbankern zu enormen Verlusten und sogar dem Untergang renommierter Finanzinstitute führen konnten. Weniger Beachtung fand der Umstand, dass beide Banker vor der Aufdeckung der riesigen Verluste als erfolgreiche Banker galten, die mit ihren

Geschäften sehr hohe Bonuszahlungen verdienten. Besteht etwa ein Zusammenhang zwischen riskantem Anlageverhalten und Bonuszahlungen?

Die Finanzbranche ist nicht die einzige, die ihren Mitarbeiterinnen neben einem festen Lohn sehr oft noch Bonuszahlungen anbietet, die häufig vom Unternehmenserfolg abhängen, in vielen Fällen aber auch von der individuellen Leistung. Dabei wird die individuelle Leistung in der Regel mit jener von anderen Mitarbeitern verglichen und dann die Höhe der Bonuszahlungen in Abhängigkeit von der relativen Leistung bemessen. Solche Zahlungen sind in vielen Branchen üblich. Beispielsweise bekommen Fußballer Sonderzahlungen, wenn sie mit ihrem Klub die Champions League gewinnen. Automanager erhalten Bonuszahlungen, wenn mehr Autos verkauft werden. Oder Mitarbeiterinnen in einer Bäckereikette bekommen einen Teambonus, wenn ein Umsatzziel erreicht wird, wie es in Kapitel 28 beschrieben wurde.

Bonuszahlungen sollen Anreize bieten, um die individuelle Leistung und damit das Unternehmensergebnis zu verbessern. Dass es unter Umständen nicht so einfach ist, die individuelle Leistung zu messen – wie weit trägt etwa der Ersatztorwart zum Gewinn der Champions League bei oder wie viele zusätzliche Autos wurden wirklich durch den Vorstandsvorsitzenden verkauft? – soll hier nicht weiter vertieft werden. Vielmehr geht es jetzt um die Frage, wie Bonuszahlungen menschliches Verhalten beeinflussen, insbesondere wenn die Handlungen einzelner Personen große Hebelwirkungen und damit Auswirkungen auf andere Menschen haben können. Letzteres ist besonders in der Finanzbranche und da im Investmentbanking der Fall. Mit modernen, häufig sehr komplexen, Finanzinstrumenten lassen sich Unsummen von Geld bewegen. Wenn die Bonuszahlungen von Mitarbeitern aber von der Höhe dieser Summen abhängen, dann können Anreize zum Eingehen größerer Risiken entstehen. Genau darin liegt ein Problem von Bonuszahlungen, wie eine aktuelle Studie meiner Innsbrucker Kollegen Michael Kirchler und Florian Lindner sowie Utz Weitzel aus Nijmegen zeigt.

Michael Kirchler und Kollegen ließen professionelle Banker an einem Experiment teilnehmen. Zu Beginn bekamen die Banker eine Grundausstattung an Geld, die sie dann über acht Runden hinweg in eine festverzinsliche (also risikofreie) oder eine riskante Anlage investieren konnten. Die riskante Anlage erzielte im Schnitt eine höhere Rendite, konnte allerdings sowohl zu positiven wie auch negativen Erträgen in einer Runde führen. In der Grundbedingung der Studie bekamen die Banker am Ende der acht Runden einfach den Betrag ausbezahlt, den sie insgesamt mit ihrer Grundausstattung erwirtschaftet hatten. In einer zweiten Bedingung wurden die Banker nach den acht Runden in Abhängigkeit vom erwirtschafteten Betrag gereiht. Wer am meisten verdient hatte, bekam eine große Bonuszahlung, die Plätze 2 und 3 bekamen auch noch substanzielle Beträge, die anderen aber mit Ausnahme ihres Teilnahmeentgelts nichts mehr. Diese zweite Bedingung spiegelt Bonuszahlungen wider, die von der relativen Leistung des einzelnen abhängen.

Es zeigte sich im Experiment, dass die Banker in der zweiten Bedingung systematisch mehr in die riskante Anlage investierten. Dies traf besonders auf jene Banker zu, deren laufende Erträge hinter jenen anderer in ihrer Vergleichsgruppe hinterherhinkten. Denn wenn man schon hinten liegt, bietet nur das Eingehen höherer Risiken überhaupt eine Chance, noch nach vorne zu kommen und eine Bonuszahlung zu erhalten. Analog gilt auch, dass man im Fall von Verlusten umso schneller aus diesen wieder herauskommen kann, wenn man höhere Risiken eingeht. Das kann aber zur Akkumulierung von Risiken und zu noch größeren Verlusten führen, wie die Fälle von Jerome Caviel und Nick Leeson drastisch zeigen.

Bonuszahlungen in Abhängigkeit von der relativen Leistung verstärken also den Hang, Risiken einzugehen, um die Boni zu bekommen. Das ist gefährlich, nicht nur für einzelne Händler, sondern für ganze Unternehmen und Branchen. Deshalb braucht es Kontrollmechanismen. Die Abschaffung von Boni allein wird aber kaum das Eingehen exzessiver Risiken vermeiden, wie die Studie von Kirchler und Co. ebenfalls zeigt. In einer dritten Bedingung wurde den Bankern am Schluss der acht Runden mitgeteilt, welchen Rang sie mit ihren Investitionen erzielt hatten. Die Auszahlung hing aber nicht von diesem Rang ab, sondern einfach von den erwirtschafteten Gewinnen (wie in der Grundbedingung). Erstaunlicherweise war das Ausmaß an riskanten Investitionen in dieser dritten Bedingung praktisch gleich hoch wie in der zweiten Bedingung. Offenbar wollte niemand als schlechter Investor dastehen, sodass bereits die Bekanntgabe des Rangs eine Auswirkung auf das Risikoverhalten hatte.

Solange Menschen die besten sein wollen, führt bereits die Bekanntgabe der eigenen Platzierung zu einem Verhalten, bei dem höhere Risiken eingegangen werden. Diese Lehre gilt aller Voraussicht nach nicht nur für die Finanzbranche.

Wenn Unternehmen relative Entlohnungssysteme verwenden, liefern sie Mitarbeitern einen starken Anreiz, höhere Risiken bei der Arbeit einzugehen, um besser als andere abzuschneiden. Im Extremfall kann dies das ganze Unternehmen ruinieren.

39

Die dunkle Seite – relative Entlohnung und Sabotage

Wenn nur einer gewinnen kann, ist der Zweite bereits der erste Verlierer. Viele Unternehmen setzen auf relative Entlohnungen, bei denen die Gewinner ein viel größeres Stück vom Kuchen bekommen als die Verlierer. Eine weltbekannte Episode aus dem Sportbereich illustriert, dass solche relativen Anreizsysteme zu Sabotage an den eigenen Konkurrenten führen können. Für Unternehmen kann das eine sehr kostspielige Reaktion auf Anreizsysteme sein.

Der Kinofilm „I, Tonya Harding", der 2018 in die Kinos kam, basiert auf der sportlichen Rivalität zwischen den beiden Eiskunstläuferinnen Tonya Harding und Nancy Kerrigan, die sich 1994 ein erbittertes Wettrennen um den einzigen US-amerikanischen Startplatz für die Olympischen Winterspiele in Lillehammer lieferten. Nur die Siegerin der nationalen Meisterschaft würde später in Lillehammer starten dürfen. Der Ex-Ehemann von Tonya Harding engagierte daher vor den nationalen Meisterschaften einen Handlanger, der Nancy Kerrigan mit einer Eisenstange an den Beinen verletzte. Kerrigan konnte nicht bei den nationalen Meisterschaften starten. Harding gewann letztere und durfte dann auch bei den Olympischen Winterspielen starten, obwohl bereits da ruchbar geworden war, dass der Angriff auf Kerrigan mit Tonya Harding zu tun hatte. Anstatt auf rein sportlichem Weg zu gewinnen, hatte hier die absichtliche Verletzung einer Gegnerin zum Sieg geführt.

Diese bekannte und traurige Episode ist kein Einzelfall, und auch keiner, der auf den Sport beschränkt wäre. Wo auch immer sehr hohe Belohnungen für Sieger ausgelobt werden, kann das Schädigen des Gegners ebenso hilfreich fürs Gewinnen sein wie die Steigerung der eigenen Leistung. Einen besseren Gegner zu schädigen, um selbst zu gewinnen, hat aber eine negative Auswirkung auf das insgesamt zu erwartende Leistungsniveau, was nicht nur aus moralischer Sicht zu vermeiden ist.

Mit dem Problem hoher Anreize fürs Gewinnen haben auch Firmen zu kämpfen. Weltweit setzen viele Unternehmen auf relative Anreizsysteme. Das heißt, Beförderungen, Gehaltserhöhungen oder Bonuszahlungen werden von der relativen Leistung im Vergleich zu anderen Personen in derselben Firma abhängig gemacht. Damit entsteht ein gewollter Wettbewerb zwischen Mitarbeiterinnen und Mitarbeitern um die besten und lukrativsten Positionen in einem Unternehmen. Die Idee hinter solchen relativen Anreizsystemen besteht darin, dass sie das vorhandene Personal zu Höchstleistungen antreiben sollen.

Da einerseits eigene Anstrengungen aber mitunter sehr mühsam sein können und andererseits die Leistungsfähigkeit eines jeden Menschen auch einmal an Grenzen stößt, besteht eine naheliegende Möglichkeit für ein besseres Abschneiden im Wettbewerb auch darin, die eigenen Konkurrenten zu schädigen. Im beruflichen Alltag kann Letzteres zum Beispiel bedeuten, dass man Kolleginnen und Kollegen wichtige Informationen vorenthält, dass man falsche oder irreführende Informationen über die Leistungen der Konkurrenten in Umlauf bringt oder dass man notwendige Werkzeuge oder Unterlagen „verlegt". All diese Verhaltensweisen sind aus Sicht eines Unternehmens unerwünscht, weil sie die gesamte Arbeitsleistung vermindern, aus Sicht der sabotierenden Person aber attraktiv, wenn damit die eigenen Chancen auf die nächste Beförderung oder Gehaltserhöhung steigen.

Mein Freund und Kollege an der Universität Köln, Bernd Irlenbusch, ist der Frage nachgegangen, ob das Ausmaß destruktiver Handlungen gegen Konkurrenten davon abhängt, wie stark die relativen Anreizsysteme einen Sieger gegenüber einem Verlierer bevorzugen. Mit anderen Worten: Nimmt Sabotage an Konkurrenten zu, wenn die Preise für die Sieger immer höher werden, indem etwa beispielsweise Bonuszahlungen erhöht werden.

Da sich eine solche Forschungsfrage in realen Unternehmen praktisch nicht beantworten lässt, weil kein Unternehmen bereit sein würde, Daten über destruktive Verhaltensweisen als Reaktion auf Anreizsysteme herauszugeben, untersuchte Irlenbusch seine Frage in einem Laborexperiment mit 336 Teilnehmerinnen und Teilnehmern. Dabei wurden jeweils Vierergruppen gebildet, bestehend aus einem Chef und drei Mitarbeitern. Letztere konkurrierten um einen Bonus, den man gewinnen konnte, wenn man der produktivste Mitarbeiter war. Anstatt selbst in die eigene Produktivität zu investieren, konnte man aber auch die Leistung der anderen beiden Mitarbeiter verringern, indem man einen Teil von deren Arbeitsleistung zerstörte, was Irlenbusch als Sabotage bezeichnete. Es zeigte sich, dass das Ausmaß an Sabotage zunahm, wenn der Bonus für den Sieger bzw. die Siegerin immer größer wurde. Relative Anreizsysteme können also Anreize zum Zerstören der Arbeitsleistung der anderen setzen, anstatt die eigene Leistung zu erhöhen.

Auf der Basis dieses Ergebnisses wollte Irlenbusch dann herausfinden, unter welchen Bedingungen das Ausmaß an Sabotage selbst bei hohen Bonuszahlungen für den Sieger reduziert werden konnte. Dabei zeigte sich zum einen, dass Kommunikation zwischen den Mitarbeiterinnen und Mitarbeitern das Ausmaß an Sabotage senkte, weil größere soziale Nähe destruktive Tätigkeiten vermindert. Wenn man sich besser kennt, ist die Hemmschwelle für negative Handlungen größer. Zum anderen fand Irlenbusch heraus, dass ein klares Benennen der destruktiven Tätigkeiten als „Sabotage" das Ausmaß dieser verringerte. Er schloss daraus, dass ethische Richtlinien bzw. Compliance Codes, die solches Verhalten explizit als nicht wünschenswert ansprechen, einen positiven Beitrag zur Reduktion von destruktivem Verhalten als Folge relativer Anreizsysteme leisten können.

Unternehmen sind darauf angewiesen, dass Mitarbeiter gut zusammenarbeiten. Wenn aber einzelne Mitarbeiter dann mehr Geld verdienen können, wenn sie als produktiver als andere Mitarbeiter eingeschätzt werden, dann schaffen solche relativen Entlohnungssysteme Anreize zu unternehmensinterner Sabotage, bei der jemand die Anstrengungen anderer behindert.

Abschnitt X
Moral in Unternehmen und auf Märkten

40

Von Märkten, Mäusen und Moral

Unternehmensskandale wie bei der Kärntner Hypobank oder „Dieselgate" bei VW werfen regelmäßig die Frage auf, ob Marktwirtschaften aufgrund des Wettbewerbs moralisches Handeln in Unternehmen unterminieren. Ist das so?

Als Wissenschaftler höre ich sehr viele Fachvorträge von Forschern aus der ganzen Welt. Normalerweise ist das Zuhören kaum mit Emotionen verbunden. Bei einem Vortrag im Herbst 2012 war das aber anders. Ich hatte Armin Falk von der Universität Bonn zu einem Vortrag nach Innsbruck eingeladen, und er berichtete über ein Forschungsprojekt über moralisches Verhalten, das er gemeinsam mit Nora Szech durchführte. In einer Versuchsbedingung mussten sich die Studienteilnehmer entscheiden, ob sie auf 10 Euro verzichten wollten, um das Leben einer Maus zu retten, oder ob sie lieber die 10 Euro als Verdienst kassieren wollten, jedoch mit der Konsequenz, dass die Maus vergast wurde. Damit sich die Studienteilnehmer das Vergasen einer Maus besser vorstellen konnten, führte Armin Falk ein Video vor, das diesen Tötungsvorgang zeigte (dieses Video war nicht von ihm selbst gedreht worden).

In einer anderen Versuchsbedingung mussten die Studienteilnehmer nicht einzeln entscheiden, ob sie 10 Euro kassieren und den Tod einer Maus in Kauf nehmen wollten, sondern hier handelten sie auf einem Markt. Neun Verkäufer hatten jeweils eine „Maus" (nicht wörtlich, aber ihre Entscheidungen waren für neun Mäuse wichtig). Sieben Käufer hatten keine Maus. Nun konnten beide Marktseiten Vorschläge machen, wie 20 Euro jeweils zwischen einem Verkäufer und einem Käufer aufgeteilt werden sollten. Wenn beide Seiten zustimmten, dann wurde die Maus getötet und der jeweilige Käufer bzw. Verkäufer erhielt den vereinbarten Betrag. Im Schnitt konnte also jeder wieder 10 Euro bekommen, wenn beide den Tod einer Maus in Kauf nehmen würden.

Die Ergebnisse dieser Studie von Armin Falk und Nora Szech gingen um die Welt (und wurden im Wissenschaftsmagazin „Science" veröffentlicht). Während in der zuerst beschriebenen Versuchsbedingung knapp unter 50 % die 10 Euro wählten, einigten sich in der zweiten Versuchsbedingung – mit dem Markt – fast 80 % auf die Verteilung der 20 Euro auf zwei Personen. Im Markt überlebten also deutlich weniger Mäuse. Märkte, so Armin Falk, unterminieren also moralisches Handeln im Vergleich zu einer Entscheidung, die allein getroffen wird.

Bevor die möglichen Ursachen und verschiedene Gegenmaßnahmen diskutiert werden sollen, ist es wichtig aufzudecken, was es mit den Mäusen wirklich auf sich hatte (damit Sie, als Leserin oder Leser, nicht aus Protest gleich beim Tierschutzbund anrufen). Die Mäuse stammten aus Forschungslaboratorien von Universitätskliniken. Solche Mäuse gibt es zu Millionen in Labors in der ganzen Welt. Für manche Versuche sind bestimmte Mäuse aufgrund genetischer Permutationen nicht mehr verwendbar. Da man diese Mäuse aber nicht einfach in die freie Wildbahn entlassen kann, werden sie normalerweise vergast. Armin Falk hatte nun folgendes Arrangement getroffen. Für jeden Fall, in dem ein Studienteilnehmer auf das Geld verzichtete, wurde eine Maus gerettet und nicht vergast, das heißt, sie wurde auf Armin Falks Kosten bis an ihr natürliches Lebensende im Labor betreut. In Wahrheit hatten die Entscheidungen der Studienteilnehmer also nicht das Vergasen von Mäusen zur Folge, sondern genau das Gegenteil. Das wussten die Teilnehmer aber nicht.

Zurück zur Frage, warum in der Versuchsbedingung mit dem Markt moralisches Handeln weniger ausgeprägt war als in der Einzelentscheidung. Zum einen verschwimmt auf Märkten die Verantwortung für unser Handeln. In einer Einzelentscheidung ist jeder immer selbst verantwortlich. Wenn es auf einem Markt aber Angebot und Nachfrage gibt, dann gehört immer noch ein Zweiter dazu, um einen Handel abzuschließen. Das verwässert die Verantwortung. Zum anderen scheint das Handeln auf Märkten das Bewusstsein für das gehandelte Produkt in den Hintergrund zu drängen. Das Bestreben, einen guten Preis zu bekommen, rückt dagegen in den Vordergrund. Wenn man beispielsweise ein T-Shirt für 4 Euro einkauft, freuen sich viele Menschen über den supergünstigen Preis, denken aber nicht daran, dass das T-Shirt vielleicht deswegen so günstig ist, weil es mithilfe von Kinderarbeit billig produziert werden konnte.

Bedeuten diese Erklärungen aber nicht, dass moralisches Handeln auf Märkten gestärkt werden könnte, wenn man den Käufern oder Verkäufern ihre Verantwortung bewusst macht? Dieser Frage bin ich mit meinen Innsbrucker Kollegen Jürgen Huber, Michael Kirchler und Matthias Stefan nachgegangen. Wir ließen Studienteilnehmer in einem Markt über die Verteilung eines fixen Geldbetrags verhandeln, wie bei Armin Falk. Wenn kein Handel zustande kam, dann retteten wir aber keine Maus, sondern spendeten den fixen Betrag an UNICEF für Masernimpfungen. Weltweit sterben jährlich über 100 000 Kinder an Masern und unsere Spenden ermöglichten insgesamt die Impfung von 2.150 Kindern. Wenn in unserer Studie ein Handel zwischen einem Verkäufer und Käufer zustande kam, gab es aber keine Spende.

Um die Verantwortung bewusst zu machen, luden wir einen Arzt zu einem Vortrag über Masern und die Wichtigkeit von Impfungen ein und wir erinnerten jeden Käufer und Verkäufer vor dem Abschluss eines Handels an ihre Verantwortung, dass es bei einem Handel keine Spende zum Schutz von Kindern geben würde. Beide Interventionen hatten keinen Einfluss auf die Häufigkeit, mit der wir Impfstoffe spenden konnten. Märkte hatten also auch in unserer Studie die Tendenz – im Vergleich zu einer Einzelentscheidung – moralisches Verhalten eher zurückzudrängen. Moralisches Verhalten wurde erst dann häufiger beobachtet, wenn Personen mit finanziellen Sanktionen belegt werden konnten für den Fall, dass sie Geld für sich wählten anstatt eine Spende zu ermöglichen. Es scheint, Moral hat mit Kosten und Nutzen zu tun, wie auch das folgende Kapitel zeigt.

Märkte zeichnen sich grundsätzlich durch hohe Effizienzgewinne aus. Marktwirtschaftliches Handeln hat aber auch einen Einfluss auf das moralische Verhalten von Menschen. Dies ist sowohl für einzelne Unternehmen als auch für die Gesellschaft als Ganzes wichtig zu berücksichtigen.

41

Unmoralisches Verhalten: eine Frage von Kosten und Nutzen?

Der Heilige Augustinus stellte einst fest, dass jede Lüge – unabhängig von ihrer Tragweite und ihren Konsequenzen – eine schwere Sünde sei. Ökonomen denken in dieser Hinsicht weniger in Schwarz und Weiß, sondern wägen die Kosten und Nutzen eines bestimmten Verhaltens, etwa einer bewussten Täuschung, ab.

Ein Unternehmensberater erzählte mir einmal die folgende Anekdote aus seinem Berufsleben: Er war für ein mittelständisches Unternehmen tätig, das in Übernahmeverhandlungen durch einen größeren Konzern stand. Die Führung des Unternehmens hatte größtes Interesse daran, diese Übernahme erfolgreich über die Bühne zu bringen. Allerdings stockten die Verhandlungen aus diversen Gründen immer wieder und die Konzernspitze ließ mit einer Entscheidung auf sich warten. So zog sich der ganze Prozess unerwartet in die Länge. Das Unternehmen entschloss sich deshalb zu einem verzweifelten – wenn auch unmoralischen – Schritt, um das Ruder in den Verhandlungen mit letzter Kraft herumzureißen. Es engagierte chinesisch-stämmige Schauspieler, die mit einer eigens für diesen Zweck angemieteten Luxuskarosse zu einem vorher festgelegten, günstigen Zeitpunkt bei dem Unternehmen als vermeintliche Kaufinteressenten auftauchten, sodass das Verhandlungsteam des Konzerns davon Wind bekam, was beabsichtigt war. Dieser Bluff führte dazu, dass dann doch relativ rasch eine für das mittelständische Unternehmen vorteilhafte Entscheidung getroffen wurde und ein verbindliches Übernahmeangebot folgte, welches in weiterer Folge auch akzeptiert wurde.

Diese Anekdote – so verwerflich das Vorgehen aus moralischer Sicht sein mag, weil hinter dem Handeln des kleineren Unternehmens eine klare Täuschungsabsicht lag – illustriert sehr gut, dass moralische Standards hart auf die Probe gestellt werden, wenn es um sehr viel Geld geht. Wer kann schon von sich behaupten, dass er oder sie vollkommen immun gegen die Versuchungen unmoralischen Verhaltens ist, wenn dadurch ein Vorteil gewonnen werden kann. Das wirft die Frage auf, ob die Neigung zu unmoralischem Verhalten von der Höhe des erhofften Vorteils abhängt – also ob Menschen eher zu Lügen und Intrigen greifen, wenn sie viel zu gewinnen haben und ob mögliche Kosten oder Nachteile für das „Opfer" unmoralischen Verhaltens dabei auch eine Rolle spielen. Eine Antwort auf diese Frage ist auch für Unternehmen bedeutsam, weil sie darauf hinweisen kann, unter welchen Umständen Probleme mit unmoralischem Verhalten häufiger zu erwarten sein könnten.

Uri Gneezy von der University of California in San Diego hat sich als erster Verhaltensökonom systematisch mit der aufgeworfenen Frage beschäftigt. Gneezys Experiment gilt mittlerweile als beispielhaft für die Untersuchung menschlichen Lügenverhaltens. In seinem Experiment haben jeweils zwei Personen miteinander zu tun. Es gibt zwei mögliche Ergebnisse, jedoch weiß nur die erste Person, wie vorteilhaft jedes Ergebnis für jede Person wirklich ist. Beispielsweise kann man sich vorstellen, dass es ein Ergebnis A und ein Ergebnis B gibt. Beim Ergebnis A bekommt die erste Person 50 Euro und die zweite Person 60 Euro. Beim Ergebnis B bekommt die erste Person 60 Euro und die zweite Person 50 Euro, also genau umgekehrt. Dann kann die erste Person eine Nachricht an die zweite Person senden, in der der zweiten Person mitgeteilt wird, welches Ergebnis für die zweite Person vorteilhafter wäre. Zum Beispiel kann die erste Person in diesem Beispiel folgende Nachricht schicken: „Ergebnis A ist besser für dich." Das entspricht der Wahrheit. Die erste Person kann aber auch die Nachricht schicken: „Ergebnis B ist besser für dich." Das ist eine Lüge angesichts der gewählten Auszahlungen in den jeweiligen Ergebnissen. Wichtig ist, dass die zweite Person die wahren Auszahlungen nicht kennt, aber nach dem Erhalt der Nachricht von der ersten Person entscheiden muss, welches Ergebnis sie haben möchte. Diese Wahl bestimmt dann die Auszahlungen für beide Personen. Wenn die zweite Person in diesem Beispiel das Ergebnis B wählt, dann bekommt die erste Person 60 Euro und die zweite Person 50 Euro. Selbst nach der Wahl erfährt die zweite Person nicht, welche Auszahlungen beim anderen Ergebnis möglich gewesen wären und welche Auszahlung die erste Person tatsächlich erhalten hat.

In Uri Gneezys Experiment wird dann variiert, wie die Auszahlungen bei beiden Ergebnissen aussehen. Einmal kann die erste Person von einer Lüge noch mehr profitieren, ein anderes Mal verliert die zweite Person noch mehr Geld durch eine Lüge. Durch die systematische Variation kann man untersuchen, ob die Wahrscheinlichkeit des Lügens von den Kosten (für den anderen) und dem (eigenen) Nutzen des Lügens abhängt.

Gneezys Ergebnisse, die vielfach repliziert wurden, lassen sich folgendermaßen zusammenfassen: Sobald ein möglicher Gewinn im Raum steht, greifen Menschen schneller zu

Unwahrheiten, schrecken aber – unter der Annahme, dass der eigene Vorteil für den Lügner gleich bleibt – davor zurück, wenn dadurch ein größerer Schaden beim Belogenen entsteht. Wenn es aber hart auf hart kommt, zählen die eigenen Vorteile deutlich mehr als mögliche Nachteile für andere Personen.

In Summe bedeutet das, dass moralisches bzw. unmoralisches Verhalten sich an den Kosten bzw. am Nutzen des entsprechenden Verhaltens orientiert. Für den Unternehmenskontext bedeutet das, dass man bei der Formulierung von Richtlinien für ethisches Verhalten besonders darauf achten sollte, ob Verstöße nicht sogar für den einzelnen eher vorteilhaft sind, was einer Belohnung gleichkäme. So könnte man als Teil einer Risikoanalyse von Geschäftsprozessen erheben, welche Anreize es für unethisches Verhalten gibt, um möglichst früh gegenzusteuern.

Viele Situationen im Berufsalltag haben eine moralische Dimension. Wie Menschen zwischen Moral und finanziellen Vorteilen abwägen, hängt davon ab, welche Konsequenzen die jeweiligen Handlungen für einen selbst und für andere haben. Die Häufigkeit unmoralischen Verhaltens hängt systematisch von den Kosten und dem Nutzen einer Handlung ab.

42

Wenn die Moral auf die schiefe Bahn gerät – warum unmoralisches Verhalten schwer zu erkennen sein kann

Ob bei VW im Zuge des Dieselskandals oder bei Enron im Rahmen der Bilanzfälschungen, strafbares Verhalten innerhalb von Unternehmen wird oft erst mit erheblicher Verzögerung erkannt. Dann ist der Schaden häufig bereits so groß, dass er nur mehr mit exorbitant hohen Kosten saniert werden kann oder gar sofort zum Konkurs führt. Warum wird Fehlverhalten oft erst so spät erkannt? Eine Antwort liegt in der grundlegenden Psychologie des Menschen.

Clara, Absolventin eines Betriebswirtschaftsstudiums an einer Eliteuniversität, sitzt noch spät nachts über den Bilanzbüchern des Unternehmens, das von ihrer Wirtschaftsprüfungsgesellschaft geprüft werden soll. Sie ist stolz, schon mit Ende 20 einen Job bei der renommierten Kanzlei bekommen zu haben, auch wenn in ihrer Kanzlei erwartet wird, dass man es mit der 40-Stunden-Woche nicht so genau nimmt. Der Weg nach oben steht eher nur Mitarbeiterinnen und Mitarbeitern offen, die im Schnitt 80 oder mehr Stunden pro Woche arbeiten. Aber angesichts des überdurchschnittlich guten, sechsstelligen Gehalts scheint das für Clara ein fairer Tausch von Arbeitsleistung gegen ein gutes Gehalt zu sein.

Im Moment brütet Clara über einem möglichen Problem. Es ist ihr aufgefallen, dass das zu prüfende Unternehmen in den vergangenen Jahren eine stetige Zunahme von Termingeschäften verbucht hat, während Mitbewerber in derselben Branche eher ein Auf und Ab zu verzeichnen hatten. Termingeschäfte bestehen darin, dass ein zu einem gegenwärtigen Zeitpunkt vereinbartes Geschäft erst zu einem späteren Zeitpunkt ausgeführt wird. Die Erträge davon machen sich in der Bilanz gut. Es erscheint Clara nur ungewöhnlich, dass diese Art von Geschäften so kontinuierlich zunimmt und selbst in wirtschaftlich schlechteren Jahren im vergangenen Jahrzehnt fast linear zugenommen hat. Nach längerem Überlegen, ob wohl alles seine Richtigkeit hat, denkt sich Clara aber, dass die Vorgänge im aktuellen Prüfungsjahr ganz ähnlich zu jenen im Vorjahr sind – und diese hatte sie ja auch als korrekt bestätigt und mit einem Testat versehen. Es wird also wohl auch in diesem Jahr seine Richtigkeit haben, weil alles ähnlich wie in den Vorjahren aussieht.

Im realen Leben verdienen Wirtschaftsprüfungsgesellschaften – wie jene, für die der fiktive Charakter der Clara arbeitet – einen Gutteil ihres Geldes damit, die Bilanzführung von Unternehmen im Hinblick auf deren Korrektheit und die Erfüllung der gesetzlichen Vorschriften zu prüfen. Das ist angesichts der Komplexität von Bilanzen, insbesondere bei großen und multinationalen Konzernen, keine leichte Aufgabe. Beim Prüfen fallen große Veränderungen zu den Vorjahren stärker auf als über die Jahre hinweg gleichbleibende Veränderungen, weil größere Kontraste die Aufmerksamkeit von Menschen stärker auf sich ziehen als kontinuierliche und eher kleinere Veränderungen. Der Mensch neigt dazu, aktuelle Situationen im Vergleich zu vergangenen Situationen zu beurteilen. Kleinere Veränderungen im Vergleich zur Vergangenheit werden dann eher als „normal" wahrgenommen als größere. Das führt auch dazu, dass aktuelles Handeln eher approbiert wird – also beispielsweise als korrekt oder als ethisch akzeptabel erscheint –, wenn es vergangenem Verhalten ähnlicher ist, das man ebenfalls approbiert hatte. Genau diese menschliche Neigung macht es aber schwer, Fehlverhalten zu erkennen, wenn sich dieses langsam einschleicht. Jemand mit Betrugsabsichten kann diese menschliche Neigung sogar ausnützen, wenn es um die Beurteilung von ethisch korrektem oder unkorrektem Verhalten geht.

Francesca Gino von der Harvard Business School hat das in einer vielbeachteten Studie gezeigt. Dabei spricht sie von einer schiefen Bahn („slippery slope"), die dazu führen kann, dass unmoralisches bzw. betrügerisches Verhalten zu spät oder gar nicht wahrgenommen wird. In ihrer Studie ging es darum, die Menge an Geld in einem mit kleinen Cent-Münzen gefüllten Glas zu schätzen. Probanden übernahmen dabei die Rolle eines Prüfers, der ein Urteil über die Schätzung abgeben musste. Wenn ein Prüfer die Schätzung als korrekt einstufte – was dann als erfüllt angesehen wurde, wenn die Schätzung maximal 10 % vom tatsächlichen Wert entfernt war –, dann bekam der Prüfer einen Anteil des geschätzten Werts. Das bedeutet, dass ein Prüfer einen Anreiz hatte, höhere Schätzungen zu akzeptieren, weil er damit mehr Geld verdienen konnte. Eine als korrekt eingestufte Schätzung wurde in einem von zehn Fällen überprüft und der Prüfer musste eine Strafe zahlen, wenn sich die Schätzung als inkorrekt herausstellte. Wenn ein Prüfer die Schätzung von vornherein als inkorrekt einstufte, dann verdiente er kein Geld.

Die Gläser mit den Münzen enthielten immer ungefähr 10 Euro in kleinen Münzen, plus minus ein paar Cent. Die Prüfer mussten eine ganze Reihe solcher Gläser und die jeweiligen Schätzungen beurteilen. Francesca Gino teilte die Prüfer in zwei Gruppen. Bei der einen Gruppe stieg die Schätzung im Schnitt bei jedem Glas um 40 Cent an, während bei der anderen Gruppe die Schätzungen zuerst stabil um die 10 Euro lagen, dann aber plötzlich einen Sprung auf ca. 14 Euro machten. Angesichts der Regel, dass eine Schätzung dann als korrekt eingestuft wurde, wenn sie innerhalb von 10% um den wahren Wert schwankte, wären alle Schätzungen über 11 Euro als inkorrekt einzustufen gewesen. Gino untersuchte dann, wie häufig Schätzungen als korrekt eingeschätzt wurden, die erstmals 14 Euro erreichten. In der Gruppe mit dem plötzlichen Sprung von ca. 10 Euro auf ca. 14 Euro war das in weniger als 3% der Fälle gegeben. In der anderen Gruppe, in der sich die Schätzungen schrittweise erhöhten, waren es hingegen über 25% der Prüfer, die eine Schätzung von über 14 Euro als korrekt einstuften, und die Häufigkeit einer positiven Bestätigung stieg dann sogar im Wiederholungsfall auf über 50% an, weil die vorigen Werte ähnlich waren.

Diese Studie zeigt, dass die Bewertung, ob etwas als korrekt oder betrügerisch eingestuft wird, wesentlich davon abhängt, wie sich die betreffende Situation in der Vergangenheit entwickelt hat. Was gestern in Ordnung war, wird auch heute oft als in Ordnung eingestuft. Darum hat die fiktive Wirtschaftsprüferin Clara die Buchführung als korrekt eingestuft, weil sie im Vergleich zu den Vorjahren ähnlich aussah. Eine solche Ähnlichkeit mag aber in betrügerischer Absicht vorgetäuscht worden sein – wie es etwa Enron in seinem Bilanzfälschungsskandal getan hat, im Zuge dessen auch die zuständige Wirtschaftsprüfungsgesellschaft Arthur Andersen wegen Vernichtung von Beweismitteln und Behinderung der Justiz verurteilt wurde. Gerade wenn die Moral auf die schiefe Bahn gerät, ist das manchmal besonders schwer zu erkennen.

42 Warum unmoralisches Verhalten schwer zu erkennen sein kann

Nach der Aufdeckung von Unternehmensskandalen fragt man sich oft, wie ein bestimmtes Fehlverhalten so lange unentdeckt bleiben konnte. Die menschliche Wahrnehmung orientiert sich aber meist an Erfahrungen in der Vergangenheit. Wenn deshalb unmoralisches Verhalten über einen längeren Zeitraum nur jeweils in geringem Ausmaß zunimmt, ist seine Aufdeckung besonders schwierig.

43

Unternehmensskandale, Whistleblowing und der menschliche Faktor

Die Liste an Unternehmensskandalen ist prominent und lang. Um ethisches Handeln in Unternehmen stärker zu unterstützen, geben sich viele Unternehmen einen Moralkodex und etablieren sogenannte „Hinweisgebersysteme", anhand derer Missstände aufgedeckt werden sollen. Dass solche Systeme dennoch häufig nicht den gewünschten Erfolg haben, liegt zu einem guten Teil an typisch menschlichen Verhaltensmustern.

Im Nachhinein ist es leicht, klug zu sein. Nach der Aufdeckung des Dieselskandals bei VW – wo durch manipulierte Software günstige Abgaswerte vorgetäuscht wurden, die in Wirklichkeit nicht eingehalten werden konnten – wurde in Medienberichten, Talkshows und politischen Stellungnahmen immer wieder Verwunderung darüber geäußert, dass der Skandal nicht früher aufgeflogen ist und dass Mitarbeiter bei VW nicht von selbst rechtzeitig auf die Missstände aufmerksam gemacht und sie dadurch bereits in einem frühen Stadium beseitigt hätten. In der Tat hätte das VW, seinen Mitarbeiterinnen und Mitarbeitern, aber auch seinen Kundinnen und Kunden eine Menge Ärger erspart. Auch wenn die genauen Details – wer nämlich wann schon etwas wusste – bis heute nicht restlos geklärt sind, muss man davon ausgehen, dass betriebsintern eine ganze Reihe von Menschen von den Manipulationen wusste und es trotzdem erst durch eine Untersuchung der amerikanischen Umweltbehörde zur Aufdeckung des Skandals kam.

Was sind die Gründe, dass große Unternehmensskandale – wie bei VW, aber auch wie in vielen anderen Fällen, siehe Enron oder Wells Fargo – häufig erst sehr spät aufgedeckt werden? Finanzielle Aspekte haben dabei eine zentrale Bedeutung. Wenn durch Manipulationen große Gewinne erzielt werden können, setzen Unternehmen alles daran, die Aufdeckung derselben zu verhindern. Für Mitarbeiterinnen und Mitarbeitern, die von den Manipulationen wissen und sie aufdecken könnten, spielt oft Loyalität gegenüber dem Unternehmen eine große Rolle.

Es gibt aber noch eine andere, sehr bedeutsame Dimension, warum Mitarbeiter Missstände weder intern (über Unternehmenskanäle) noch extern (etwa über die Medien) aufdecken. Diese Dimension hat damit zu tun, dass Aufdecker von Missständen – sogenannte Whistleblower – praktisch niemals eine Zukunft in dem betreffenden Unternehmen haben. Nicht genug damit, auch eine Karriere in einem anderen Unternehmen ist nur schwer vorstellbar. Das liegt daran, dass Whistleblower nicht willkommen sind, weder im ursprünglichen Unternehmen noch in einem anderen.

Ernesto Reuben von der New York University, die einen Campus in Abu Dhabi hat, hat vor einigen Jahren einen wissenschaftlichen Aufsatz mit dem Titel „Nobody likes a rat" veröffentlicht. Noch vor dem VW-Dieselskandal hat er sich darin mit der Frage beschäftigt, warum Fehlverhalten in Unternehmen häufig nicht gemeldet und darum nicht oder viel zu spät abgestellt wird. Diese Studie gibt Einsichten, warum es gar nicht so einfach ist, moralisches Verhalten in Unternehmen zu fördern und Fehlverhalten aufzudecken.

In der experimentellen Laborstudie bildete Reuben zu Anfang immer Gruppen von drei Personen, die eine Art Arbeitsgruppe bildeten. Durch falsche Angaben konnten die Gruppenmitglieder ihr Einkommen aus dem Experiment erhöhen, was quasi den Nutzen einer Manipulation abbildet. Jedoch konnte jedes Gruppenmitglied solche falschen Angaben an eine Zentrale melden, die dann finanzielle Strafen gegen die betreffenden Mitglieder verhängte. In einer der verschiedenen Versuchsbedingungen wurde nach einiger Zeit eines der drei Mitglieder aus der Arbeitsgruppe entlassen und musste sich dann bei einer anderen Gruppe um Aufnahme bewerben. Eine solche Bewerbung erforderte aber die einstimmige Zustimmung aller Mitglieder der anderen Gruppe. Als Grundlage für ihre Abstimmung erhielten die Mitglieder der anderen Gruppe Informationen darüber, wie häufig der Bewerber in der Vergangenheit Fehlverhalten in seiner vorigen Gruppe gemeldet und wie häufig er selbst falsche Angaben gemacht hatte.

Die experimentelle Studie von Reuben zeigte eindeutig, dass Bewerber, die häufiger Fehlverhalten gemeldet hatten, weniger oft in die andere Gruppe aufgenommen wurden. Ehrlichkeit zahlte sich also nicht aus. Ganz im Gegenteil: Wer häufiger selbst falsche Angaben gemacht hatte, wurde mit höherer Wahrscheinlichkeit aufgenommen. Mit anderen Worten: Die Chance, in einer anderen Arbeitsgruppe neue Arbeit zu finden, wurde durch ehrliches Verhalten und das Melden von Verstößen anderer reduziert.

Whistleblowing ist also – zumindest in diesem Experiment – ein Karrierekiller. Wenn aber die eigene Arbeitsstelle und damit die eigene Existenz gefährdet wird, wenn man Fehlverhalten meldet, wird es plötzlich sehr viel eher verständlich, warum viele große Unternehmensskandale oft sehr spät – wenn überhaupt – aufgedeckt werden.

Die Studie von Reuben zeigte auch, dass die Mitglieder einer anderen Arbeitsgruppe häufiger einen ehrlichen Bewerber ablehnten, wenn sie selbst häufiger falsche Angaben in der Vergangenheit gemacht hatten. Es ist bemerkenswert, dass diese Einsicht aus einer Laborstudie auch im realen Berufsleben bestätigt werden konnte. Mark Egan von der Harvard Business School und Koautoren konnten zeigen, dass es im Markt für finanzielle Beratung eine Menge schwarzer Schafe gibt. Die werden zwar nach der Aufdeckung illegaler Tätigkeiten meist gekündigt, finden aber danach oft wieder eine Arbeitsstelle, und zwar genau in jenen Firmen, in denen der Anteil an Beratern mit dokumentiertem Fehlverhalten bereits sehr hoch ist. Es gibt also eine Anhäufung von schwarzen Schafen in Firmen, die bereits selbst Fehlverhalten an den Tag gelegt haben (indem etwa Kunden absichtlich falsch beraten oder finanziell übervorteilt wurden).

Weil Whistleblower praktisch keine Zukunft in Unternehmen haben, wenn sie persönlich bekannt sind, haben viele Unternehmen in den vergangenen Jahren anonyme Hinweisgebersysteme eingeführt. In manchen Fällen werden die anonymen Meldungen an eine dritte Partei – häufig eine Anwaltskanzlei – gemacht, um die Wahrscheinlichkeit einer Aufdeckung des Whistleblowers noch mehr zu verringern. Anonyme Systeme scheinen tatsächlich zu mehr Meldungen über Fehlverhalten zu führen. Die Einführung anonymer Hinweisgebersysteme hat jedoch auch eine unbeabsichtigte Nebenwirkung. Diese Systeme werden in gar nicht wenigen Fällen dazu benützt, um Kolleginnen und Kollegen, die zum Beispiel Rivalen für die nächste Beförderung sind, ungerechtfertigt anzuschwärzen. Darum ist es für Unternehmen mit sehr viel Zeit und Aufwand verbunden, bei Meldungen über vermeintliches oder tatsächliches Fehlverhalten die Spreu vom Weizen zu trennen.

In den Medien werden Whistleblower meist gefeiert. Tatsächlich leisten sie häufig einen unverzichtbaren Beitrag zur Aufdeckung von Missständen. Es liegt an typisch menschlichen Verhaltensmustern, dass sogenannte „Hinweisgebersysteme" trotzdem oft nicht gut funktionieren, weil die Aufdecker von Missständen als Verräter wahrgenommen werden.

44

Firmenkultur: Sozialisation mit Konsequenzen

Die letzte Finanzkrise, die im Jahr 2007 begann und immer noch spürbar ist, hat das Vertrauen in die Finanzbranche und ihre Banker nachhaltig erschüttert. Das Eingehen unkontrollierter Risiken, die intransparente Gestaltung von Finanzprodukten und die zweifelhafte Beratung von Kunden haben offenbart, dass etwas schief läuft in der Finanzbranche. Hat das etwas mit der Firmenkultur in dieser Branche zu tun?

Im Thriller „Kammerflimmern" von Anne und Even Holt geht es um den Topmanager Otto Schultz, der einem Unternehmen vorsteht, das implantierbare Defibrillatoren herstellt. Der Mann hat sein gesamtes Vermögen von über 100 Millionen Dollar an der Börse verloren, weil er vor dem Ausbruch der großen Finanzkrise – die im Fall von Lehman Brothers kulminierte – alles in sogenannte CDOs („Collateralized Debt Obligations") investiert hat, die dann in der Krise plötzlich wertlos waren. Um wieder auf die Beine zu kommen, versucht Otto Schultz durch kriminelle Machenschaften und Spekulationen seine Verluste wieder wettzumachen. Dass dabei Menschen (mit Herzschrittmachern) ums Leben kommen, ist für ihn nur ein Kollateralschaden (während die Aufklärung der durch ihn verursachten Todesfälle den eigentlichen Thriller darstellt). Soweit zur Fiktion.

In der Realität waren die Kollateralschäden von CDOs ebenfalls enorm. CDOs sind – vereinfacht ausgedrückt – Wertpapiere, die im Kern aus nicht oder nur schwer handelbaren Wertpapieren zusammengesetzt werden. Verkauft werden dabei nicht die zugrunde liegenden Wertpapiere, sondern die Zahlungsflüsse daraus, beispielsweise die Kreditrückzahlungen eines einfachen Hausbesitzers im mittleren Westen der USA. Wenn plötzlich sehr viele Hausbesitzer ihre Raten nicht mehr bezahlen können, weil etwa die Zinsen steigen, dann führt das zu Zahlungsausfällen und die CDOs verlieren stark an Wert oder werden vollständig wertlos. Da die sehr riskanten Kreditforderungen der CDOs als sichere Anlagen verkauft wurden, verloren in der Finanzkrise viele Menschen sehr viel Geld und oft ihre Existenz.

CDOs und ähnliche Wertpapiere wurden deshalb als eine der wichtigsten Ursachen für die Finanzkrise ab 2007 identifiziert. Besonders pikant war dabei der Umstand, dass führende Banken wie Goldman Sachs noch massiv CDOs an Kunden verkauften, als die Bankenchefs intern bereits CDOs als höchst riskante Ramschware deklarierten und die Anweisung gaben, sich von den eigenen Beständen an CDOs zu trennen. Mit Insiderinformationen ausgestattete Bankenmitarbeiter haben also weniger gut informierte Kunden über die Vorteilhaftigkeit dieser Anlagen belogen.

Wenn man heute Umfragen darüber durchführt, wie die Bevölkerung die Ehrlichkeit verschiedenster Berufsgruppen einschätzt, dann stehen Ärzte und Priester meist sehr weit oben, während Banker ausnahmslos ganz weit unten rangieren. Sind Banker unehrliche Menschen oder spielen hier auch andere Faktoren eine viel wichtigere Rolle, etwa die Unternehmenskultur? Ernst Fehr von der Universität Zürich und Kollegen sind dieser Frage auf den Grund gegangen.

44 Firmenkultur: Sozialisation mit Konsequenzen

Ausgangspunkt ihrer Studie war die Erkenntnis aus der Soziologie und Psychologie, dass jeder Mensch in seinem Leben verschiedene Rollen hat. Beispielsweise kann jemand Familienvater zuhause, ehrenamtlicher Helfer im Fußballclub seines Heimatdorfs und Kundenberater in einer Bank sein. Die verschiedenen Rollen sind jeweils geprägt von unterschiedlichen sozialen Normen, welches Verhalten in einer bestimmten Rolle angemessen ist. Ein Familienvater wird selbstverständlich bei Bedarf Geld an seine Kinder abgeben, während ein Bankberater seinen Kunden üblicherweise nicht einfach sein eigenes Geld zukommen lässt. Das bedeutet, dass sich dieselbe Person in verschiedenen Situationen unterschiedlich verhalten muss, abhängig davon, in welcher Rolle sie sich gerade befindet.

Fehr und Kollegen untersuchten deshalb den Einfluss der Rollenidentität auf ehrliches oder unehrliches Verhalten. An ihrer Studie nahmen 128 Beschäftigte einer Schweizer Großbank teil. Die Teilnehmer wurden zufällig in zwei Gruppen geteilt. Die eine Gruppe hatte zuerst mehrere Fragen zu ihrer familiären Situation und zu ihren Freizeitaktivitäten zu beantworten, während die andere Gruppe zu ihrer beruflichen Aktivität in der Bank befragt wurde. Die unterschiedlichen Fragen sollten unterschiedliche Rollen und damit unterschiedliche Normen aktivieren. Ob das gelang, wurde folgendermaßen gemessen: Die Teilnehmer mussten Wörter vervollständigen, indem sie in die entsprechenden Leerräume Buchstaben einfügten. Hier sind zwei Beispiele: „P r _ f i _" und „_ _ l d". Das erste Wort könnte man zu Profil ergänzen und das zweite zu Wald. Alternativ könnte man aber auch Profit und Geld nennen. Die beiden Teilnehmergruppen unterschieden sich tatsächlich in der Häufigkeit, mit der sie geldbezogene Wörter wählten. Jene Gruppe mit den Fragen zu Familie und Freizeit tat das in ca. 25 % der Fälle, jene mit den Fragen zur Tätigkeit in der Bank in ca. 40 % der Fälle. Die

Konzentration auf verschiedene Rollen – Familie vs. Bank – führte also zu unterschiedlichen Assoziationen. Der Einfluss der Rolle hörte aber nicht bei den entsprechenden Assoziationen auf.

Zuletzt mussten die Teilnehmer eine Münze zehnmal werfen und danach berichten, wie oft sie „Zahl" geworfen hatten. Für jedes Mal „Zahl" bekamen sie 20 Schweizer Franken. Die Studienautoren konnten das Ergebnis eines Wurfs nicht sehen, sodass die Teilnehmer ihr Ergebnis nicht wahrheitsgemäß berichten mussten. Als Ergebnis zeigte sich, dass jene Gruppe, die zu ihrer Banktätigkeit befragt worden war, deutlich häufiger „Zahl" angab als die Gruppe, die über ihre Familie und Freizeittätigkeiten Auskunft gegeben hatte. Da die Wahrscheinlichkeit für „Zahl" aber in beiden Gruppen identisch sein muss, bedeutet das, dass jene Teilnehmer häufiger logen, die zu ihrer Rolle in der Bank befragt und deren Berufsnormen aktiviert worden waren.

Ernst Fehr schloss daraus, dass in der Finanzbranche soziale Normen im Rahmen der Firmenkultur vorherrschen müssen, die die Ehrlichkeit von Mitarbeitern unterminieren. Die Firmenkultur hat demnach Einfluss auf das Verhalten. Diese Einsicht gilt generell auch für alle anderen Branchen.

Die Unternehmenskultur prägt das Verhalten in Unternehmen, weil sie die häufig ungeschriebenen Regeln kommuniziert, welches Verhalten in Unternehmen erwartet wird. Darum ist eine Unternehmenskultur, die moralisches Handeln als die Norm signalisiert, für das Verhalten seiner Mitarbeiter gegenüber Kunden so bedeutsam.

Abschnitt XI
Entscheidungen treffen

45

Bessere Entscheidungen bei besserer Bezahlung?

Die ökonomische Theorie geht grundsätzlich davon aus, dass höhere Anreize zu mehr Einsatz und besserer Leistung führen. Wenn man die Leute nur gut genug bezahlen würde, dann würden sie die besten Ergebnisse bringen. Wenn viel auf dem Spiel steht, muss das aber die Leistung nicht verbessern, weil Druck kontraproduktiv wirken kann.

62 500 Zuschauer in der Münchner Allianzarena und ca. 300 Millionen an den Fernsehgeräten weltweit fiebern gebannt dem nächsten Schützen entgegen. Bastian Schweinsteiger geht vom Mittelkreis allein zum Elfmeterpunkt, legt sich den Ball zurecht, schießt ins rechte Eck, aber Petr Čech, der Torhüter des FC Chelsea, lenkt den Ball mit seinen Fingerspitzen noch an den rechten Pfosten, von wo er ins Feld zurückspringt. Kein Tor. Bayern München läuft Gefahr, das „Finale Dahoam" in der Fußball-Champions-League 2012 zu verlieren. Im Moment, wo es um alles geht, darum, ein ganzes Stadion glücklich zu machen, eine ganze Stadt, versagen einem der besten Fußballspieler Deutschlands die Nerven. Tatsächlich besiegelt Didier Drogba mit dem nächsten Elfmeter den Sieg des FC Chelsea und die Niederlage des FC Bayern.

Ein Jahr später folgte dann trotzdem der große Gewinn der Champions-League durch den FC Bayern München, aber das Elfmeterschießen gegen den FC Chelsea hinterließ eine bittere Wunde. „Trauma Dahoam" statt „Finale Dahoam".

Mein Bonner Kollege Thomas Dohmen hat schon vor dem Finale Dahoam in einer empirischen Studie nachweisen können, dass Elfmeterschützen der Heimmannschaften häufiger scheitern als jene der Gastmannschaften. Bastian Schweinsteigers Fehlschuss war also keine Ausnahme. Dohmen erklärte dieses Phänomen mit psychischem Druck. Die positiven Erwartungen der Heimfans lassen es umso wichtiger für einen Schützen der Heimmannschaft erscheinen, den Ball ins Tor zu treffen. Die psychische Belastung und Versagensängste werden größer. Das führt dazu, dass selbst hochbezahlte Profisportler versagen können, die die betreffende Tätigkeit (das Schießen eines Balls aus elf Metern Entfernung auf ein Tor) schon Hunderte Male erfolgreich trainiert und ausgeführt haben. Es ist also nicht zwingend so, dass die Leistung besser wird, wenn es um mehr geht.

Die traditionelle ökonomische Theorie hingegen ging lange Zeit davon aus, dass bessere Bezahlung – wodurch es für den Lohnempfänger um mehr geht – zu mehr Leistung und damit zu besseren Ergebnissen bzw. Entscheidungen führen würde. Im Unternehmenskontext sind gute Entscheidungen ungemein wertvoll, etwa wenn es um die Entwicklung neuer Produkte, den Eintritt in neue Märkte oder die Preissetzung in selbigen geht. Traditionell würde man davon ausgehen, dass die Entscheidungsträger sich mehr anstrengen und bessere – und damit in der Regel profitablere – Entscheidungen treffen, wenn sie von solchen Entscheidungen stärker profitieren können. Wenn etwa Manager und Vorstände anstelle von Fixlöhnen einen größeren Teil an variablen Gehaltsbestandteilen – in Form von Bonuszahlungen oder Aktienausschüttungen – haben, dann haben ihre Entscheidungen unmittelbar eine größere Auswirkung auf sie selbst, als wenn sie ausschließlich Fixlöhne bekämen. Es geht bei den Entscheidungen dann um mehr.

Werden die Entscheidungen dadurch besser? Diese Frage lässt sich mit Felddaten nur sehr schwer methodisch sauber beantworten. In einem kontrollierten Laborexperiment ist dies allerdings möglich.

Dan Ariely, Autor mehrerer internationaler Bestseller, wie etwa „Denken hilft zwar, nützt aber nichts", hat mit einigen Kollegen ein Laborexperiment in Indien durchgeführt, in dem die Teilnehmerinnen und Teilnehmer sechs verschiedene Aufgaben zu lösen hatten, die mit Logik, kreativem Denken, kognitiven und physischen Fähigkeiten zu tun hatten. Eine der Aufgaben bestand etwa darin, dass ein Experimenthelfer eine Reihe von Ziffern aufsagte, an einer beliebigen Stelle abbrach und die Teilnehmerin dann die letzten drei Ziffern wiederholen musste. Eine andere Aufgabe prüfte räumliches Denken, indem neun Würfel in eine Box gestapelt werden mussten.

Für jede erfolgreich gelöste Aufgabe konnten die Teilnehmer Geld verdienen. Dazu wurden die Teilnehmer in drei Gruppen eingeteilt. Die erste Gruppe konnte maximal 24 Rupien verdienen (4 Rupien pro Aufgabe), die zweite Gruppe maximal 240 Rupien (40 Rupien pro Aufgabe) und die dritte Gruppe maximal 2400 Rupien (400 Rupien pro Aufgabe). Diese Beträge lassen sich folgendermaßen veranschaulichen. Mit 2400 Rupien kann ein durchschnittlicher Inder seine Konsumausgaben für fünf Monate (!) bezahlen. Demnach entsprechen die 240 Rupien in der mittleren Bedingung etwa einem halben Monat an Konsumausgaben und die 24 Rupien ungefähr zwei Tagen. Ohne Zweifel bietet die Bedingung mit den 400 Rupien pro Aufgabe extrem hohe Anreize, um eine gute Leistung zu erbringen und gute Entscheidungen zu treffen (denn wer würde nicht gerne fast ein halbes Jahr seiner Konsumausgaben im Rahmen eines einstündigen Laborexperiments verdienen). Darum müsste man erwarten, dass die Gruppe mit den höchsten Anreizen am besten abschneiden würde.

Die Ergebnisse sprechen aber eine andere Sprache. Misst man den Erfolg daran, wie viel Prozent des maximal möglichen Verdiensts die Personen in den drei Gruppen erreichten, dann waren das knapp über einem Drittel (36%) in den beiden niederen Gruppen (mit maximalen Verdiensten von 24 bzw. 240 Rupien), jedoch nur ein Fünftel (20%) in der Gruppe mit den höchstmöglichen Verdiensten (von 2400 Rupien). Dasselbe Muster einer schlechteren Leistung im Falle der höchsten Anreize bestätigt sich auch, wenn man schaut, wie häufig eine Aufgabe in den jeweiligen Gruppen erfolgreich bewältigt wurde. Sehr hohe Anreize führten in dieser Studie zu mehr Fehlern. Zwischen niedrigen und mittleren Anreizen gab es hingegen keinen Unterschied.

Das legt den Schluss nahe, dass moderate (mittlere) Anreize noch nicht zu einem derart starken Druck führen, der gute Entscheidungen eher beeinträchtigt. Sehr hohe Anreize erhöhen hingegen die Fehleranfälligkeit signifikant. Letzteres Ergebnis spricht dafür, dass in solchen Situationen das Delegieren von Entscheidungen vorteilhaft sein kann, weil eine dritte Person nicht so stark von den Konsequenzen der Entscheidungen betroffen ist. Bastian Schweinsteiger hatte allerdings keine Möglichkeit mehr, den letzten Schuss für die Bayern zu delegieren.

45 Bessere Entscheidungen bei besserer Bezahlung?

In der Vergangenheit war die Vorstellung weit verbreitet, dass bessere Bezahlung auch zu besseren Entscheidungen von Angestellten führt. Bessere Bezahlung kann aber eine Belastung darstellen und kognitive Prozesse sogar beeinträchtigen. Entscheidungen werden also nicht automatisch besser, wenn man mehr Geld für gute Entscheidungen bezahlt.

46

In der Hitze des Augenblicks

Der Volksmund sagt, dass man eine Nacht schlafen sollte, bevor man wichtige Entscheidungen trifft. Der Volksmund sagt bisher nichts darüber aus, ob man bei Hitze auch keine wichtigen Entscheidungen treffen sollte. Das könnte sich bald ändern. Im Zeitalter globaler Erwärmung wird Hitze nämlich ein wichtiger Entscheidungsfaktor und es wäre klug, das bei schwerwiegenden Entscheidungen zu berücksichtigen.

Die globalen Temperaturen steigen und ein Rekordsommer folgt dem anderen. Dass die Klimaerwärmung dramatische Auswirkungen auf Mensch und Natur hat und auch in Zukunft haben wird, steht außer Frage. Wichtige Entscheidungen müssen getroffen werden, um der Erwärmung Einhalt zu gebieten. Das gilt auf allen Ebenen, etwa auf internationaler Ebene – zum Beispiel in Form von Klimaabkommen –, nationaler Ebene – durch nationale Klimaschutzpakete – oder auch individueller Ebene – bei individuellen Konsumentscheidungen, die in Summe maßgeblich zum ökologischen Fußabdruck jedes Menschen beitragen. Die zunehmende Erwärmung mit ihren vielen neuen Hitzerekorden verlangt also eine Vielzahl bedeutsamer Entscheidungen. Doch auch die

Hitze selbst kann menschliches Entscheiden maßgeblich beeinflussen.

Herkömmliche Modelle menschlichen Entscheidungsverhaltens ignorieren den Faktor Hitze komplett. Nach diesen – in der ökonomischen Theorie oft als neoklassisch bezeichneten – Modellen spielen lediglich die Kosten und Nutzen bestimmter Entscheidungen und die vorliegenden Möglichkeiten eine Rolle, während Faktoren wie Hitze, Ermüdung oder die allgemeine Stimmung als unbedeutend gelten. Psychologische Forschung zeigt aber, dass etwa Hitze das allgemeine Wohlbefinden, die Stimmung und auch die Leistungsbereitschaft reduziert. Bei höheren Temperaturen werden Menschen weniger risikofreudig, vertrauen eher auf bisher konsumierte Produkte und damit auf die bisherigen Gewohnheiten.

Die verhaltensökonomische Forschung hat sich erst in den letzten Jahren der Frage zugewandt, ob scheinbar unbedeutende Faktoren wie Hitze eine Rolle für wichtige Entscheidungen im Berufsleben spielen. Aus der Perspektive hochindustrialisierter Länder könnte man vermuten, dass das nicht der Fall sein sollte, da mehr und mehr Büros klimatisiert sind und die Menschen in diesen Büros bei angenehmen Temperaturen arbeiten können, selbst wenn es draußen sehr warm ist. Aktuelle Forschung von Anthony Heyes und Soodeh Saberian von der kanadischen University of Ottawa zeigt, dass diese Vermutung ein Irrtum ist.

Heyes und Saberian überprüften, ob die Außentemperatur einen messbaren Einfluss auf die Entscheidungen von US-amerikanischen Richterinnen und Richtern hatte. Dazu untersuchten sie fast 207 000 richterliche Entscheidungen über Immigrationsanträge in die USA und fast 20 000 Entscheidungen über die Aussetzung einer Gefängnisstrafe zur Bewährung. In beiden Fällen haben die richterlichen Entscheidungen sehr bedeutsame und unmittelbare Auswirkungen auf die betroffenen Antragsteller. Die Gerichte, in denen die jeweiligen Entscheidungen getroffen wurden, waren samt und sonders klimatisiert. Während des Arbeitstags waren Richterinnen und Richter also vor den Außentemperaturen geschützt. Heyes und Saberian erhoben für ihre Studie dennoch die jeweiligen Außentemperaturen (in jeder einzelnen Stunde zwischen 6 Uhr morgens und 16 Uhr nachmittags) und überprüften dann, ob die Außentemperatur auf die richterlichen Entscheidungen einen Einfluss hatte.

Das Ergebnis ist ein eindeutiges Ja. Bei einer Zunahme der Außentemperatur um ca. 5 Grad Celsius (10 Grad Fahrenheit) verringerte sich die Wahrscheinlichkeit einer positiven Entscheidung bei einem Immigrationsverfahren um ca. 6 % und bei einem Antrag auf Bewährung um ca. 10 %. Konkret sank die Wahrscheinlichkeit, dass ein Immigrationsantrag positiv beschieden wurde, von 16,4 % auf 15,3 % (was eine Reduktion von ca. 6 % ausmacht) und bei Anträgen auf Entlassung auf Bewährung von 16,5 % auf 14,9 %). Bei der statistischen Analyse wurden andere wichtige Faktoren – wie das übliche Entscheidungsverhaltens einer Richterin oder eines Richters, die Nationalität der Antragsteller oder die Schwere des Verbrechens im Falle eines Häftlings – berücksichtigt, ohne dass sie den Einfluss von erhöhten Temperaturen beseitigt hätten.

Gleich große Effekte von relativer Hitze zeigen sich auch dann, wenn man die Tagestemperatur im Vergleich zur üblichen Temperatur im jeweiligen Monat betrachtet. Höhere Temperaturen führen offenbar zu anderen Entscheidungen.

Da die große Mehrheit der Entscheidungen in diesen Fällen negativ ausfällt, ist ein Rückgang positiver Entscheidungen als eher risikolos anzusehen. Dieses Muster passt sehr gut zu psychologischen Forschungsergebnissen, wonach höhere Temperaturen Menschen risikoscheuer werden lassen, weniger bereit sein lassen, „gegen den Strom zu schwimmen". Ein einflussreicher Faktor dürfte dabei laut psychologischer Forschung die allgemeine Stimmung darstellen, die sich bei ungewöhnlich hohen Temperaturen im Vergleich zu „normalen" Temperaturen verschlechtert. Das könnte die Tendenz hin zu negativen bzw. abschlägigen Entscheidungen erklären. Hitze reduziert laut psychologischer Forschung auch die kognitive Leistungsfähigkeit, was ebenfalls eine Rolle spielen dürfte.

Übrigens gibt es auch andere überraschende Faktoren, die auf die Entscheidungen von Richterinnen und Richtern einen Einfluss haben. Beispielsweise gibt es nach Erfolgen des lokalen Footballteams wohlwollendere Entscheidungen für die Angeklagten. Auch das mag mit der Stimmung – hier nach Sportereignissen – zu tun haben. Während aber Sportereignisse mal so und mal anders ausgehen, kennt die Entwicklung der globalen Temperaturen derzeit nur eine Richtung, nämlich nach oben. Das macht die wichtigen anstehenden Entscheidungen zur Bekämpfung des Klimawandels nicht einfacher.

Beim Abwägen zwischen den Vor- und Nachteilen einer bestimmten Entscheidung sollten äußere Faktoren wie Hitze, Luftfeuchtigkeit und dergleichen aus traditioneller Sicht keine Rolle spielen. Solche Faktoren haben aber messbare Auswirkungen auf menschliche Entscheidungen, etwa weil sie auf die Stimmung und auf die Risikobereitschaft von Menschen wirken.

47

Mit den richtigen Anreizen Entscheidungen lenken

Die Produktion von Gütern und Dienstleistungen verursacht häufig Umweltschäden. Unternehmen sind deshalb zunehmend sozialem Druck ausgesetzt, solche negativen Effekte zu vermeiden. Wie so etwas in einer von Umweltschützern besonders kritisierten Branche, nämlich der Luftfahrt, gelingen kann, zeigt ein Beispiel von Virgin Atlantic Airways. Der Schlüssel dafür liegt bei den Flugzeugkapitänen.

Caroline arbeitet als eine der jüngsten Flugzeugkapitäne für eine große Luftlinie. Ihre Arbeit macht sie sehr stolz, bringt sie doch Woche für Woche Hunderte Passagiere zu ihren gewünschten Zielorten, wo diese ihren Geschäften oder privaten Zielen nachgehen können. Nicht erst seit der „Fridays for Future"-Bewegung sieht sie sich in ihrem Bekanntenkreis aber zunehmend Kritik ausgesetzt, da die Luftfahrtindustrie ja keineswegs als klimaneutral angesehen werden kann. In der Tat trägt diese Industrie zu ungefähr 3 % der jährlichen globalen Kohlendioxidemissionen bei. Dass gleichzeitig durch die Luftfahrtindustrie nach verschiedenen Schätzungen ungefähr 35 % des weltweiten Handelsvolumens abgewickelt wird, wodurch enormer Wohlstand geschaffen wird, spielt bei Carolines Freunden angesichts der Klimadiskussion überhaupt keine Rolle. Immerhin kann Caroline ihnen seit ein paar Wochen entgegenhalten, dass sie einen kleinen Beitrag zum sparsameren Umgang mit Treibstoff leistet, wodurch CO_2-Emissionen gesenkt werden. Die Fluglinie hat ein Projekt zum Einsparen von Treibstoff ins Leben gerufen, aber die Verantwortung für die Umsetzung liegt allein bei Caroline.

Das fiktive Beispiel der Flugzeugkapitänin Caroline passt zu einer aktuellen Studie von John List von der Universität Chicago, die er mit Koautoren und in Partnerschaft mit Virgin Atlantic Airways durchgeführt hat. In diesem Projekt ging es darum, einen Weg zu finden, wie Flugzeugkapitäne umweltbewusster fliegen könnten. Dahinter steckt ein generelleres Problem weit über die Luftfahrtindustrie hinaus, nämlich die Frage, was Unternehmen dazu beitragen können, dass ihre Mitarbeiterinnen und Mitarbeiter nicht umweltbelastend handeln. Strafen und Kontrollen sind zwar mögliche Instrumente dazu, benötigen aber häufig ein Ausmaß an Überwachung, das für die Unternehmen zu kostspielig ist. Deshalb stellt sich die Frage, wie man Mitarbeiterinnen mit einfacheren Mitteln dazu bringen kann, negative Umweltwirkungen zu vermeiden.

In vielen Fällen kann sich das sogar finanziell für ein Unternehmen lohnen. In der Luftfahrtindustrie liegt das auf der Hand, weil eingesparter Treibstoff nicht nur weniger CO_2 emittiert, sondern auch einen wesentlichen Kostenfaktor für Luftlinien reduziert, zumal die operativen Kosten von Luftlinien ungefähr zu einem Drittel durch Treibstoffkosten bedingt sind.

Im Jahr 2014 etablierte Virgin Atlantic Airways ein Projekt zur Treibstoffreduktion, das in den Händen der jeweiligen Kapitäne und Kapitäninnen liegt. Vor dem Start gibt es Berechnungen für die optimale Treibstoffbeladung, aber es liegt im Ermessen des Kapitäns, ob und gegebenenfalls wie viel er oder sie noch nachtanken möchte. Mehr Nachtanken bedeutet höheres Gewicht und damit höheren Treibstoffverbrauch. Während des Flugs lässt sich durch ökonomisches Fliegen und Ausnützen von Windverhältnissen ebenfalls Treibstoff einsparen (ähnlich wie man mit einem Pkw durch unterschiedliche Fahrstile mehr oder weniger Treibstoff verbrauchen kann). Und nach der Landung kann man auf dem oft langen Weg von der Landebahn bis zum Gate durch Abstellen eines der beiden Triebwerke ebenfalls Sprit sparen.

Virgin Atlantic Airways informierte alle 335 Kapitäne (davon sechs Frauen), dass im Jahr 2014 während acht Monaten die Treibstoffeffizienz in jedem der drei Bereiche – beim Betanken, während des Flugs und nach der Landung bis zum Gate – auf individueller Basis gemessen würde. Eine Gruppe der Kapitäne bekam monatliche Auswertungen, wie häufig die jeweiligen Einsparziele erreicht wurden. Einer zweiten Gruppe wurden monatliche Zielquoten vorgegeben und eine dritte Gruppe konnte bei Zielerfüllung Geld (der Fluglinie) an eine selbst gewählte karitative Organisation spenden. Bei einer Kontrollgruppe wurde lediglich die Treibstoffeffizienz gemessen, sie erhielt aber keine Informationen darüber.

Durch einen Vergleich der Werte während der Projektlaufzeit in 2014 mit dem Vorjahreszeitraum zeigte sich, dass die Kontrollgruppe an Kapitänen bereits einen deutlich effizienteren Treibstoffverbrauch hatte, und zwar in allen drei Bereichen. Ein solcher Effekt wird auch als Hawthorne-Effekt bezeichnet und bedeutet, dass das Wissen, beobachtet zu werden, bereits das Verhalten ändern kann. Die Kontrollgruppe wusste zwar, dass ihre Daten zur Treibstoffeffizienz erhoben wurden, sie bekam aber selbst keine Informationen darüber. Trotzdem verbesserte sich die Treibstoffeffizienz.

Das Bereitstellen von Informationen (als erster Interventionsform) hatte nur einen geringen zusätzlichen Effekt. Das Hinzufügen persönlicher Zielquoten verbesserte die Effizienz nochmals und hatte dieselbe Größenordnung wie die Intervention, bei der Kapitäne etwas spenden konnten, wenn sie effizienter flogen. In Summe wurden durch das Projekt ca. 1000 Tonnen CO_2 eingespart und ca. 500 Tonnen an Treibstoff; relativ gesehen kleine Beträge, die aber praktisch kostenfrei durch einfache Interventionen und Rückmeldungen eingespart werden konnten.

Unternehmen können die Entscheidungen ihrer Mitarbeiterinnen durch geeignete Anreize in die gewünschte Richtung verändern. Dabei können Zielvereinbarungen oder auch soziale Anreize für erwünschtes Verhalten helfen.

Abschnitt XII
Leadership

48

Charisma: Das besondere Etwas?

Steve Jobs ist wohl das bekannteste Beispiel für einen charismatischen Leader: visionär, überzeugungsstark, mitreißend, motivierend. Der Erfolg von Apple wird nicht zuletzt dem Charisma von Jobs zugeschrieben. Aber ist Charisma wirklich ein wertvoller Produktionsfaktor? Kann sein Einfluss auf Arbeitsproduktivität überhaupt gemessen werden? Schweizer Forscher haben das versucht.

Das Wort Charisma stammt vom altgriechischen Begriff für eine aus Wohlwollen gespendete Gabe. In der christlichen Tradition entspricht es ursprünglich einem Geschenk Gottes an die Menschen, wird aber insbesondere vom Apostel Paulus für geistliche Fähigkeiten verwendet, also als Teil des menschlichen Glaubens. Heutzutage gilt ein Mensch mit Charisma als jemand mit einer gewinnenden Ausstrahlung oder Persönlichkeit. In der modernen Managementliteratur wird der Begriff Charisma als Eigenschaft einer erfolgreichen Führungsperson angesehen, die andere mitreißen und für die Ziele und Aufgaben des Unternehmens begeistern kann. Steve Jobs gilt in den Lehrbüchern als Paradebeispiel eines charismatischen Leaders.

Doch ist der Einfluss von Charisma überhaupt messbar? Die Managementliteratur argumentiert dabei üblicherweise mit Fallstudien über berühmte Unternehmensführer. Das sind aber oft nur Einzelbeispiele, die sich schwer verallgemeinern lassen. Außerdem ist es bei solchen Beispielen praktisch unmöglich zu beurteilen, wie sich eine bestimmte Firma mit einem weniger charismatischen Leader entwickelt hätte, weil eine solche kontrafaktische Situation nicht als Vergleichsmaßstab zur Verfügung steht. Experimentelle Forschung hingegen kann das Ausmaß an Charisma variieren und den Einfluss auf die Arbeitsleistung von Mitarbeiterinnen und Mitarbeitern messen. Genau das haben Schweizer Forscher um Christian Zehnder von der Universität in Lausanne gemacht.

Zehnder und seine Kollegen waren daran interessiert, welche Auswirkungen eine charismatische Rede auf die Produktivität von Mitarbeitern haben konnte. Die Mitarbeiter sollten Briefe fertigstellen, mit denen ein Kinderkrankenhaus um Spenden bat. Die Aufgabe bestand darin, verschiedene Gegenstände in ein großes Kuvert zu verpacken, die Briefe zu adressieren und dann in eine große Box mit den fertigen Kuverts zu geben. Bevor sie ihre Aufgabe erfüllten, wurde den Mitarbeitern die Aufgabe erklärt, also wie die Briefe fertigzustellen wären. Diese Erklärung wurde immer von einem ausgebildeten Schauspieler vorgenommen, jedoch in zwei unterschiedlichen Varianten. Im einen Fall erklärte der Schauspieler – dass es sich um einen solchen handelte, war den Mitarbeitern nicht bewusst – in neutralem Ton alle notwendigen Arbeitsschritte, betonte aber, dass der Spendenaufruf für einen guten Zweck wäre. Diesen Fall bezeichne ich im Folgenden als neutrale Rede. Im anderen Fall wurden dieselben Inhalte vom selben Sprecher in anderer Form erklärt, indem sie durch Techniken angereichert wird, die charismatische Reden ausmachen: eine unterstützende non-verbale

Kommunikation, der Einsatz von Metaphern, Anekdoten und rhetorischen Fragen und die Betonung wichtiger Punkte durch jeweils drei Argumente. Der moralische Kontext blieb derselbe, aber insgesamt wurde die Aufgabe wesentlich lebhafter und überzeugender als wichtig dargestellt. Diesen Fall nenne ich im Folgenden die charismatische Rede.

Im Rahmen der Studie wurden 120 Mitarbeiterinnen eigens dafür angestellt, ca. 30 000 Briefe für die Spendenkampagne fertigzustellen. Eine erste Gruppe (von ungefähr einem Drittel der Mitarbeiter) bekam die neutrale Rede zur Erklärung der Aufgabe und einen fixen Lohn von ca. 25 Euro für drei Arbeitsstunden, unabhängig von der Anzahl der fertiggestellten Kuverts. Einer zweiten Gruppe (ebenfalls rund ein Drittel der Mitarbeiter) wurde ebenfalls die neutrale Rede geboten, aber diese Personen bekamen zusätzlich zum fixen Gehalt ca. 0,15 Euro pro fertigem Kuvert, sobald sie 220 Kuverts überschritten. Die letzte Gruppe an Mitarbeitern hörte die charismatische Rede und bekam wie die erste Gruppe einen fixen Lohn von ca. 25 Euro, wiederum unabhängig von der Anzahl der Kuverts. Der Vergleich der Arbeitsleistung der ersten Gruppe (mit neutraler Rede) mit jener der dritten Gruppe (mit charismatischer Rede) macht es möglich, die Produktivitätseffekte einer charismatischen Rede zu messen. Dieser Effekt kann dann verglichen werden mit der zweiten Gruppe, die noch einen zusätzlichen finanziellen Anreiz für hohe Arbeitsleistung erhielt.

Die Ergebnisse sprechen eine klare Sprache. Die charismatische Rede führte zu einer Leistungssteigerung von etwa 17 % (im Vergleich zur Arbeitsleistung der ersten Gruppe). Das bedeutet, dass im Schnitt die Kosten pro fertiggestellten Brief fast im selben Ausmaß (um 18 %) sanken, was aus Sicht des Kinderkrankenhauses vorteilhaft war. Die zweite Gruppe mit den zusätzlichen finanziellen Anreizen steigerte ihre Arbeitsleistung im Vergleich zur ersten Gruppe um ca. 20 %. Während eine solche Steigerung zu erwarten war, ist der Vergleich mit der dritten Gruppe auf den ersten Blick überraschend. Die Leistungssteigerungen von 17 % durch die charismatische Rede bzw. von 20 % durch zusätzliche finanzielle Anreize (bei der neutralen Rede) sind statistisch nicht voneinander unterscheidbar. Das bedeutet, dass eine charismatisch vorgetragene Rede im wahrsten Sinne des Wortes Geld wert ist. Oder in anderen Worten: Eine charismatische Erklärung der Aufgabe wirkt ebenso motivierend wie zusätzliches Geld für das Erledigen der Aufgabe.

Christian Zehnder und Kollegen sind die ersten, die diesen Effekt sauber aufgezeigt haben. Ihre Studie lässt noch offen, ob ein solcher Produktivitätseffekt charismatischer Ansprachen auch langfristig aufrechterhalten werden kann. Die betreffende Studie endete nämlich, nachdem alle 30 000 Spendenbriefe verschickt worden waren. Dennoch zeigt sie, dass Charisma für Unternehmen wertvoll ist.

Mitarbeiterführung ist eine der wichtigsten Aufgaben von Führungspersonal. Charismatische Führung motiviert Mitarbeiter und Mitarbeiterinnen zu höheren Leistungen (bei gleicher Bezahlung).

49

Wie Führungskräfte die Meetingkultur und damit die Arbeitszufriedenheit positiv beeinflussen können

Meetings bestimmen einen Großteil des Arbeitsalltags in ganz vielen Branchen. Das liegt daran, dass moderne, arbeitsteilige Produktionsprozesse immer mehr Teamwork verlangen, das aufeinander abgestimmt werden muss. Wie solche Meetings von Führungskräften geleitet werden, hat für die Zufriedenheit und Produktivität der Mitarbeiter Bedeutung.

Seit mehreren Jahren unterrichte ich gemeinsam mit Gerhard Fehr, dem Gründer von FehrAdvice, einer auf Verhaltensökonomie spezialisierten Beratungsfirma, einen Kurs im Executive MBA (Master of Business Administration) Programm der Universität zu Köln. Das macht uns beiden viel Freude, weil der Austausch mit den berufstätigen Studierenden – die im Schnitt um die Mitte 30 und im mittleren Management tätig sind – sowohl Gerhard als auch mir immer wieder spannende Diskussionen über wichtige Aspekte des Berufslebens beschert.

Ein Thema, das häufig mit negativen Assoziationen bei unseren Studierenden verbunden ist, ist die Meetingkultur in ihren Unternehmen. Die meisten Meetings werden als zu lang und unproduktiv wahrgenommen. Außerdem erhalten wir sehr häufig die Rückmeldung, dass die Leiterinnen und Leiter von Meetings nicht wirklich an den Meinungen bzw. Fragen der Teammitglieder interessiert wären. Angesichts der Häufigkeit solcher und ähnlicher Rückmeldungen ist davon auszugehen, dass Teammeetings in vielen Fällen verbessert werden könnten, um sowohl deren Produktivität als auch die Zufriedenheit der Meetingteilnehmer zu erhöhen. Die Frage ist, wie man das machen kann.

Einen möglichen Weg haben Mari Rege und Simone Häckl von der Universität Stavanger in Norwegen in einer aktuellen Studie aus Skandinavien aufgezeigt. In einem Konzern wollte ein neu installierter Vorstandsvorsitzender alle Mitarbeiterinnen und Mitarbeiter in den diversen Firmen des Konzerns an einem Veränderungsprozess beteiligen, um den Konzern zu einem attraktiveren Arbeitgeber zu machen, um talentierte junge Leute anzuziehen und die aktuelle Belegschaft zu halten. Dazu bildete er zufällige Gruppen mit drei bis vier Personen, die eine Stunde lang über mögliche Wege zur Zielerreichung nachdenken und die besten drei Ideen auf jeweils einer Seite ausarbeiten sollten. Um möglichst offen in die Diskussionen zu gehen – ohne möglichen Ballast aus vergangenen Meetings –, wurden die Gruppen mit Personen gebildet, die aus verschiedenen Firmen des Konzerns oder zumindest aus verschiedenen Abteilungen innerhalb einer Firma kamen. Das bedeutete, dass sich die Gruppenmitglieder nicht kannten. Jedes Gruppenmeeting sollte von einer Führungskraft (üblicherweise aus dem mittleren Management) geleitet werden.

Insgesamt nahmen 471 Personen an diesen Meetings teil, wovon 133 Führungskräfte waren. Letztere bekamen kurz vor den eigentlichen Meetings eine 20-minütige Basisschulung über den Zweck des Meetings und die Aufgaben für die Führungskräfte. Dabei wurde auch die Struktur der Meetings erklärt (Vorstellrunde, Aufgabe zum Eisbrechen, 15 Minuten Brainstorming, Rest der Zeit für die Ausarbeitung der besten drei Ideen aus dem Brainstorming).

Von den 133 Führungskräften wurden 65 zufällig ausgewählt, um eine zusätzliche 20-minütige Schulung in Vorbereitung auf das Meeting zu bekommen. Dabei ging es um die Vermittlung folgender Inhalte: Erstens, dass Menschen mit Unterstützung anderer lernen und für jede Gruppe wertvolle Beiträge leisten können. Zweitens, dass eine Gruppendiskussion nur dann gut gelingen kann, wenn sich alle Teilnehmer sicher, unterstützt und eingebunden fühlen. Das impliziert, dass alle Fragen und Beiträge ernst genommen und berücksichtigt werden. Drittens, dass konstruktive Kritik und kreatives Denken („Thinking outside the box") erwünscht sind.

Nach den Meetings wurden alle Teilnehmer befragt über ihre Zufriedenheit mit dem Meeting und wie stark sie sich einbringen konnten. Für Letzteres mussten alle Teilnehmer beantworten, (i) ob sie sich als wichtigen Teil der Diskussion empfanden, (ii) ob sie bestmöglich nach neuen Ideen zur Zielerreichung beitragen konnten, und (iii) ob sie die Gruppendiskussion als interessant erlebt hatten. Als Maß für die Produktivität der Diskussion bewertete die Personalabteilung jede der drei Ideen jeder Gruppe im Hinblick auf Originalität und Wichtigkeit für den Konzern.

Die wesentliche Forschungsfrage in der Studie von Häckl und Rege bestand darin, ob das kurze zusätzliche Training für die 65 Führungskräfte einen Einfluss auf die Zufriedenheit der Teilnehmer, deren Engagement und die Produktivität der Teams hatte. Der Effekt auf die Zufriedenheit mit den Meetings war am allerstärksten, und zwar sehr positiv. Das hatte im Wesentlichen damit zu tun, dass das Engagement der Teilnehmerinnen deutlich stieg. Sie brachten sich stärker ein, fühlten sich stärker als wichtiger Teil der Gruppe und waren mehr daran interessiert, ihre Ideen bestmöglich einzubringen. Am schwächsten war der Effekt auf die Produktivität der Meetings. Allerdings schnitten selbst hier die 65 Gruppen, in denen die Führungskräfte die zusätzliche Schulung bekommen hatten, im Schnitt leicht besser ab (gemäß der Einschätzung der Personalabteilung) als die 68 Gruppen, deren Führungskräfte nur die Basisschulung erhalten hatten. Meetings können also verbessert werden, wie im vorliegenden Beispiel sogar mit relativ geringem Aufwand (von 20 Minuten), was sich sowohl auf die Zufriedenheit mit den Meetings als auch auf das Engagement und die Produktivität auswirkt.

Meetings gehören zum Berufsalltag, sie sind aber häufig ungeeignet, um das kreative Potenzial von Teilnehmern zur Entfaltung kommen zu lassen. Führungskräfte können das aber ermöglichen, indem sie vermitteln, dass Menschen mit Unterstützung anderer lernen und wertvolle Beiträge leisten können, dass sich jeder sicher und vertrauensvoll einbringen kann und dass konstruktive Kritik und kreatives Denken erwünscht sind. Dann werden Meetings produktiver und kreativer.

50
Der Wert sozialer Fähigkeiten

Die inhaltliche Ausbildung allein genügt zunehmend nicht mehr für eine dauerhafte Arbeitsstelle und einen guten Verdienst. Neben technischen, handwerklichen oder analytischen Fertigkeiten muss man heute auch soziale Fähigkeiten mitbringen, beispielsweise um sich in Teams gut koordinieren oder in schwierigen Situationen Kompromisse finden zu können. Solche Fähigkeiten werden auf dem Arbeitsmarkt immer mehr gefragt und zahlen sich auch auf dem Lohnzettel spürbar aus.

Zu Beginn meiner Laufbahn in der Wissenschaft hatte ich die – im Nachhinein betrachtet naive – Vorstellung, dass erfolgreiche Forschung allein von guten Ideen abhinge und dass sich diese Ideen mittel- und langfristig fast von selbst durchsetzen würden. Mir war damals noch nicht bewusst, dass man seine Ideen unter Kollegen und Kolleginnen in der internationalen Wissenschaftslandschaft regelmäßig vorstellen, leidenschaftlich verteidigen, aber auch als Reaktion auf Rückmeldungen adaptieren und verbessern muss. Die Bedeutung dieses sozialen Prozesses für eine erfolgreiche Publikationstätigkeit in den besten Fachzeitschriften der Volkswirtschaftslehre und damit eine gute Karriere ist mir erst nach und nach klar geworden. Auch eine zweite Sache musste ich damals vor ca. 25 Jahren erst lernen, dass nämlich gute Forschung zunehmend in Teamarbeit entsteht und in immer weniger Fällen Einzelarbeit ist. Ich hatte das Glück, mit Martin Kocher – dem aktuellen Arbeitsminister Österreichs – früh einen genialen Partner zu finden. Gemeinsam konnten wir unsere Forschungsprojekte verbessern, indem wir bei einer Tasse grünen Tees Ideen durchdiskutiert und dabei kritisch und offen die Schwachstellen identifiziert haben – wobei manchmal der eine den anderen überzeugen musste, dass ein anderer Weg erfolgversprechender war. Wir haben uns die einzelnen Arbeitsschritte in einem Projekt aufgeteilt und damit unsere Produktivität stark verbessert. Bei all dem war immer klar, dass wir im Falle unterschiedlicher Meinungen einen Kompromiss suchten und deshalb auch immer fanden. Die gemeinsamen Treffen beim morgendlichen Tee haben mich früh gelehrt, wie wichtig soziale Fähigkeiten in der modernen Arbeitswelt sind.

Aktuelle Forschung aus der Arbeitsmarktökonomik bestätigt die Bedeutung sozialer Fähigkeiten und zeigt, dass sie in den letzten 30 Jahren noch bedeutsamer geworden sind. Das liegt daran, dass der Anteil an Routinetätigkeiten – zumindest in hochentwickelten Industriestaaten – abnimmt. Immer weniger Tätigkeiten können nach einem sturen Plan ausgeübt werden. Das Ausmaß an Routinetätigkeiten wird geringer. Damit aber wird der Umgang miteinander, also soziale Fähigkeiten, immer wichtiger. Soziale Fähigkeiten – im Englischen „social skills" – werden im Wesentlichen anhand von vier Faktoren definiert. Erstens die Einsicht, dass man die Tätigkeiten verschiedener Menschen miteinander koordinieren muss, um die Arbeitsschritte effizient auszuführen. Zweitens die Fähigkeit, im Fall widerstrebender Interessen einen Ausgleich bzw. Kompromiss finden zu können. Drittens die Fähigkeit, andere Menschen von besseren Lösungen überzeugen zu können, und viertens die Einsicht, dass andere Menschen oftmals eine andere Sichtweise auf die Dinge haben, und die Bereitschaft, sich in deren Lage zu versetzen.

David Deming von der Harvard University hat mithilfe eines Datensatzes über die Berufslaufbahn von über 10 000 Amerikanern untersucht, wie stark sich soziale Fähigkeiten auf dem Arbeitsmarkt auszahlen. In seinem Datensatz waren Informationen über die Ausbildung der betreffenden Personen, aber auch Fragebogendaten über ihre sozialen Fähigkeiten enthalten. In seiner Analyse zeigt sich, dass die Ausbildung – oder allgemeiner ausgedrückt: die kognitiven Fähigkeiten – der untersuchten Personen eine Rolle spielt. Wer höher gebildet ist, hat mit deutlich höherer Wahrscheinlichkeit eine (Vollzeit)Arbeitsstelle und verdient mehr Geld. Dieser Befund überrascht nicht und gilt praktisch weltweit. Soziale Fähigkeiten haben aber unabhängig von den kognitiven Fähigkeiten ebenso einen messbaren Effekt. Hält man etwa die kognitiven Fähigkeiten konstant und vergleicht jemanden mit durchschnittlichen sozialen Fähigkeiten mit einer Person, die zu den besten 20 % zählt (gemessen anhand eines Index für soziale Fähigkeiten), so hat letztere Person eine etwa 5 % höhere Wahrscheinlichkeit für eine (Vollzeit)Arbeitsstelle und verdient etwa 4 % mehr Geld. Bemerkenswert ist darüber hinaus noch der Umstand, dass sich soziale Fähigkeiten bei höher gebildeten Menschen noch mehr auszahlen als bei weniger gebildeten Menschen. Ausbildung und soziale Fähigkeiten ergänzen sich demnach wechselseitig. Wer mehr kann, dem stehen in der Regel höhere Positionen offen und dort muss man mit Menschen umgehen können, um produktiv arbeiten zu können.

Eine weitere wichtige Einsicht aus Demings Arbeit besteht darin, dass sich der Wert von sozialen Fähigkeiten über die letzten Jahrzehnte auch finanziell immer mehr ausgezahlt hat. Wenn man Arbeitnehmerinnen und Arbeitnehmer im Alter von ca. 25 bis 35 Jahren in den 1980er-Jahren mit jenen im selben Alter, aber in den späten 2000er-Jahren vergleicht, dann hat sich der Lohnzuwachs für soziale Fähigkeiten (bei gleichbleibender Ausbildung und in der gleichen Branche und Position) ungefähr verdoppelt. Um im obigen Beispiel zu bleiben. In den 1980er-Jahren führten bessere soziale Fähigkeiten lediglich zu einem Gehaltszuwachs von ca. 2 %, während es vor ca. zehn Jahren bereits 4 % waren. „Social skills" zahlen sich also mehr und mehr aus und es spricht viel dafür, dass sich dieser Trend auch in Zukunft weiter verstärkt.

Je komplexer unsere Arbeitswelt wird, umso wertvoller werden soziale Fähigkeiten, weil es zunehmend darum geht, Teammitglieder effizient zu koordinieren, ihre verschiedenen Wünsche und Vorstellungen zu moderieren und auch Konflikte zu lösen. Solche Fähigkeiten werden deshalb vom Arbeitsmarkt immer mehr honoriert und bringen bessere Aufstiegschancen und höhere Gehälter mit sich.

51

Menschen managen

People management skills ist ein neuer Begriff aus der englischsprachigen Managementliteratur. Er beschreibt die Fähigkeit von Vorgesetzten, ihre Mitarbeiter gut führen zu können. Solche Fähigkeiten kommen allen zugute: den Mitarbeitern, den Vorgesetzten und dem Unternehmen insgesamt, wie ein Beispiel aus der High-Tech-Branche zeigt. Worauf kommt es dabei wirklich an und wie lässt sich das messen?

In großen Unternehmen ist es heutzutage gang und gäbe, dass die Mitarbeiterinnen und Mitarbeiter regelmäßig über ihre Zufriedenheit am Arbeitsplatz und über ihre Einschätzung von Vorgesetzten, Kollegen und Untergebenen befragt werden. Vielfach wird das als zeitintensive Pflichtübung wahrgenommen. Dabei lassen sich wichtige Erkenntnisse daraus gewinnen, wie etwa ein Fallbeispiel eines nordamerikanischen High-Tech-Unternehmens zeigt.

Dieses Unternehmen befragt regelmäßig seine über 10 000 Mitarbeiter über diverse Aspekte am Arbeitsplatz. Ein wichtiger Teil dieser Befragungen ist die Einschätzung der Führungsqualitäten der jeweiligen Vorgesetzten. Dabei sollen die Mitarbeiter für jede der folgenden sechs Fragen den Grad ihrer Zustimmung auf einer Skala von „Stimme überhaupt nicht zu" bis zu „Stimme stark zu" angeben. Die Fragen beziehen sich auf die jeweilige Vorgesetzte oder den jeweiligen Vorgesetzten im Hinblick darauf, ob er oder sie (1) die Erwartungen an die eigene Arbeitsleistung klar kommuniziert; (2) regelmäßig Coaching und Ratschläge erteilt, wie jemand seine Leistung verbessern kann; (3) aktiv die Karriere einer Mitarbeiterin oder eines Mitarbeiters fördert; (4) bei wichtigen Entscheidungen auch andere Leute einbezieht; (5) eine positive Stimmung im Arbeitsteam herstellt, selbst unter schwierigen Bedingungen; und (6) er oder sie jemand ist, dem man vertrauen kann. In dem Unternehmen werden die Antworten auf diese sechs Fragen dazu benützt, um die people management skills der jeweiligen Vorgesetzten zu messen. Dabei geht es nicht direkt um ihre sozialen Fähigkeiten im Allgemeinen (wie im vorigen Kapitel beschrieben), sondern explizit um die Fähigkeit, die ihnen unterstellten Mitarbeiterinnen und Mitarbeiter gut zu führen.

Mitchell Hoffman von der Universität Toronto hat anhand dieser Daten analysiert, wie die Führungsfähigkeiten von Managern auf das Verhalten der Untergebenen wirken und inwiefern sie sich für die Manager selbst und für das Unternehmen insgesamt bezahlt machen. Dazu hat er für über 1000 Vorgesetzte (also Manager), die im Schnitt zehn Mitarbeiter hatten, eine Kennzahl für deren Führungsqualitäten gebildet, die umso höher ist, je häufiger die jeweiligen Untergebenen auf die obigen sechs Fragen mit „stimme zu" oder „stimme stark zu" antworteten. Dann hat Hoffman diese Kennzahlen zuerst mit den Leistungen und dem Verhalten der jeweiligen Untergebenen in Beziehung gesetzt und danach auch noch untersucht, ob die jeweilige Kennzahl ein Indikator dafür ist, wie ein Manager selbst im Unternehmen Karriere macht.

Es zeigt sich, dass die Führungsqualitäten der Manager einen starken Einfluss auf die Arbeitszufriedenheit ihrer Mitarbeiter und deren Verweildauer im Unternehmen haben. Mitarbeiter, deren Manager bessere Führungsqualitäten haben, sind deutlich zufriedener mit ihrer Arbeit und engagieren sich auch mehr für ihr Unternehmen, wie die Befragungen der Mitarbeiter ergaben. Außerdem bleiben sie länger im Unternehmen, wenn ihre Vorgesetzten besser führen können. In diesem High-Tech-Unternehmen verlassen jährlich im Durchschnitt 16 % der Angestellten das Unternehmen. Bei den besten Managern im Hinblick auf ihre Führungsfähigkeiten sinkt dieser Wert auf 14 %, was einer über zehnprozentigen Verbesserung entspricht.

Ganz besonders bedeutsam ist aber ein wichtiges Detail, das erstmals in der Arbeit von Hoffman überhaupt untersucht werden konnte. Wenn Mitarbeiter ein Unternehmen verlassen, dann kann das für das Unternehmen gut oder schlecht sein. Die guten Mitarbeiter will ein Unternehmen selbstverständlich länger halten, bei den schlechten ist es hingegen froh über eine Trennung. Das High-Tech-Unternehmen hat offenbar in seinen Personalakten systematisch erhoben, ob der Weggang eines Mitarbeiters als „bedauerlich" für das Unternehmen oder als „gut" eingestuft wurde. Hoffman konnte erstmals zeigen, dass Manager mit hohen Führungsqualitäten vor allem die Wahrscheinlichkeit verringern, dass gute Mitarbeiter das Unternehmen verlassen. Sie reduzieren also die „bedauerlichen" Fälle. Außerdem suchen Mitarbeiter weniger häufig um Versetzungen an, wenn sie Manager mit hohen Führungsqualitäten unterstellt sind. Die längere Verweildauer und die geringere Häufigkeit von Versetzungen ersparen dem Unternehmen die (teils beträchtlichen) Kosten von Neubesetzungen oder unternehmensinternen Versetzungen.

Im Hinblick auf die Arbeitsproduktivität findet Hoffman keine Auswirkungen der Führungsqualitäten, was in einer High-Tech-Branche vielleicht nicht allzu verwunderlich ist, weil es einfach schwierig ist, hochqualifizierte Arbeit (wie Softwareprogrammierung) exakt zu quantifizieren.

Für die Manager selbst zahlen sich gute Führungsqualitäten unmittelbar aus. Jene mit den 10% besten Werten werden im Vergleich zu Managern mit den 10% schlechtesten Werten drei Mal häufiger befördert. Außerdem bekommen sie im Schnitt höhere Gehaltssteigerungen. Während offenbar die Gehaltserhöhungen von Managern bei ca. vier bis acht Prozent pro Jahr liegen, bekommen die Manager mit den besten Werten hinsichtlich ihrer Führungsqualitäten noch zusätzlich etwa 1,5% mehr pro Jahr. People management skills zahlen sich also aus, und das immer mehr.

Von Führungskräften wird heutzutage erwartet, dass sie ihre Erwartungen an die Arbeitsleistung ihrer Mitarbeiter transparent kommunizieren, ihnen regelmäßig Feedback geben, sie in ihrer Karriere fördern und als Ratgeber zur Seite stehen. Wer diese Fähigkeiten besser beherrscht, kann Menschen besser „managen" und reduziert dadurch die Mitarbeiterfluktuation und erhöht deren Arbeitszufriedenheit.

52

Rauchen hilft der Karriere (aber sicher nicht der Gesundheit)

Rauchen ist ja eigentlich out. Die negativen Langzeitwirkungen auf die Gesundheit sind klar belegt. Während in der Öffentlichkeit immer weniger Raucher sichtbar sind, sind sie im Alltag, auch im beruflichen, nach wie vor präsent. In der Firma trifft man sich dann zu Rauchpausen und tauscht sich miteinander aus. Dass das die eigene Karriere fördern kann, zeigt ein Beispiel einer großen asiatischen Bank.

Im Berufsleben geht es nicht nur um Produktion, Terminpläne, Kundenservice und dergleichen, sondern der Beruf ist auch ein Bereich des Lebens, in dem soziale Begegnungen stattfinden, wo man sich auch einmal über die beruflichen Belange hinaus austauscht oder Pausen miteinander verbringt. Ob man sich bei diesen sozialen Interaktionen mit Kolleginnen und Kollegen wohlfühlt, hat einen starken Einfluss auf die Arbeitsplatzzufriedenheit. Diese sozialen Belange sind aber auch karrieretechnisch von nicht zu unterschätzender Bedeutung, weil man im sozialen Kontakt Bindungen aufbaut und wichtige Informationen über andere Personen bekommt, die für Beförderungsentscheidungen relevant sein können. Dass Beziehungen – das berühmte Vitamin B im

Beruf – wichtig für das Fortkommen im Beruf sind, überrascht vermutlich niemanden, aber außer anekdotischer Evidenz gab es bisher kaum empirisch überzeugende Daten, die den Einfluss von sozialen Beziehungen auf die Karriere in kausaler Weise dokumentieren konnten.

Zoe Cullen von der Harvard Business School und Ricardo Perez-Truglia von der Universität in Berkeley konnten mit Daten einer großen asiatischen Bank untersuchen, welchen Einfluss diese Netzwerke haben und wie sie von der Intensität des Kontakts abhängen. Ausgangspunkt ihrer Untersuchung war die Feststellung, dass Männer in vielen Unternehmen – insbesondere auch im Finanzsektor – schneller als Frauen befördert werden und dass durch diesen Umstand ein relativ großer Teil der Gehaltsunterschiede zwischen Männern und Frauen erklärbar ist. In der Literatur wird häufig vom „Old men's club" gesprochen, demzufolge länger im Unternehmen befindliche Männer häufiger jüngere Männer als Frauen befördern und darum die Gleichberechtigung von Männern und Frauen in Unternehmen noch nicht vollkommen realisiert ist. So ein „Old men's club" setzt voraus, dass mehr Kontakt von Mitarbeitern zu ihren Vorgesetzten – in diesem Fall mit demselben Geschlecht – zu besseren Aufstiegschancen für diese Mitarbeiter führt. Also haben Cullen und Perez-Truglia zuerst untersucht, ob mehr Kontakt tatsächlich die Beförderungswahrscheinlichkeit erhöht. Anhand von Informationen über ca. 3500 männliche Mitarbeiter in der asiatischen Bank haben sie die Kontakthäufigkeit von Mitarbeitern und Vorgesetzten erhoben, einmal durch Befragungen, aber auch durch den jeweiligen Raucherstatus. Es zeigt sich, dass Mitarbeiter und Vorgesetzte fast die Hälfte mehr Zeit miteinander verbringen, wenn beide Raucher sind (und in relativer Nähe zueinander arbeiten), als wenn das nur für eine der beiden Personen gilt. Der zusätzliche Kontakt kommt vor allem von den Rauchpausen, umfasst aber auch mehr Zeit während der normalen Arbeitszeit. Zur Messung des Effekts überprüften die Autoren, wie sich die Wahrscheinlichkeit der Beförderung eines rauchenden Mitarbeiters verändert, wenn ein neuer Vorgesetzter Raucher ist, während der alte Vorgesetzte Nichtraucher war. Es zeigt sich, dass in den folgenden 2,5 Jahren der rauchende Mitarbeiter im Schnitt um 0,7 Gehaltsstufen mehr aufsteigt als die nicht rauchenden Kollegen. Der Effekt ist nicht darauf zurückzuführen, dass sich etwa der rauchende Mitarbeiter und rauchende Vorgesetzte von früher schon kennen würden, dass sie die gleiche Ausbildungsstätte besucht hätten oder aus derselben Region kommen würden. Des Pudels Kern ist die länger miteinander verbrachte Zeit. Und dabei hilft offenbar ein gemeinsames Laster wie Rauchen, weil man die Pausen häufiger miteinander verbringt. Der „Old men's club" funktioniert also gut. Er ist aber nicht nur auf die Dimension des Rauchens beschränkt.

Cullen und Perez-Truglia haben als Nächstes analysiert, ob es eine Rolle für die Beförderungswahrscheinlichkeit spielt, welches Geschlecht Mitarbeiter und Vorgesetzter haben. Da in der asiatischen Bank die Vorgesetzten häufig ausgetauscht werden (weil die Karrierepfade vorsehen, dass Manager in regelmäßigen Intervallen Erfahrungen in anderen Abteilungen und mit anderen Teams sammeln), kann sich das Geschlecht des Vorgesetzten ändern. Beispielsweise untersuchen die Autoren die Situation, wenn Mitarbeiter beiderlei Geschlechts einen Wechsel von einer weiblichen Vorgesetzten zu einem männlichen Vorgesetzten erleben. Hier zeigt sich eine starke Asymmetrie: Männliche Mitarbeiter profitieren im Schnitt deutlich mehr als weibliche Mitarbeiterinnen von einem solchen Wechsel. Die Männer steigen im Laufe von 2,5 Jahren um 0,6 Gehaltsstufen mehr nach oben, wenn ein männlicher Vorgesetzter kommt. Für Frauen hingegen hängt die Aufstiegswahrscheinlichkeit nicht vom Geschlecht ihrer jeweiligen Vorgesetzten ab. Nur für Männer macht das einen entscheidenden Unterschied aus. Das gilt auch in die umgekehrte Richtung. Wenn Männer anstelle eines männlichen Vorgesetzten plötzlich eine weibliche Führungskraft bekommen, dann verzögert sich ihr Aufstieg im Vergleich zur Situation mit einem männlichen Vorgesetzten. Wiederum spielt das für Frauen keine Rolle. Für Männer ist offenbar das Netzwerken sehr viel bedeutsamer – und erfolgreicher – für den beruflichen Aufstieg als für Frauen.

Der Mensch als soziales Wesen wird in seinen Entscheidungen von gemeinsamen Erfahrungen mit anderen Menschen beeinflusst. Das gilt auch im Berufsleben und dort auch für Führungskräfte. Letztere berücksichtigen etwa bei Beförderungsentscheidungen Erfahrungen, die sie mit den Personen in ihrem Netzwerk machen. Dabei spielt es eine Rolle, wie viel Zeit man mit jemandem verbringt. Gemeinsame Rauchpausen sind deshalb ein bedeutender Faktor, wenn es um die Karriere geht.

Abschnitt XIII
CEO oder „Am Gipfel"

53

Was CEOs eigentlich tun

Sie stehen im Rampenlicht, verdienen extrem viel Geld und haben große Macht: die Vorstandsvorsitzenden oder CEOs großer Unternehmen. Sie arbeiten auch sehr viel, aber womit verbringen sie eigentlich ihre Zeit? Nicht alle gehen denselben Tätigkeiten nach, wie sich zeigt. Es gibt im Wesentlichen zwei Typen von CEOs. Welcher Typ ein Unternehmen führt, spielt eine Rolle für den Unternehmenserfolg.

Mein Innsbrucker Kollege Gottfried Tappeiner erzählte mir während meiner Jahre an der Universität Innsbruck einmal, dass einer seiner Söhne im Alter von ungefähr zehn Jahren ihn gefragt habe, was denn ein „Chef" so den ganzen Tag lang mache. Das würde ihn nämlich interessieren, da der Titel attraktiv klinge. Gottfried, ein sehr gut vernetzter Südtiroler, vereinbarte daraufhin mit einem Südtiroler Unternehmenschef, dass sein Sohn einen ganzen Tag mit ihm verbringen könne, um zu erfahren, was ein Chef denn so tut und was zum Chef-Sein dazugehört. Ich fand damals sowohl das Interesse von Gottfrieds Sohn als auch Gottfrieds Initiative, seinem Sohn eine Antwort auf dessen Frage zu geben, ausgesprochen beeindruckend. Chefs gelten ja häufig als recht entrückte Personen, denen man selten begegnet und von denen man wirklich nicht genau weiß, was sie tun. Nach seinem Tag mit dem Südtiroler Unternehmenschef wusste Gottfrieds Sohn, dass ein Chef sehr viele verschiedene Dinge tut: mit Mitarbeitern sprechen, mit Lieferanten und Banken verhandeln, sich auf Meetings vorbereiten, im Betrieb einen Rundgang machen, zu auswärtigen Geschäftsessen gehen, E-Mails beantworten (lassen) und vieles mehr. Der Tag war ein Abenteuer gewesen und hatte einen detaillierten Einblick in den Alltag eines Chefs gegeben.

Was CEOs als Chefs tun, interessiert aber nicht nur wissbegierige Kinder, sondern auch Wissenschaftler, weil sie damit besser verstehen können, warum CEOs für Unternehmen wichtig und welche ihrer Tätigkeiten für den Unternehmenserfolg bedeutsam sind. Oriana Bandiera von der London School of Economics hat mit Kollegen den Tagesablauf von über 1100 CEOs aus sechs Ländern (Brasilien, Deutschland, Frankreich, Großbritannien, Indien und USA) in einem bisher unerreichten Detailgrad analysiert, um Verhaltensmuster identifizieren und den Zusammenhang zwischen dem Verhalten eines CEOs und dem Unternehmenserfolg analysieren zu können.

Die CEOs kamen aus dem produzierenden Gewerbe, sie waren im Schnitt 51 Jahre alt, standen im Schnitt knapp über 1000 Mitarbeiterinnen und Mitarbeitern vor und erwirtschafteten einen durchschnittlichen Umsatz von über 200 Millionen Dollar pro Jahr. Während einer Woche riefen Forschungsassistenten jeden Tag am Morgen und am Abend beim CEO selbst oder dessen Assistenten an, um den Terminkalender des CEO zu erfassen. Am Morgen ging es um den geplanten Tagesablauf, am Abend um den tatsächlichen, jeweils eingeteilt in 15-Minuten-Einheiten. Dabei wurden folgende Informationen erhoben: (i) die Art der Tätigkeit – zum Beispiel, ob es sich um ein Meeting, ein Geschäftsessen, einen Rundgang in der Firma oder Vorbereitungszeit für ein Meeting handelte; (ii) die Dauer eines Termins; (iii) die Anzahl und die Funktionen der Teilnehmer – also ob es sich um firmeninterne Gesprächspartner aus bestimmten Bereichen oder um externe Personen, wie Berater, Zulieferer oder Kunden, handelte.

Die CEOs verbrachten im Schnitt 70 % ihrer durchschnittlich 50 Wochenarbeitsstunden im Gespräch mit anderen Personen (persönlich, per Videokonferenz oder am Telefon). Die restlichen 30 % dienten Vorbereitungs- und Reisetätigkeiten. Diese Durchschnittswerte täuschen darüber hinweg, dass es große Unterschiede zwischen CEOs gab, insbesondere im Hinblick auf die Häufigkeit von Meetings oder die Anzahl der Personen in diesen Meetings. Mithilfe statistischer Methoden wurden aus der Menge an Daten dann zwei Typen von CEOs identifiziert, die man in der Managementliteratur auch gerne als „Manager" bzw. „Leader" bezeichnet. Manager halten relativ häufig bilaterale Treffen ab, kümmern sich verstärkt um produktionsrelevante Aspekte und sind relativ häufig im Unternehmen in verschiedenen Abteilungen unterwegs. Leader hingegen verbringen mehr Zeit mit Meetings, in denen mehr als zwei Personen teilnehmen, die meist aus verschiedenen Unternehmensbereichen und dort aus dem Führungspersonal stammen. Sie kümmern sich weniger um die operativen als vielmehr um die strategischen Entscheidungen des Unternehmens.

Die Häufigkeit, mit der eher der eine oder der andere Typ von CEOs anzutreffen ist, hängt beispielsweise von der betreffenden Branche ab. Leader sind häufiger in großen Firmen, wie multinationalen Konzernen, anzutreffen und in Branchen mit höheren Ausgaben für Forschung und Entwicklung. Ob einer Firma ein Manager oder ein Leader vorsteht, hängt nicht vom (finanziellen) Erfolg des Unternehmens vor der Bestellung des aktuellen CEOs ab, hat aber einen Einfluss auf wichtige Unternehmenskennzahlen nach der Bestellung. Leader führen im Schnitt produktivere und profitablere Firmen an. Die besseren Kennzahlen stellen sich im Durchschnitt nach ca. drei Jahren ein, was bedeutet, dass der Führungsstil einen mittelfristigen Effekt auf den Unternehmenserfolg hat.

Bandiera und ihre Kollegen betonen allerdings, dass die gewonnenen Ergebnisse nicht so verstanden werden sollten, dass alle Firmen erfolgreicher wären, wenn sie einen Leader als CEO hätten. Es sei vielmehr eher so, dass der Typ des CEO zur Firma passen müsse, also zu ihrer Kultur und vor allem ihren Mitarbeiterinnen und Mitarbeitern. Dass es da im Zuge der Besetzung von neuen CEOs immer wieder zu Friktionen – also zu einer fehlenden Kongruenz – kommt, liegt auch daran, dass die Autoren in ihrem Datensatz Hinweise dafür finden, dass Leader-CEOs eher „Mangelware" sind als Manager-CEOs. Das hat zur Folge, dass Firmen, die mit einem Leader besser fahren würden, oftmals einen Manager als CEO bekommen. Der Typ von CEO an der Spitze einer Unternehmung hat aber einen Einfluss auf den Unternehmenserfolg.

Es gibt unterschiedliche Führungs- und Managementstile von Vorstandsvorsitzenden. Manche lassen sich eher als strategische Leader bezeichnen, andere als Manager. Beide Stile haben unterschiedliche Vor- und Nachteile, haben aber messbare Auswirkungen auf den Unternehmenserfolg.

54

Was CEOs von anderen Managern unterscheidet

Dass CEOs bessere Menschen seien, würde niemand behaupten wollen. Dass sie anders als andere sind, trifft hingegen zu. Auf dem Weg vom untergeordneten Manager zum CEO einer Firma helfen bestimmte persönliche Eigenschaften und Fähigkeiten. Welche sind das?

Helmut ist aufgeregt. Er ist bei einer großen, börsennotierten Firma als möglicher Vorstandsvorsitzender im Gespräch. Die ersten Treffen mit dem Aufsichtsrat liefen gut. Jetzt soll er sich noch einem Assessment durch eine Unternehmensberatung unterziehen. Das Ganze soll vier Stunden dauern und im Rahmen eines sehr strukturierten Fragebogens vor sich gehen. Aus dem Interview sollen sich Helmuts Persönlichkeitseigenschaften und seine intellektuellen und sozialen Fähigkeiten erkennen lassen. Wenn diese zum Anforderungsprofil der Firma passen, dann dürfte es mit der Bestellung wohl klappen. Das wäre somit der nächste große Schritt in seiner Karriere. Anerkennung, Einfluss und ausreichend viel Geld wären damit verbunden. Helmut fragt sich, wie er sich im Interview am besten geben sollte: als Macher, als Stratege, als Kreativer, als Intellektueller? Nach kurzem Überlegen wischt er solch strategische Überlegungen entschieden beiseite. Er ist in seiner ganzen Karriere am besten gefahren, wenn er sich so authentisch wie möglich gegeben hat, so, wie er halt nun mal ist. So wird er es auch diesmal machen.

Die Auswahl eines Vorstandsvorsitzenden oder CEO ist eine immens wichtige Angelegenheit für jede Firma, weil CEOs den Kurs bestimmen und damit wesentlichen Einfluss auf die Entwicklung einer Firma haben. Große Unternehmen investieren viel Zeit und Geld in die entsprechende Suche und nehmen dabei häufig Hilfe von Beratungsunternehmen in Anspruch, die sich auf die Analyse von Persönlichkeits- und Fähigkeitsprofilen spezialisiert haben. Ein solches Unternehmen ist zum Beispiel ghSMART, das regelmäßig für mittlere und große Firmen Assessments von Managern für Führungspositionen auf der Vorstandsebene oder direkt darunter durchführt. Ein solches Assessment kostet 20 000 Dollar oder mehr pro Kandidat, besteht aus einem halbtägigen Interview und einem schriftlichen Bericht über das Interview und den jeweiligen Kandidaten im Umfang von 20 bis 40 Seiten. Im Fragebogen werden 30 verschiedene Eigenschaften erfragt, die sich auf fünf verschiedene Bereiche beziehen: Führungsfähigkeiten, persönliche Charaktereigenschaften, intellektuelle Fähigkeiten, Motivation und soziale Fähigkeiten.

Im Hinblick auf Führungsfähigkeiten wird beispielsweise erfragt, ob ein Kandidat Mitarbeiter entwickeln kann, ob er über ein großes berufliches Netzwerk verfügt oder ob er selbst Top-Leute oder eher zweitklassige Personen eingestellt hat. Bei den persönlichen Eigenschaften geht es unter anderem um Integrität, Organisationstalent oder Entschlusskraft. Bei Motivation geht es etwa um Ausdauer, Enthusiasmus und die Maßstäbe für die eigene Arbeit. Bei sozialen Fähigkeiten spielen die mündliche und schriftliche Ausdrucksfähigkeit eine Rolle ebenso wie der Umgang mit Kritik oder die Fähigkeit, Konflikte zu lösen und die Aufgaben in Teams gut zu verteilen. Bei den intellektuellen Fähigkeiten sind zum Beispiel die Noten und die Art der Ausbildung wichtig, aber auch analytische und kreative Fähigkeiten.

Steven Kaplan von der University of Chicago und Morten Sorensen von der Kopenhagen Business School haben für eine Studie Zugang zu 2600 Assessments von ghSMART bekommen und konnten daraus Aufschlüsse gewinnen, welche Eigenschaften am ehesten dazu beitragen, dass es jemand bis in den Vorstand oder gar zum Vorstandsvorsitzenden schafft. Die Assessments wurden zwischen 2001 und 2013 durchgeführt. Über 90 % der Kandidaten waren Männer (weshalb ich im einleitenden Beispiel von Helmut und nicht von Sofia sprach). Ungefähr ein Drittel der Assessments wurde für die Stelle eines CEO durchgeführt, der Rest für andere Vorstandsposten oder Managementpositionen direkt unterhalb der Vorstandsebene. Kaplan und Sorensen identifizierten in ihrer Analyse vier Faktoren aus den 30 Eigenschaften, die im Assessment erhoben werden: allgemeine Fähigkeiten, Umsetzungskraft, Charisma und strategisches Denken.

Die Gruppe von 2600 Kandidaten und Kandidatinnen ist für sich genommen schon eine sehr selektive, überdurchschnittlich gebildete und außergewöhnlich erfolgreiche Gruppe von Personen. Trotzdem unterscheiden sich jene, die als CEO infrage kommen oder es dann tatsächlich werden, deutlich von den anderen. Wer als Kandidat für einen CEO-Posten in Erwägung gezogen wird, schneidet weit überdurchschnittlich in allen vier Faktoren ab: Solche Personen haben bessere Fähigkeiten intellektueller und sozialer Natur, sind umsetzungsstärker, haben mehr Charisma und gehen strategischer an Aufgaben heran. Für die tatsächliche Bestellung zum CEO sind dann vor allem Kandidaten mit besseren Fähigkeiten, mehr Charisma und strategischem Denken gefragt. Umsetzungsstärke ist dann nicht mehr so bedeutsam. Dagegen werden zwischenmenschliche Fähigkeiten wichtiger, die nicht nur „Macherqualitäten", sondern auch Umsicht, Respekt und Empathie beim Umgang mit Menschen zum Ausdruck bringen.

Brisant ist noch ein anderes Detailergebnis der Studie von Kaplan und Sorensen: Frauen, die in den vier Faktoren gleich stark abschneiden wie Männer, werden trotzdem mit geringerer Wahrscheinlichkeit zum CEO bestellt. Offenbar gibt es nach wie vor Diskriminierung gegen Frauen in den allerobersten Ebenen. Dieser Befund unterstützt die Rufe nach Quotenregelungen in den Führungsetagen großer Konzerne.

Der Weg an die Spitze eines Unternehmens ist in der Regel lang. Dabei kommt es auch auf bestimmte Fähigkeiten und Eigenschaften an. Vorstandsvorsitzende zeichnen sich im Allgemeinen durch Umsetzungsstärke, Charisma, hohe kognitive Fähigkeiten und einen strategischen Zugang zu Problemen aus.

55

Weibliche CEOs, Gehaltsverteilung und Produktivität

Weltweit sind nach wie vor die allermeisten Vorstände und Vorstandsvorsitzenden männlich. Bei den großen deutschen Unternehmen, die im DAX gelistet sind, beträgt der Anteil an weiblichen Vorstandsmitgliedern nur ca. 20 %. Allerdings spielt es für die Gehaltsverteilung in einem Unternehmen und die Produktivität eine Rolle, ob mehr oder weniger Frauen im Vorstand sitzen.

Die Berufung in den Vorstand stellt den beruflichen Höhepunkt der Karriere innerhalb eines Unternehmens dar. Dann hat man es sozusagen wirklich geschafft. Um dieses Ziel zu erreichen, helfen bestimmte Eigenschaften, wie sie im vorigen Kapitel beschrieben wurden: Vorstandsmitglieder haben im Schnitt bessere Fähigkeiten (intellektueller und sozialer Natur), sind umsetzungsstärker, haben mehr Charisma und gehen strategischer an Aufgaben heran, als das Mitarbeiterinnen und Mitarbeiter tun, die knapp unterhalb der Vorstandsebene tätig sind. Vorstandsmitglieder sind aber auch viel häufiger männlich. Frauen werden selbst bei gleichen Qualifikationen weniger häufig in einen Vorstand berufen als Männer. Jedoch haben Vorstandsmitglieder, und insbesondere Vorstandsvorsitzende (CEOs), nachweislich einen Einfluss auf den Unternehmenserfolg. Das wirft die Frage auf, ob es auch eine Rolle spielt, ob Frauen im Vorstand sitzen. Luca Flabbi von der University of North Carolina ist genau dieser Frage nachgegangen. Konkret hatte er Zugang zu Daten von über 1000 italienischen Unternehmen im produzierenden Gewerbe. Im Datensatz waren zum einen Informationen über sämtliche Mitarbeiter hinsichtlich der Funktion, des Gehalts und des Geschlechts enthalten. Zum anderen umfasste die Datenbank auch Informationen zur Produktivität im Unternehmen, beispielsweise die Verkaufserlöse pro Mitarbeiter.

In der gesamten produzierenden Branche in Italien liegt der Frauenanteil sämtlicher Mitarbeiter bei knapp über 25 %. Demgegenüber sind allerdings nur 3 % aller Vorstandsmitglieder weiblich und lediglich 2 % aller Vorstandsvorsitzenden. Flabbi und Kollegen untersuchten konkret, welchen Einfluss der Anteil von Frauen im Vorstand auf die Gehaltsverteilung in den jeweiligen Unternehmen und auf deren Produktivität hat. Dabei berücksichtigten sie den Umstand, dass Unternehmen, bei denen Frauen im Vorstand tätig waren, im Schnitt etwas weniger Mitarbeiter und geringere Umsätze als jene Unternehmen hatten, bei denen ausschließlich Männer im Vorstand saßen. Dennoch lässt sich der Effekt von Frauen im Vorstand methodisch sauber untersuchen, insbesondere wenn man die Entwicklung innerhalb eines Unternehmens analysiert, bei dem in einigen Perioden ausschließlich Männer, in anderen Perioden aber auch Frauen im Vorstand saßen.

Flabbis Ergebnisse zeigen, dass sich die Gehaltsverteilung in einem Unternehmen ändert, wenn Frauen im Vorstand tätig sind, insbesondere wenn eine Frau die Vorsitzende, also CEO, ist. Viele frühere Studien fanden kaum einen Einfluss von Frauen im Vorstand auf das durchschnittliche Gehalt von Männern und Frauen im betreffenden Unternehmen.

55 Weibliche CEOs, Gehaltsverteilung und Produktivität

Flabbi und seine Kollegen betrachteten aber als Erste nicht nur die durchschnittlichen Gehälter in einem Unternehmen, sondern auch die Gehaltsverteilung in Abhängigkeit vom Geschlecht. Dabei fanden sie heraus, dass gut qualifizierte Frauen im Unternehmen davon profitieren, wenn Frauen im Vorstand sitzen. Konkret erhöht sich das Gehalt von Frauen, die zum bestverdienenden Viertel der Belegschaft zählen, um ca. 10 %, wenn mindestens eine Frau im Vorstand sitzt, verglichen mit einer Situation, wo der Vorstand ausschließlich männlich besetzt ist. Männer knapp unterhalb der Vorstandsebene verdienen hingegen einige Prozentpunkte weniger, wenn eine Frau im Vorstand ist.

Flabbi und seine Kollegen führen diesen Effekt auf die Gehaltsverteilung auf zwei mögliche Kanäle zurück. Zum einen vermuten sie, dass Frauen im Vorstand die Fähigkeiten von Frauen direkt unterhalb der Vorstandsebene besser einschätzen können als Männer und deshalb angemessenere Gehälter (im Hinblick auf die Produktivität) für die gut qualifizierten Frauen unterhalb der Vorstandsebene festlegen. Eine zweite (und komplementäre) Vermutung besteht darin, dass sich Frauen in Vorständen stärker beim Mentoring von vielversprechenden Frauen im Unternehmen engagieren und damit die Karrierepfade nach oben auch für Frauen durchlässiger werden, was dann auch zu höheren Gehältern führt.

Ein zweites Kernergebnis von Flabbi zeigt, dass Unternehmen mit Frauen im Vorstand produktiver werden. Konkret steigern sich die Erlöse pro Mitarbeiter um ca. 3 %, wenn Frauen im Vorstand sind. Ein interessantes Detailergebnis besteht darin, dass dieser positive Effekt auf die Produktivität umso stärker ist, je höher der Frauenanteil in einem Unternehmen bereits ist. Daraus leiten Flabbi und seine Kollegen eine bedenkenswerte Schlussfolgerung ab. Eine – in vielen Staaten diskutierte und in einigen schon eingeführte –

Quotenregelung für den Anteil von Frauen in Vorständen hat unter Umständen in jenen Unternehmen die größten Auswirkungen auf die Produktivität, die bereits einen relativ hohen Frauenanteil haben.

Damit schließt sich in gewissem Sinn der Kreis, der in diesem Buch mit einem Abschnitt über den Berufseinstieg und mögliche Verzerrungen im Einstellungsverfahren begonnen hat. Frauen sind in diesen Prozessen oft benachteiligt, von der Einstellung bis zur Bestellung als CEO. Aus gesellschaftlicher Sicht ist das unfair, aus volkswirtschaftlicher Sicht eine Verschwendung von Talenten und aus unternehmerischer Sicht nachteilig im Hinblick auf Unternehmenskennzahlen und beispielsweise die Überlebensdauer von Startups. Verhaltensökonomische Einsichten können helfen, diese Probleme zu erkennen und zu meistern.

Obwohl der Anteil von Frauen an der Spitze von Unternehmen nur langsam steigt, macht sich ihre zunehmende Präsenz in der Führungsetage bemerkbar. Frauen im Vorstand und als Vorstandsvorsitzende haben einen Einfluss auf die Gehaltsverteilung und die Produktivität in Unternehmen.

Kompakte Zusammenfassung aller Erkenntnisse – zum Nachschlagen und für Schnellleser

Hier finden Sie zum Abschluss noch einmal die jeweilige verhaltensökonomische Erkenntnis für jedes der 55 Kapitel dieses Buchs in einer kompakten Zusammenfassung. Jede Erkenntnis bezieht sich auf die im entsprechenden Kapitel analysierte Situation und Studie.

1. Wir neigen dazu, uns Ähnliches als positiver einzuschätzen als uns Unähnliches. Was wir als attraktiv einschätzen, beurteilen wir positiver als Unattraktives. Darum reduzieren fremd klingende Namen oder als wenig attraktiv empfundene Bewerbungsbilder die Wahrscheinlichkeit, zu einem Vorstellungsgespräch eingeladen zu werden.

2. Bei Entscheidungen spielt der Status quo (und dessen Verteidigung) oft eine große Rolle. Ist der Frauenanteil in verantwortlichen Positionen bereits relativ hoch, werden Frauen von Männern bei Vorstellungsgesprächen negativer eingeschätzt. Mehr Frauen in Personalauswahlgremien sind daher oft ein Nachteil für weibliche Bewerberinnen.

3. Bei Bewerbungsprozessen müssen Mitglieder von Auswahlgremien Vergleiche zwischen verschiedenen Kandi-

datinnen und Kandidaten vornehmen. Dabei spielt die Reihenfolge der Vorstellungen eine Rolle, weil frühere Kandidaten weniger wahrscheinlich beste Bewertungen bekommen als spätere Kandidaten, wenn danach niemand mehr kommt. Darum ist es bei Vorstellungsgesprächen günstiger, am Ende dranzukommen.

4. Menschliches Entscheidungsverhalten unterliegt Fehlern und Verzerrungen. Computeralgorithmen können bei der Flut von Bewerbungen hilfreich sein, die besten Bewerbungen zu identifizieren. Eine Berücksichtigung von maschinellen Empfehlungen kann zu einer Verbesserung der Personalauswahl und zu längeren Verweildauern neuer Mitarbeiter und Mitarbeiterinnen führen.

5. Die Besetzung freier Stellen in einem Unternehmen ist kostspielig. Viele Unternehmen bitten deshalb aktuelle Mitarbeiter um Empfehlungen, wer für eine offene Stelle geeignet und eine gute Ergänzung für ein Team sein könnte. Diese Einbindung der aktuellen Mitarbeiter durch Mitarbeiterempfehlungsprogramme erhöht deren Arbeitszufriedenheit und ihre Verweildauer im Unternehmen.

6. Firmentreue signalisiert Loyalität. Ein häufiges Wechseln des Arbeitsplatzes hingegen wird von Personalmanagern mit weniger loyalem Verhalten und geringerer Ausdauer assoziiert. Darum sinken im Falle eines Arbeitsplatzwechsels die Chancen auf eine neue Stelle, wenn jemand in der Vergangenheit in sehr vielen verschiedenen Unternehmen gearbeitet hat.

7. Der berufliche Alltag ist häufig anstrengend und bringt oft neue Herausforderungen mit sich. Bestimmte persönliche Eigenschaften helfen einem, in solchen Situationen nicht schnell aufzugeben, sondern durchzuhalten und Herausforderungen zu meistern. Insbesondere Geduld und Zukunftsorientierung sind solche wertvollen Eigenschaften.

8. Bei der Suche nach einer neuen Arbeitsstelle muss man viel Zeit investieren und auch Rückschläge durch Absagen verkraften. Ungeduldigere Menschen tun sich dabei schwerer und finden deshalb weniger schnell als geduldigere, zukunftsorientiertere Menschen eine neue Arbeitsstelle.

9. Die üblichen Ansätze für die Vermittlung von Arbeitsplätzen an arbeitslose Personen setzen vor allem auf die Schulung von spezifischen beruflichen Fähigkeiten. Verhaltensökonomisch motivierte, alternative Ansätze basieren auf der Einsicht, dass ein strukturierter Tagesablauf und Reziprozität zwischen Betreuer und Arbeitsuchendem beim Finden eines Arbeitsplatzes vorteilhaft sind.

10. Viele neu gegründete Unternehmen verschwinden nach wenigen Jahren wieder vom Markt. Die Überlebensdauer hängt dabei von der Zusammensetzung der Belegschaft ab. Start-up-Unternehmen überleben weniger lang, wenn ihr Frauenanteil deutlich tiefer als im Schnitt in der jeweiligen Branche ist. Ein unterdurchschnittlicher Frauenanteil dürfte ein Zeichen für Verzerrungen in der Personalauswahl sein.

11. Der Erfolg von Unternehmen hängt von allen Mitarbeiterinnen und Mitarbeitern ab. Die persönlichen Eigenschaften von Vorständen und Geschäftsführern spielen für die Innovation und Profitabilität von Unternehmen jedoch eine Rolle, weil sie wichtige strategische Entscheidungen beeinflussen. Unternehmen mit geduldigeren Vorständen und Geschäftsführern sind erfolgreicher.

12. In vielen Branchen wissen Kunden weniger gut über die Produkte und deren Qualität Bescheid als das jeweilige Unternehmen, das diese Produkte verkauft. Darum spielt die Vertrauenswürdigkeit von Mitarbeiterinnen und Mit-

arbeitern eine entscheidende Rolle für die öffentliche Wahrnehmung einer Branche.
13. Immer mehr Unternehmen ermöglichen das Arbeiten von zu Hause. Homeoffice erhöht vielfach die Produktivität und vor allem die Arbeitszufriedenheit, weil es die Vereinbarkeit von Familie und Beruf erhöht und durch den Wegfall des Arbeitswegs wertvolle Zeit gewonnen wird. Arbeit im Homeoffice birgt aber auch die Gefahr, dass Beförderungen weniger wahrscheinlich werden, weil es schwieriger wird, die dafür nötigen Netzwerke zu pflegen.
14. Wirtschaftlicher Wohlstand hängt von der Kreativität (und der Ausbildung) der Menschen ab, die in einem bestimmten Land arbeiten. Spätestens seit der Pandemie hat sich die Form der Interaktion in Unternehmen noch stärker in den virtuellen Raum verlagert, und persönliche Begegnungen sind seltener geworden. Die Entwicklung neuer Ideen scheint im Rahmen von virtuellen Treffen (mit ihren engen Bildschirmkästchen) schwieriger zu sein als im persönlichen Kontakt, weil die Wahrnehmung stärker eingeengt zu sein scheint. Dies spricht für persönliche Begegnungsformate, wenn Kreativität gefragt ist.
15. Verhaltensökonomen haben herausgefunden, dass Frauen in der Regel weniger wettbewerbsaffin als Männer sind. Das hat Auswirkungen auf die Berufskarrieren beider Geschlechter. Quotenregelungen motivieren insbesondere die bestqualifizierten Frauen, sich einem Wettbewerb zu stellen, was deren Aufstiegschancen verbessert. Das Gerede von unterqualifizierten Quotenfrauen ist empirisch nicht belegbar.
16. Wettbewerbsbereitschaft hat schon früh im Leben einen wichtigen Einfluss auf Ausbildungs- und spätere Berufsentscheidungen. Kompetitivere Menschen wählen häufi-

ger Berufe, in denen sie später mehr Geld verdienen können.
17. Geschlechterunterschiede im Wettbewerbsverhalten leisten einen Beitrag zur Erklärung von Geschlechterunterschieden auf Arbeitsmärkten. Jedoch unterscheiden sich Frauen und Männer nicht erst im Erwachsenenalter in ihrer Wettbewerbsbereitschaft. Diese Unterschiede sind schon im frühen Kindesalter ausgeprägt und haben langfristige Auswirkungen.
18. Unser Verhalten wird durch die Kultur geprägt, in der wir aufwachsen und in der wir uns bewegen. Damit sind auch die Erwartungshaltungen über das Verhalten von Männern und Frauen kulturell bedingt. In unserer westlichen Gesellschaft geht damit die Vorstellung einher, dass Männer kompetitiver sind als Frauen, was vielfältige Auswirkungen im Berufsleben hat.
19. Arbeitsteams hängen davon ab, dass jedes Mitglied einen entsprechenden Beitrag zum Erfolg des Teams leistet. Menschen kooperieren dabei umso häufiger, je mehr sie auch von anderen Kooperation erwarten oder beobachten. Diese konditionale Kooperation führt dazu, dass Teams mit vielen kooperativen Mitgliedern insgesamt erfolgreicher und produktiver sind.
20. Innerhalb von Arbeitsteams müssen verschiedene Aufgaben möglichst effizient verteilt werden, um als Team erfolgreich zu sein. Ein Mitspracherecht der Teammitglieder bei der Verteilung dieser Aufgaben erhöht die Kooperation, weil Mitsprache die Motivation steigert.
21. Viele Menschen kooperieren in Teams, wenn andere Teammitglieder auch kooperieren. Diese menschliche Eigenschaft konditionaler Kooperation bedeutet, dass der Erfolg von Teams gesteigert werden kann, wenn jemand mit gutem Beispiel vorangeht.

22. Menschen verhalten sich gerne so wie andere Personen, die in ihrem Leben wichtig sind. Dieser Hang zur Nachahmung macht Führungsverhalten in Unternehmen so bedeutsam. Wenn Führungspersonen erwünschtes Verhalten selbst vorleben, steigt die Wahrscheinlichkeit, dass weitere Personen in einem Unternehmen dieses Verhalten nachahmen.

23. In Unternehmen kann nicht jeder Arbeitsschritt oder jede Entscheidung von Mitarbeitern kontrolliert werden. Vertrauen ist deshalb für eine effiziente Zusammenarbeit sehr wichtig. Das Ausmaß von Vertrauen in einer Gesellschaft korreliert daher mit ihrem Wohlstand.

24. Ein gewisses Maß an Kontrolle ist für Arbeitsbeziehungen nicht schädlich. Kontrollmechanismen zerstören Vertrauen nur dann, wenn sie permanent angewendet werden. Wenn man allerdings trotz Kontrollmöglichkeiten jemandem einen Vertrauensvorschuss gewährt, erhöht das das wechselseitige Vertrauen.

25. Menschen kümmern sich nicht nur um sich selbst. Daraus folgt, dass es auch in Unternehmen für das Verhalten und die Arbeitsleistung einzelner Personen wichtig ist, wie andere im Unternehmen behandelt werden. Unfaires Verhalten von Arbeitgebern hat negative Auswirkungen auf die Motivation und Produktivität von Arbeitnehmern, selbst wenn diese vom unfairen Verhalten gar nicht direkt betroffen sind.

26. Das alte Sprichwort „Wie du mir, so ich dir" bringt zum Ausdruck, was Verhaltensökonomen als Reziprozität bezeichnen. Es gilt auch für Beziehungen zwischen Unternehmen und ihren Kunden. Beispielsweise verbessert Fairness gegenüber dem Kunden die Pünktlichkeit, mit der Rechnungen bezahlt werden.

27. Soziale Normen beeinflussen menschliches Entscheidungsverhalten in jeder Lebenslage. Was als angemessenes Verhalten wahrgenommen wird, färbt auch auf das eigene Verhalten ab. Das gilt auch im Berufsleben. Dabei spielt es eine Rolle, ob das eigene Verhalten beobachtbar ist. Wenn das der Fall ist, passt sich die Arbeitsleistung an jene Personen an, die einen beobachten können.

28. Wenn der Beitrag einzelner Teammitglieder zum Output des gesamten Teams nur ungenau gemessen werden kann, dann führen viele Unternehmen einen Teambonus ein. Der kann die Arbeitsleistung des gesamten Teams verbessern, weil er die Koordination von Arbeitsabläufen und damit die Produktivität erhöht.

29. Das Verhältnis von Vorgesetzten zu Mitarbeitern prägt sowohl das Arbeitsklima als auch die Arbeitsleistung. Diskriminierendes Verhalten von Vorgesetzten gegenüber Mitarbeitern führt zu geringerer Arbeitsleistung, selbst wenn sich solches Verhalten nur durch weniger Kontakt zu Mitarbeitern zeigt.

30. Immer mehr Unternehmen verschreiben sich einer bestimmten Mission und erstellen einen Katalog von Werten, denen sie sich verpflichtet fühlen. Wenn die Mitarbeiter in Unternehmen sich damit aber nicht identifizieren können, dann beeinträchtigt das die Arbeitsleistung, weil die Motivation darunter leidet.

31. Es gibt vielfältige Erklärungen für den Umstand, dass Männer im Schnitt mehr verdienen als Frauen. Ein Teil der Gehaltsunterschiede kann darauf zurückgeführt werden, dass Männer bei Gehaltsverhandlungen forscher als Frauen auftreten und häufiger nach höheren Gehältern fragen. Wenn aber klar ist, dass das Gehalt Verhandlungssache ist, dann verschwinden diese Geschlechterunterschiede bei Gehaltsverhandlungen.

32. Üblicherweise nimmt man an, dass der Verdienst in einem Unternehmen von den eigenen Fähigkeiten und bisherigen Berufserfahrungen abhängt. Die Körpergröße spielt (zumindest bei Männern) aber auch eine Rolle. Größere Menschen verschaffen sich in den späten Jugendjahren größere soziale Netzwerke und erwerben mehr soziale Fähigkeiten, was später im Beruf zu höheren Gehältern führt.

33. Sehr viele Menschen vergleichen sich gerne mit anderen. Das trifft auch für Gehaltsvergleiche zu. Gehälter sind aber häufig nicht allgemein bekannt, weswegen hier oft Schätzungen verwendet werden. Wenn Mitarbeiter oder Mitarbeiterinnen die Gehälter ihrer Vorgesetzten höher einschätzen, dann arbeiten sie mehr, weil höhere Schätzungen mehr anspornen. Höhere Schätzungen über das Einkommen von Kollegen und Kolleginnen auf derselben Hierarchiestufe haben aber die gegenteilige Wirkung.

34. Die Höhe des eigenen Gehalts zählt gerade im deutschsprachigen Raum zu den am besten gehüteten Geheimnissen. Viele sehen darin sogar einen Grund für unterschiedliche Gehälter von Männern und Frauen und fordern deshalb mehr Gehaltstransparenz. Wenn eine solche für Spitzenpositionen in der Verwaltung eingeführt wird, führt das zwar zu mehr Lohnkompression, macht jedoch die Nachbesetzung von Führungsstellen schwieriger.

35. Bonuszahlungen sollen Menschen motivieren, bessere Arbeitsleistungen zu erbringen. Das kann aber nach hinten losgehen, wenn die Bonuszahlungen Referenzpunkte verletzen. Dann können sie sich negativ auf die Arbeitszufriedenheit und Produktivität auswirken.

36. Die Lehrlingsausbildung ist im deutschsprachigen Raum aufgrund des dualen Bildungssystems sehr hochwertig

und bietet gute Karrierechancen für junge Menschen. Manche von ihnen erscheinen aber trotzdem ab und zu ohne triftigen Grund nicht bei der Arbeit. Wenn geringe Abwesenheitszeiten aber durch Geldprämien belohnt werden, kann das die Abwesenheiten sogar verlängern, weil dadurch eine soziale Norm – dass man nämlich zur Arbeit geht, wenn man nicht krank ist oder Urlaub hat – unterminiert wird. Anreize können also kontraproduktiv wirken.

37. Die meisten großen Unternehmen haben relative Entlohnungssysteme, bei denen höhere Leistungen mit mehr Geld belohnt werden. Sobald durch solche Systeme aber Fairnessvorstellungen verletzt werden, kann die Arbeitsleistung sinken anstatt steigen.

38. Wenn Unternehmen relative Entlohnungssysteme verwenden, liefern sie Mitarbeitern einen starken Anreiz, höhere Risiken bei der Arbeit einzugehen, um besser als andere abzuschneiden. Im Extremfall kann dies das ganze Unternehmen ruinieren.

39. Unternehmen sind darauf angewiesen, dass Mitarbeiter gut zusammenarbeiten. Wenn aber einzelne Mitarbeiter dann mehr Geld verdienen können, wenn sie als produktiver als andere Mitarbeiter eingeschätzt werden, dann schaffen solche relativen Entlohnungssysteme Anreize zu unternehmensinterner Sabotage, bei der jemand die Anstrengungen anderer behindert.

40. Märkte zeichnen sich grundsätzlich durch hohe Effizienzgewinne aus. Marktwirtschaftliches Handeln hat aber auch einen Einfluss auf das moralische Verhalten von Menschen. Dies ist sowohl für einzelne Unternehmen als auch für die Gesellschaft als Ganzes wichtig zu berücksichtigen.

41. Viele Situationen im Berufsalltag haben eine moralische Dimension. Wie Menschen zwischen Moral und finanziellen Vorteilen abwägen, hängt davon ab, welche Konsequenzen die jeweiligen Handlungen für einen selbst und für andere haben. Die Häufigkeit unmoralischen Verhaltens hängt systematisch von den Kosten und dem Nutzen einer Handlung ab.

42. Nach der Aufdeckung von Unternehmensskandalen fragt man sich oft, wie ein bestimmtes Fehlverhalten so lange unentdeckt bleiben konnte. Die menschliche Wahrnehmung orientiert sich aber meist an Erfahrungen in der Vergangenheit. Wenn deshalb unmoralisches Verhalten über einen längeren Zeitraum nur jeweils in geringem Ausmaß zunimmt, ist seine Aufdeckung besonders schwierig.

43. In den Medien werden Whistleblower meist gefeiert. Tatsächlich leisten sie häufig einen unverzichtbaren Beitrag zur Aufdeckung von Missständen. Es liegt an typisch menschlichen Verhaltensmustern, dass sogenannte „Hinweisgebersysteme" trotzdem oft nicht gut funktionieren, weil die Aufdecker von Missständen als Verräter wahrgenommen werden.

44. Die Unternehmenskultur prägt das Verhalten in Unternehmen, weil sie die häufig ungeschriebenen Regeln kommuniziert, welches Verhalten in Unternehmen erwartet wird. Darum ist eine Unternehmenskultur, die moralisches Handeln als die Norm signalisiert, für das Verhalten seiner Mitarbeiter gegenüber Kunden so bedeutsam.

45. In der Vergangenheit war die Vorstellung weit verbreitet, dass bessere Bezahlung auch zu besseren Entscheidungen von Angestellten führt. Bessere Bezahlung kann aber eine Belastung darstellen und kognitive Prozesse

sogar beeinträchtigen. Entscheidungen werden also nicht automatisch besser, wenn man mehr Geld für gute Entscheidungen bezahlt.

46. Beim Abwägen zwischen den Vor- und Nachteilen einer bestimmten Entscheidung sollten äußere Faktoren wie Hitze, Luftfeuchtigkeit und dergleichen aus traditioneller Sicht keine Rolle spielen. Solche Faktoren haben aber messbare Auswirkungen auf menschliche Entscheidungen, etwa weil sie auf die Stimmung und auf die Risikobereitschaft von Menschen wirken.

47. Unternehmen können die Entscheidungen ihrer Mitarbeiterinnen durch geeignete Anreize in die gewünschte Richtung verändern. Dabei können Zielvereinbarungen oder auch soziale Anreize für erwünschtes Verhalten helfen.

48. Mitarbeiterführung ist eine der wichtigsten Aufgaben von Führungspersonal. Charismatische Führung motiviert Mitarbeiter und Mitarbeiterinnen zu höheren Leistungen (bei gleicher Bezahlung).

49. Meetings gehören zum Berufsalltag, sie sind aber häufig ungeeignet, um das kreative Potenzial von Teilnehmern zur Entfaltung kommen zu lassen. Führungskräfte können das aber ermöglichen, indem sie vermitteln, dass Menschen mit Unterstützung anderer lernen und wertvolle Beiträge leisten können, dass sich jeder sicher und vertrauensvoll einbringen kann und dass konstruktive Kritik und kreatives Denken erwünscht sind. Dann werden Meetings produktiver und kreativer.

50. Je komplexer unsere Arbeitswelt wird, umso wertvoller werden soziale Fähigkeiten, weil es zunehmend darum geht, Teammitglieder effizient zu koordinieren, ihre verschiedenen Wünsche und Vorstellungen zu moderieren und auch Konflikte zu lösen. Solche Fähigkeiten werden

deshalb vom Arbeitsmarkt immer mehr honoriert und bringen bessere Aufstiegschancen und höhere Gehälter mit sich.

51. Von Führungskräften wird heutzutage erwartet, dass sie ihre Erwartungen an die Arbeitsleistung ihrer Mitarbeiter transparent kommunizieren, ihnen regelmäßig Feedback geben, sie in ihrer Karriere fördern und als Ratgeber zur Seite stehen. Wer diese Fähigkeiten besser beherrscht, kann Menschen besser „managen" und reduziert dadurch die Mitarbeiterfluktuation und erhöht deren Arbeitszufriedenheit.

52. Der Mensch als soziales Wesen wird in seinen Entscheidungen von gemeinsamen Erfahrungen mit anderen Menschen beeinflusst. Das gilt auch im Berufsleben und dort auch für Führungskräfte. Letztere berücksichtigen etwa bei Beförderungsentscheidungen Erfahrungen, die sie mit den Personen in ihrem Netzwerk machen. Dabei spielt es eine Rolle, wie viel Zeit man mit jemandem verbringt. Gemeinsame Rauchpausen sind deshalb ein bedeutender Faktor, wenn es um die Karriere geht.

53. Es gibt unterschiedliche Führungs- und Managementstile von Vorstandsvorsitzenden. Manche lassen sich eher als strategische Leader bezeichnen, andere als Manager. Beide Stile haben unterschiedliche Vor- und Nachteile, haben aber messbare Auswirkungen auf den Unternehmenserfolg.

54. Der Weg an die Spitze eines Unternehmens ist in der Regel lang. Dabei kommt es auch auf bestimmte Fähigkeiten und Eigenschaften an. Vorstandsvorsitzende zeichnen sich im Allgemeinen durch Umsetzungsstärke, Charisma, hohe kognitive Fähigkeiten und einen strategischen Zugang zu Problemen aus.

55. Obwohl der Anteil von Frauen an der Spitze von Unternehmen nur langsam steigt, macht sich ihre zunehmende Präsenz in der Führungsetage bemerkbar. Frauen im Vorstand und als Vorstandsvorsitzende haben einen Einfluss auf die Gehaltsverteilung und die Produktivität in Unternehmen.

Quellenverzeichnis

Im Folgenden sind für jedes Kapitel die jeweiligen wissenschaftlichen Originalaufsätze angegeben, auf die ich im entsprechenden Kapitel explizit Bezug nehme.

1. Bartos, V.; Bauer, M.; Chytilova, J.; Matějka, F.: (2016), Attention discrimination: Theory and field experiments with monitoring information acquisition. American Economic Review, 106: 1437 – 1475.

   Weichselbaumer, D.: (2020) Multiple discrimination against female immigrants wearing headscarves. Industrial and Labor Relations Review, 73: 600 – 627.

2. Bagues, M.; Sylos-Labini, M.; Zinovyeva, N.: (2017) Does the gender composition of scientific committees matter? American Economic Review, 107: 1207 – 1238.

   Goldin, C.; Rouse, C.: (2000) Orchestrating impartiality: The impact of „blind" auditions on female musicians. American Economic Review, 90: 715 – 741.

3. Ginsburgh, V.; van Ours, J.: (2003) Expert opinion and compensation: Evidence from a musical competition. American Economic Review, 93: 289 – 296.

4. Hoffman, M.; Kahn, L.; Li, D.: (2018) Discretion in hiring. Quarterly Journal of Economics, 133: 765 – 800.

5. Friebel, G.; Heinz, M.; Hoffman, M.; Zubanov, N.: (2023) What do employee referral programs do? Measuring the direct and overall effects of a management practice. Journal of Political Economy, 131: 633 – 686.

6   Cohn, A.; Marechal, M.; Schneider, F.; Weber, R. A.: (2021) Frequent job changes can signal poor work attitude and reduce employability. Journal of the European Economic Association, 19: 475–508.

7   Burks, S.; Carpenter, J.; Goette, L.; Rustichini, A.: (2009) Cognitive skills affect economic preferences, strategic behavior, and job attachment. Proceedings of the National Academy of Sciences, 106: 7745–7750.

8   DellaVigna, S.; Paserman, M.: (2005) Job search and impatience. Journal of Labor Economics, 23: 527–588.

9   Abel, M.; Burger, R.; Carranza, E.; Piraino, P.: (2019) Bridging the intention-behavior gap? The effect of plan-making prompts on job search and employment. American Economic Journal: Applied Economics, 11: 284–301.

10   Weber, A.; Zulehner, C.: (2010) Female hires and success of start-ups. American Economic Review, 100(2): 358–361.

11   Sutter, M.: (2018) Die Entdeckung der Geduld. Ausdauer schlägt Talent. Ecowin-Verlag. Salzburg. 2. Auflage.

Sutter, M.; Kocher, M.; Glätzle-Rützler, D.; Trautmann, S. T.: (2013) Impatience and uncertainty: Experimental decisions predict adolescents' field behavior. American Economic Review, 103: 510–531.

12   Gill, A.; Heinz, M.; Schumacher, H.; Sutter, M.: (2023) Social preferences of young professionals and the financial industry. Management Science, im Druck.

13   Bloom, N.; Liang, J.; Roberts, J.; Ying, Z. J.: (2015) Does working from home work? Evidence from a Chinese experiment. Quarterly Journal of Economics, 130: 165–218.

14   Bruck, M. S.; Levav, J.: (2022) Virtual communication curbs creative idea generation. Nature, 605: 108–112.

15   Balafoutas, L.; Sutter, M.: (2012) Affirmative action policies promote women and do not harm efficiency in the lab. Science, 335: 579–582.

16   Buser, T.; Niederle, M.; Oosterbeek, H.: (2014) Gender, competitiveness, and career choices. Quarterly Journal of Economics, 129: 1409–1447.

Flory, J.; Leibbrandt, A.; List, J.: (2015) Do competitive workplaces deter female workers? A large-scale natural field experiment on job entry decisions. Review of Economic Studies, 82: 122–155.

17   Sutter, M.; Glätzle-Rützler, D.: (2015) Gender differences in the willingness to compete emerge early in life and persist. Management Science 61(10): 2339–2354.

Almas, I.; Cappelen, A.; Salvanes, K. G.; Sørensen, E.; Tungodden, B.: (2016) Willingness to compete: Family matters. Management Science 62: 2149–2162.

18 Gneezy, U.; Leonard, K.; List, J.: (2009) Gender differences in competition: Evidence from a matrilineal and a patriarchal society. Econometrica, 77: 1637–1664.

19 Carpenter, J.; Seki, E.: (2011) Do social preferences increase productivity? Field experimental evidence from fishermen in Toyama Bay. Economic Inquiry, 49: 612–630.

20 Chan, D.: (2016) Teamwork and moral hazard: Evidence from the emergency department. Journal of Political Economy, 124: 734–770.

   Sutter, M.; Haigner, S.; Kocher, M.: (2010) Choosing the stick or the carrot? – Endogenous institutional choice in social dilemma situations. Review of Economic Studies, 77: 1540–1566.

21 Güth, W.; Levati, M. V.; Sutter, M.; van der Heijden, E.: (2007) Leading by example with and without exclusion power in voluntary contribution experiments. Journal of Public Economics, 91: 1023–1042.

22 Johnson, R.: (2015) Leading by example: Supervisor modeling and officer-initiated activities. Police Quarterly, 18: 223–243.

23 Sutter, M.; Kocher, M.: (2007) Trust and trustworthiness across different age groups. Games and Economic Behavior, 59: 364–382.

   Knack, S.; Keefer, P.: (1997) Does social capital have an economic payoff? A cross-country investigation. Quarterly Journal of Economics, 112: 1251–1288.

24 Fehr, E.; List, J.: (2004) The hidden costs and returns of incentives – Trust and trustworthiness among CEOs. Journal of the European Economic Association, 2: 743–771.

25 Heinz, M.; Jeworrek, S.; Mertins, V.; Sutter, M.: (2020) Measuring indirect effects of unfair employer behavior on worker productivity – A field experiment. Economic Journal, 130: 2546–2568.

   Dube, A.; Giuliano, L.; Leonard, J.: (2019) Fairness and frictions: The impact of unequal raises on quit behavior. American Economic Review, 109: 620–663.

26 Sutter, C.; Rosenberger, W.; Sutter, M.: (2020) Nudging with your child's education. A field experiment on collecting municipal dues when enforcement is scant. Economics Letters, 191: 109116.

27 Mas, A.; Moretti, E.: (2009) Peers at work. American Economic Review, 99: 112–145.

28 Friebel, G.; Heinz, M.; Krüger, M.; Zubanov, N..: (2017) Team incentives and performance: Evidence from a retail chain. American Economic Review, 107: 2168–2203.

29 Glover, D.; Pallais, A.; Pariente, W.: (2017) Discrimination as self-fulfilling prophecy: Evidence from French Grocery Stores. Quarterly Journal of Economics, 132: 1219–1260.

30 Carpenter, J.; Gong, E.: (2016) Motivating agents: How much does the mission matter? Journal of Labor Economics, 34: 211–236.

31 Leibbrandt, A.; List, J.: (2015) Do women avoid salary negotiations? Evidence from a large-scale natural field experiment. Management Science, 61: 2016–2024.

Babcock, L.; Laschever, S.: (2003) Women don't ask: Negotiation and the gender divide. Princeton University Press.

32 Persico, N.; Postlewaite, A.; Silverman, D.: (2004) The effect of adolescent experience on labor market outcomes: The case of height. Journal of Political Economy, 112: 1019–1051.

33 Cullen, Z.; Perez-Truglia, R.: (2022) How much does your boss make? The effects of salary comparisons. Journal of Political Economy, 130: 766–822.

34 Mas, A.: (2017) Does transparency lead to pay compression? Journal of Political Economy, 125: 1683–1721.

35 Ockenfels, A.; Sliwka, D.; Werner, P.: (2015) Bonus payments and reference point violations. Management Science, 61: 1496–1513.

36 Alfitian, J.; Sliwka, D.; Vogelsang, T.: (2022) When bonuses backfire: Evidence from the workplace. Working Paper, Universität zu Köln.

37 Bandiera, O.; Barankay, I.; Rasul, I.: (2005) Social preferences and the response to incentives: Evidence from personnel data. Quarterly Journal of Economics, 100: 917–961.

38 Kirchler, M.; Lindner, F.; Weitzel, U.: (2018) Rankings and risk-taking in the finance industry. Journal of Finance, 73: 2271–2302.

39 Harbring, C.; Irlenbusch, B.: (2011) Sabotage in tournaments: Evidence from a laboratory experiment. Management Science, 57: 611–627.

40 Falk, A.; Szech, N.: (2013) Morals and markets. Science, 340: 707–711.

Kirchler, M.; Huber, J.; Stefan, M.; Sutter, M.: (2016) Market design and moral behavior. Management Science, 62: 2615–2625.

41 Gneezy, U.: (2005) Deception: The role of consequences. American Economic Review, 95: 384–394.

Sutter, M.: (2009) Deception through telling the truth?! Experimental evidence from individuals and teams. Economic Journal, 119: 47–60.

42 Gino, F.; Bazerman, M.: (2009) When misconduct goes unnoticed: The acceptability of gradual erosion in others' unethical behavior. Journal of Experimental Social Psychology, 45: 708–719.

43 Reuben, E.; Stevenson, M.: (2013) Nobody likes a rat: On the willingness to report lies and the consequences thereof. Journal of Economic Behavior and Organization, 93: 384–391.

Egan, M.; Matvos, G.; Seru, A.: (2019) The market for financial adviser misconduct. Journal of Political Economy, 127: 233–295.

44 Cohn, A.; Fehr, E.; Marechal, M.: (2014) Business culture and dishonesty in the banking industry. Nature, 516: 86–89.

45 Ariely, D.; Gneezy, U.; Loewenstein, G.; Mazar, N.: (2009) Large stakes and big mistakes. Review of Economic Studies, 76: 451–469.

Dohmen, T.: (2008) Do professionals choke under pressure. Journal of Economic Behavior and Organization, 65: 636–653.

46 Heyes, A.; Saberian, S.: (2019) Temperature and decisions: Evidence from 207000 court cases. American Economic Journal: Applied Economics, 11: 238–265.

47 Gosnell, G.; List, J.; Metcalfe, R.: (2020) The impact of management practices on employee productivity: A field experiment with airline captains. Journal of Political Economy, 128: 1195–1233.

48 Antonakis, J.; d'Adda, G.; Weber, R.; Zehnder, C.: (2022) Just words? Just speeches? On the economic value of charismatic leadership. Management Science, 68: 6355–7064.

49 Haeckl, S.; Rege, M.: (2022) Effects of supportive leadership behaviors on work satisfaction, engagement, and performance: An experimental field investigation. Working Paper, University of Stavanger.

50 Deming, D.: (2017) The growing importance of social skills in the labor market. Quarterly Journal of Economics, 132: 1593–1640.

51 Hoffman, M.; Tadelis, S.: (2021) People management skills, employee attrition, and manager rewards: An empirical analysis. Journal of Political Economy, 129: 243–285.

52 Cullen, Z.; Perez-Truglia, R.: (2023) The old boys' club: Schmoozing and the gender gap. American Economic Review, im Druck.

53 Bandiera, O.; Prat, A.; Hansen, S.; Sadun, R.: (2020) CEO behavior and firm performance. Journal of Political Economy, 128: 1325–1369.

54 Kaplan, S.; Sorensen, M.: (2021) Are CEOs different? Characteristics of top managers. Journal of Finance, 76: 1773–1811.

55 Flabbi, L.; Macis, M.; Moro, A.; Schivardi, F.: (2019) Do female executives make a difference? The impact of female leadership on gender gaps and firm performance. Economic Journal, 129: 2390–2423.

Index

A

Abwesenheit 166
Alphabet 14
Anreizsysteme 182
Arbeitsklima 134, 269
Arbeitsleistung 111, 152
Arbeitslose 38
Arbeitsmarkt 33
Arbeitsmarktökonomik 238
Arbeitsmarktstudie 39
Arbeitsplatzsuche 35
Arbeitsproduktivität 114
Arbeitssuche 33
Arbeitszufriedenheit 136
Assoziationstest 132
Außentemperatur 220
Auswahlverfahren 9

B

Beispiel geben 102
Berufsleben 79
Bewerbung 3, 8
Bewerbungsfoto 5
Bewerbungsverfahren 1
Bonus 128
Bonuszahlung 127, 161, 178

C

CDOs 208
CEO 252, 256
Charisma 229

D

Diskriminierung 69, 131, 258
Diversität 44

E

Einstellungsprozess 16
Empfehlung 21
Empfehlungsprogramm 22
Entlohnung 147
Entlohnungsform 74
Entlohnungsschemata 173
Entscheidungsspielraum 18
Entscheidungsverhalten 15, 220

F

Fairness am Arbeitsplatz 116
Familie 75
Feldexperimente X
Finanzbranche 51

Firmenkultur 207
Firmentreue 25
Fluktuation 25
Frauenanteil 46
Frauen im Vorstand 261
Führungsqualität 243

G

Geduld 35, 47
Gehaltstransparenz 155, 158, 270
Gehaltsvergleiche 151
Gehaltsverhandlung 146
Geschlechterunterschiede 67, 77, 143, 146
Gleichberechtigung 246

H

Handschlagqualität 106
Homeoffice 55

K

Karriere 245
Karrierestufe 154
Kontrolle 109, 111 f.
Kontrollmöglichkeiten 110
Kooperation 85, 96
Kooperationsbereitschaft 88
Körpergröße 149
Kreativität 61
Kündigung 115

L

Lebenslauf 4
Lehrlinge 165
Luftfahrtindustrie 224

M

Meetingkultur 233
Mischel, Walter 50
Mission 135
Mission statement 135
Mitarbeiterführung 100
Mitbestimmung 94
Mitspracherecht 94
Mobilität 25
Moral 195, 198
Motivation 123, 135

N

Nachname 11
Netzwerk 150
Nudging 37

O

Ökonomie 171, 172

P

Peer-Effekt 126
People management skills 241
Personalauswahl 20, 51
Produktivität 113, 135

Q

Quotenregel 67
Quotenregelung 70

R

Ratgeber XII
Rauchen 245
Reihung 13
Reziprozität 40
Rivalität 181

S

Sabotage 184
Soziale Fähigkeiten 237
Soziale Normen 126, 269
Stellensuche 34
Steve Jobs 229
Studienwahl 71

T

Tagestemperatur 221
Teambonus 129
Teamfähigkeit 85
Teamwork 86
Treibstoffeffizienz 225
Treibstoffverbrauch 225
Trittbrettfahrer 87

U

Unmoralisches Verhalten 194
Unternehmensskandal 202

V

Verdienst 150, 270
Verhaltensökonomie IX
Vertrauen 105, 107
Vertrauensvorschuss 109
Vertrauenswürdigkeit 52
Videokonferenzen 61
Vorstellungsgespräch 3

W

Wahrnehmung 63
Werte 135
Wettbewerbsbereitschaft 68, 76
Wettbewerbsexperiment 77
Whistleblower 204
Whistleblowing 203
Work-Life-Balance 56

Z

Zahlungsmoral 117, 120
Zufriedenheit 235
Zusammenarbeit 95

Danksagung

Die Idee zu diesem Buch verdanke ich Andreas Dünser von der Wirtschaftskammer Vorarlberg, der mich vor einigen Jahren einlud, für sein Magazin „Thema Vorarlberg" regelmäßig eine Kolumne zu wirtschaftlichen Themen zu schreiben. So entstanden kurze Texte, die die Basis für dieses Buch darstellen. Beim Europäischen Mediengipfel in Lech am Arlberg, veranstaltet von Stefan Kröll von ProMedia, und bei der Academy of Behavioral Economics, veranstaltet von Gerhard Fehr von FehrAdvice am Gottlieb-Duttweiler-Institut in Rüschlikon, konnte ich bei Vorträgen herausfinden, welche Themen bei einem breiten Publikum Anklang finden. Auf dieser Grundlage entwickelte ich dann das Konzept für dieses Buch. Lisa Hoffmann-Bäuml vom Hanser-Verlag hat den Weg vom Konzept bis zum fertigen Buch konstruktiv und mit guten Ideen begleitet und eine rasche Veröffentlichung ermöglicht.

In diesem Buch präsentiere ich an einigen Stellen auch eigene Forschungsprojekte, die ohne die großartige Zusammenarbeit mit meinen Koautoren nicht zustande gekommen wären. Namentlich möchte ich Dank aussprechen an Loukas Balafoutas, Andrej Gill, Daniela Glätzle-Rützler, Werner Güth, Stefan Haigner, Matthias Heinz, Jürgen Huber, Sabrina Jeworrek,

Michael Kirchler, Martin Kocher, Maria Vittoria Levati, Vanessa Mertins, Wolfram Rosenberger, Heiner Schumacher, Matthias Stefan, Charlotte Sutter, Stefan Trautmann und Eline van der Heijden.

Mehrere dieser Forschungsprojekte konnten nur durch die finanzielle Unterstützung von Forschungsorganisationen realisiert werden, vor allem durch den Fonds zur Förderung der Wissenschaftlichen Forschung in Österreich (FWF), den Jubiläumsfonds der Oesterreichischen Nationalbank (OeNB) und die Deutsche Forschungsgemeinschaft (DFG) im Rahmen der Exzellenzstrategie – EXC2126/1-390939966 (Exzellenzcluster ECONtribute).

Die Max-Planck-Gesellschaft verdient besonderen Dank, weil sie mir seit 2017 ganz hervorragende Arbeitsbedingungen bietet. Am Max-Planck-Institut zur Erforschung von Gemeinschaftsgütern in Bonn danke ich den Mitgliedern meiner „Experimental Economics Group" und vor allem Heidi Morgenstern und Zita Green für die sehr gute Zusammenarbeit. Den Universitäten Köln und Innsbruck bin ich dafür dankbar, dass ich im Rahmen von kleinen Teilzeitverträgen immer noch Teil dieser von mir sehr geschätzten Universitäten sein darf.

Der persönliche Dank an die drei wichtigsten Menschen in meinem Leben ist bereits in der Widmung erfolgt.

Der Autor

© ECONtribute

Matthias Sutter ist Direktor am Max-Planck-Institut zur Erforschung von Gemeinschaftsgütern in Bonn. Dort leitet er die „Experimental Economics Group". Er unterrichtet als Professor für experimentelle Wirtschaftsforschung an den Universitäten Köln und Innsbruck. Erst nach einem Studienabschluss in Theologie begann er sein Volkswirtschaftslehrestudium an der Universität Innsbruck, wo er in VWL promovierte und habilitierte. Danach war er zuerst Forschungsgruppenleiter am Max-Planck-Institut für Ökonomie in Jena und hatte später Professuren in Göteborg und Florenz (am Europäischen Hochschulinstitut).

Der gebürtige Österreicher zählt mit über 130 referierten Publikationen (unter anderem in Science, Nature Communications oder American Economic Review) zu den produktivsten Volkswirten im deutschsprachigen Raum. Er erforscht vor allem die Entwicklung ökonomischer Präferenzen bei Kindern und Jugendlichen, die Vorteile von Teamentscheidungen und verhaltensökonomische Aspekte im Berufsleben.

In der Öffentlichkeit wurde er durch seinen Bestseller „Die Entdeckung der Geduld" (2. Auflage 2018 bei Ecowin) bekannt, der ihn auch in zahlreiche Talkshows, Radiosendungen und Feuilletons führte. Matthias Sutter ist ein viel gefragter Redner in Unternehmen und öffentlichen Organisationen. Dabei kommt ihm seine Bühnenerfahrung während seiner Studienzeit zugute, als er mit der Studiobühne der Universität Innsbruck in der Hauptrolle in Goethes „Torquato Tasso" in den Kammerspielen des Tiroler Landestheaters auftrat. Weil er aber eine Schauspielkarriere für viel zu riskant (und sich selbst nicht für ausreichend talentiert) hielt, entschied er sich für eine akademische Laufbahn, die er bis heute mit Leidenschaft verfolgt.

Matthias Sutter hat aus dem riesigen Fundus seiner eigenen exzellenten Forschungsarbeiten und auf der Basis aktueller verhaltensökonomischer Studien einen praktischen Ratgeber für das Berufsleben zusammengestellt. Das Buch präsentiert hilfreiche und inspirierende Einsichten und öffnet jeder Leserin und jedem Leser die Augen für die wichtigen verhaltensökonomischen Aspekte des Berufslebens.

Prof. Dr. Martin Kocher,
Österreichischer Bundesminister für Arbeit

Das Buch von Matthias Sutter fasziniert Fachleute und Laien gleichermaßen, da es auf verständliche und gleichwohl tiefgründige Weise zeigt, wie grundlegende menschliche Neigungen praktisch alle Aspekte des Berufslebens und Arbeitsmarktes durchdringen. Es hilft dem Laien, sich vor Manipulation zu schützen und den Spezialisten, ihre Organisationen zu verbessern.

Prof. Dr. Ernst Fehr,
Universität Zürich

Dieses Buch ist ein hervorragendes Beispiel für Wissenstransfer aus der Grundlagenforschung heraus. Matthias Sutter gelingt es auf höchst anschauliche Art und Weise, die Ergebnisse seiner Forschungsarbeiten in alltagstaugliches Wissen zu übertragen. Tatsächlich bildet die Verhaltensökonomie den idealen methodischen Rahmen, um verschiedene, oft überraschende Aspekte des Berufslebens besser zu verstehen. Ich wünsche diesem Buch daher viele Leserinnen und Leser.

Prof. Dr. Martin Stratmann,
Präsident der Max-Planck-Gesellschaft

Lebendig, realitätsnah, anekdotisch und zugleich faktenorientiert: Matthias Sutters neues Buch gibt dem menschlichen Faktor im Wirtschaftsgeschehen eine gewichtige Stimme. Fairness, Wertschätzung und Geduld sind nicht mehr als höfliche „Add-Ons" im täglichen Miteinander in Unternehmen? Weit gefehlt! Das Buch überrascht mit ungeahnten Einblicken und ist ein Muss für jeden, der wissen will, was wirklich den Unterschied im Arbeitsleben macht.

Eva Schmidt,
3sat-Wirtschaftsformat „makro"